2022 개정 교육과정
개념기반 탐구 단계별 생생 수업 활동 전략

개념기반 수업,
이렇게 한다!

조호제 · 김정윤 · 김혜숙 · 박은하 · 박일수 · 백혜조
이지은 · 임유나 · 임재일 · 최한올 · 한진호

머리말

시대에 따라 수업의 패러다임은 변해간다. 우리는 일반적으로 수업을 지식 습득의 시간으로 인식하는 경향이 있다. 그러나 수업은 '무엇'에 대한 내용보다 '어떻게'에 대한 방법이 중요하다. 단순히 내용을 전달하는 수준을 벗어나 그 내용과 관련하여 무엇을 길러 줄 것인가에 더 중요한 방점을 가져야 한다.

1990년대 미국의 교육개혁은 교육과정을 전달하는 학습 방법에 대한 성찰에서 비롯된다. Schmidt의 '1마일의 넓이에 1인치의 깊이다(a mile wide and an inch deep)'라는 비판은 교과서나 교육과정을 그 자체를 비판하는 것이 아니고 수업하는 방법을 비판한 것이라고 할 수 있다. 그 동안 학교에서의 수업은 사실에 기반한 많은 내용 전달을 중심으로 학습이 이루어졌고 그 결과 겉핥기식의 수업 전개는 학습자의 인지적 발달을 제한해 왔다(Erickson, 2002).

수업은 전개하는 방법에 따라 사고하는 방법이나 탐구하는 기능이 달라지므로 주입식이나 강의식 수업보다 내용을 논의하는 방식이 바람직하다. 결국, 내용보다 방법이 더 중요하다고 할 수 있다. 이와 같이 수업을 통하여 형성되는 사고하는 방법과 탐구 기능은 단순히 수업 내용을 습득하는 수준을 넘어 실제적 맥락속에서 학교내·외에서 경험하는 다양한 문제를 해결하는 관점을 형성하게 되고 궁극적으로는 역량을 기르게 된다.

학교에서 학생들의 사고력을 기르는 것은 국가에서 어떠한 인재를 길러야 하는가와 직결되는 문제이다. 최근 2022 개정 교육과정은 수업에서 사고하는 방법(How we think)의 개선을 요구하고 있다. '깊이 있는 학습'을 강조하고 있는 것이다. 이와 관련된 개념기반학습은 최근, 국제 바칼로레아(IBO)의 교수·학습 방법이기도 하다. 국내외를 막론하고 수업의 패러다임에 변화를 요구하고 있는 것이다. 이는 국가적 측면에서 볼 때 경쟁력 있는 인재를 육성하는 방법이 되기 때문에 인적 자원에 의존하여 국가 경제를 견인해온 우리나라 입장에서는 예민한 문제가 아닐 수 없다.

앞서 밝힌 바와 같이 IBO는 개념기반학습을 적용하고 있다. 이는 Erickson & Lanning과 French에 의한 제안된 CBCI(concept－Based Curriculum and Instruction)로 불리는 개념기반교육과정 및 수업과 밀접하게 연계되어 있으며 Wiggins & McTighe가 제안한 UbD(Understanding by Design)와도 관련성이 깊다. 학습에 있어서 효율성 뿐만 아니라 실생활로의 전이 등을 고려하여 개념기반학습 효과의 극대화를 꾀하는 방식으로 수업이 전개되어야 함을 강조하고 있다. 이렇게 개념기반학습은 우리나라 교육과정에도 영향을 미쳐 2015 개정 교육과정에 이어 2022 개정 교육과정까지 연계되어 있다.

그 동안 본 저서의 저자 중 몇몇은 개념기반교육과정과 수업 설계에 대한 서적을 여러 권 출간해 왔다. 그러나 설계에 중점을 둔 교재는 현장 교사들에게 수업을 실행하는 방법에 대한 실제적인 도움을 주는데 한계가 있었다. 따라서 본 저서는 이러한 문제를 극복하기 위해 개념기반학습의 실행에 중점을 두고 집필한 것이다. 이는 개념기반학습 방법을 고민하고 실행하려고 하는 다수의 교사들은 물론 개념기반 교육과정을 연구하고 현장 적용에 관심을 가진 분들께 조금이나마 도움이 되고자 시도된 것이다. 또한, 개념기반학습에 의한 수업 설계는 문제 인식만 제고할 뿐 학교 교실 수업에서 제대로 정착시키는 데는 한계가 있다는 점을 극복하기 위한 것이었다.

개념기반학습을 실행하기 위한 수업 단계는 Carla Marshall & Rachel French가 제시하는 개념기반 탐구학습 7단계의 수업모형에 기초하였다. 수업의 단계는 관계맺기, 집중하기, 조사하기, 조직 및 정리하기, 일반화하기, 전이하기, 성찰하기 등이다. 각 단계마다 2022 개정 교육과정 성취기준에 의해 교실에서 수업을 어떻게 구현할 수 있는지에 대한 것을 사례를 담아 제시하였다. 본 교재는 수업 단계를 핵심 내용으로 하지만 이를 이해하고 활용하는데 필요한 배경지식과 관련 이론 등을 함께 제시하였는데 그 주요 내용은 다음과 같다.

1장에서 개념기반학습의 이해의 전반적인 이해를 도모하기 위하여 개념의 이해에서 출발하여 고전적 관점, 대안적 관점 등에서 개념기반학습의 연원에 따른 주요 이론을 살펴보았다. 2장에서는 개념기반 교육과정의 동향과 이론 및 설계 방법 등을 살펴보았다. 3장에서는 2022 개정 교육과정을 수업 설계의 방향에 초점을 두고 살펴보았다. 이는 2022 개정 교육과정이 개념기반 교육과정에 기반한 설계에 기초를 제공하고 있기 때문이다.

4장은 본 저서의 주요 부분으로 개념기반 탐구학습 7단계별로 수업 활동의 실제를 제시하였다. 어느 특정 단원을 정하여 수업의 7단계의 흐름을 모두 제시하면 독자로서는 내용의 흐름을 이해하는데 어렵지 않을 것이다. 그러나 각 단계에 따라 학습을 설계하고 실행하는 다양한 상황을 경험하기 어렵다는 저자들의 중지를 모아 단계별 학습 활동을 학년군과 교과를 달리하여 제시하였다. '관계맺기' 1~2학년군 국어과, '집중하기'는 1~2학년군 수학과, '조사하기' 3~4학년군 사회과, '조직 및 정리하기'는 3~4학년군 과학과, '일반화하기'는 3~4학년군 영어과, '전이하기' 5~6학년군 사회과, '성찰하기'는 5~6학년군 과학과 등을 대상으로 개념기반학습을 설계하고 실행할 수 있는 방안을 제시하였다.

여기에 제시한 사례는 교사나 연구자가 개념에 기반한 수업을 실행하는데 하나의 지침을 제시하는 기준이 될 것으로 기대한다. 그러나 수업이 다양한 방법으로 상황에 따라 역동적으로 이루어진다는 점을 고려할 때, 본 저서가 제시하지 못하는 다른 학습 방법도 활용될 수 있는 점을 밝힌다. 교사가 평소 자신 있게 활용할 수 있는 학습지도 기법으로 그것이 탐구학습 7단계 중 어느 특정 단계에서 적정하게 활용될 수 있다면 얼마든지 활용 가능하다. 모쪼록 본 저서가 개념기반학습을 적용하려는 많은 교사에게 도움이 되기를 바란다. 이를 통하여 교실 수업의 혁신을 추구하는 선도자가 되기를 바란다.

본 저서를 집필하는 과정에서 저자들은 아이디어를 동원하기 위해 많은 고민을 하였다. 여러 차례 상호작용을 통하여 확인하고 검증하여 집필한 것이다. 저자 여러분들께 감사드린다. 그리고 책을 출간하기까지 여러 가지 업무를 협조해 주신 박영스토리 관계자 여러분께 감사드립니다.

2024년 3월
대표 저자 드림

목 차

1장

개념기반학습의 이해

2장

개념기반 교육과정의 이해

3장

2022 개정 교육과정과 수업 설계의 방향

4장

개념기반 탐구단계별 수업 활동의 실제

1장
개념기반학습의 이해

1. 개념의 이해

개념은 추리, 범주화, 학습, 기억, 연역, 설명, 문제해결, 일반화, 유추, 언어 이해, 언어 생성 등에서 중요한 역할을 한다(Gagne, 1988; Thagard, 1992). 우리는 개념을 생성하는 과정에서 세계를 여러 유목으로 나누게 된다. 우리는 개념을 학습하고, 의사소통하며, 추리하는 과정에서 정보의 양을 감소시킬 수 있다(왕경수, 2008). 현실 속에 존재하는 모든 강아지를 '강아지'라는 개념으로 범주화함으로써 그 모든 강아지를 일일이 언급하지 않더라도 강아지에 대하여 논의를 할 수 있다. 개념은 대상, 사건, 실체 등에 대한 정보를 저장하는 역할을 한다.

이와 같이 개념은 사물, 사상, 또는 사건 등의 공통 속성을 범주화하여 표상한 것으로서 인간이 체계적으로 정보를 처리하고, 문제를 효과적으로 해결하는 데 사용된다. 개념은 구체적 개념과 추상적 개념 등과 같이 여러 가지 유형으로 구분된다. 학생은 개념이 갖는 다양한 기능을 통해 주변 세계를 더 잘 이해하게 된다. 학습자들은 학습된 개념을 통해서 복잡한 사회 현상을 단순화시켜 볼 수 있고, 의사소통을 자유롭게 할 수 있으며, 사회현상에 관한 새로운 탐구와 발견을 할 수 있는 도구를 마련하게 된다. 그렇게 함으로써 자기 나름대로 지식을 체계화하고 나아가 주변의 여러 현상을 확인 또는 재확인할 수 있으며 학습 시간을 절약할 수 있게 된다. 개념을 학습하는 것은 기억을 용이하게, 그리고 오래 지속되게 할 뿐만 아니라 무한한 추상적 사고를 가능하게 한다(한면희, 1998).

개념이 무엇인가에 대한 다양한 논의가 있으나, 대체로 개념을 '사물을 구분하고 범주화하는 시스템이자 심리적 현상'으로 규정하고 있다(왕경수, 2008). 이것은 개념을 분류 규칙이나 정의적 속성으로 바라보는 관점이다. 이 관점에서는 개념을 규정하는 속성들의 유사성을 중시하기 때문에, 개념학습의 달성 여부는 사물이나 현상을 기준에 따라 분류할 수 있는지에 따라서 결정된다. 한편 개념은 사물이나 현상을 분류하는 것 이외에 추론과 같은 복잡한 활용을 위해서 활용된다. 개념은 일반화와 전이와 같은 다른 형태의 학습목표나 결과와 관계를 맺고 있다. 그리고 개념은 세계를 설명하는 이론 또는 지식으로부터 생성될 수 있으며, 역동적인 맥락 속에서 구조적으로 변화할 수 있다. 이와 같이 개념은 명제적, 절차적, 추론적 지식이 복잡하게 배열된 스키마나 네트워크 역할을 하게 된다. 이러한 점에서 볼 때 개념학습은 단지 분류를 수행하는 것뿐만 아니라, 비유, 대안적 학습 전략, 추론 연습 등에 의해서 행해질 수 있다(Joassen, 2006).

개념학습은 교실 학습에서 중요한 의의를 가진다. 학습자들이 주요 개념을 알게 되면, 교과의 하위 학습 과제 간의 관계를 파악할 수 있고, 또 이들을 다시 전체로 조직할 수 있는 능력을 가지게 되며, 그 결과로 교과 내용을 보다 잘 이해하고 그에 대한 통찰력을 기르게 된다. 개념학습은 교과 학습에 있어서 필수적인 요소가 된다. 개념은 다음의 세 가지 중요한 기능을 수행한다(한면희 외, 1998).

첫째, 새로운 경험과 자료에 대해 주어질 수 있는 여러 가지 질문을 만들어 낸다. 어떤 특정한 개념을 알게 되면 새롭게 접하는 자료를 조사하기 위한 질문에도 그 개념의 속성을 사용할 수 있다. 따라서 일차적으로 거칠게 제시된 정보는 의미 있는 관계가 확인되어질 수 있도록 개념의 범주에 따라 분류될 수 있다.

둘째, 개념은 경험의 진상을 밝혀내기 위한 도구로서 활용되어질 뿐만 아니라 의미의 형성을 촉진한다. 개념은 새로이 발견한 정보를 관계 지우는 고리와 같은 구실을 한다. 이러한 지식의 범주들 간의 관계적 형태는 일련의 연계적 고리로 연결된 구조의 한 부분으로서 우리들의 마음속에 이미 존재하고 있기 때문에 나중에 수집된 자료에 의미가 부여될 수 있다. 이렇게 하여 개념은 우리가 소유하는 개념에 의하여 경험에 의미를 부여하는 형태로 새로운 경험의 조직을 촉진한다.

셋째, 개념은 과거, 현재, 그리고 미래의 경험에 대해서도 색인 목록과 같이 활용된다. 우리의 기억장치는 대부분 학습의 축적이나 전개된 개념들로 구성된다. 그것은 이미 사람들이 알고 있던 다양한 개념뿐만 아니라 일반화, 기능, 태도, 그리고 많은 구체적 사실들을 소장하고 있는 서고라고 할 수 있다. 우리가 새로운 경험을 접할 때 우리는 우리의 개인적인 서고나 기억장치로부터 그것이 의미 있는 경험이 되게 하는데 도움이 될 수 있는 한 개념을 선택한다. 만약에 그 개념이 유용하지 못하다는 것이 확인되면 또 다른 개념을 선택한다. 그래도 유용하지 못하거나 부적당하면 우리는 흔히 기존의 개념을 교정하거나 새로운 경험을 의미 있게 하기 위해 완전히 새로운 개념을 고안한다. 이렇게 하여 개념은 기존의 구조에 의해 우리가 학습한 것을 오랫동안 유지하게 해 준다.

2. 개념학습에 대한 고전적 관점: 개념획득

가. 속성 모형

속성 모형(Attribute model)이란 개념을 학습자에게 가르칠 때 원형이나 상황보다도 개념이 가지고 있는 특징을 중심으로 가르치는 것을 중시한다. 개념은 필요충분 속성들의 집합이며, 서로를 결정짓는 내포와 외연을 가진다. 개념의 내포는 개념을 정의하는 결정적 속성들의 집합을 의미한다. 개념의 외연은 그 개념의 구성원이 되는 사례들의 집합, 즉 내포적 정의를 만족하는 대상들의 집합으로서 일반적으로 범주라고 지칭한다(Joassen, 2006). 개념은 공통된 속성에 따라 함께 묶여진 대상, 상징, 또는 사건들이다. 이러한 속성들은 예들을 범주화하는 데 필요하고 충분한 것들이다.

이 모형에서는 동일 범주의 모든 사례들에 공통된 정의적 속성이 존재한다는 전제하에 개념이 정의적 속성의 묶음으로 이루어진다고 가정하고 있다. 속성 모형은 개념의 구조에 관한 여러 견해 중 가장 전통적인 견해이기 때문에 고전모형이라고도 한다. 이 모형은 개념의 형성과정에서 그 개념의 고유한 특징이 가장 중요한 요소라고 보고 이 특징을 중심으로 개념을 이해하려고 한다. 개념 자체는 추상적인 것이기 때문에 결국 어떤 대상을 관찰하거나 자신이 겪은 경험으로부터 공통적인 정보를 추상하여 명명함으로써 개념이 형성된다. 관찰한 것 중에서 비슷한 것과 다른 것을 묶어서 그 집단에 명명하는 것, 즉 관찰 → 범주화 → 명명의 과정이 곧 개념 형성의 과정이다. 학생들은 특정 대상의 속성들을 이용해서 적당한 범주로 대상들을 나누게 된다. 이러한 과정을 통하여 학생들은 변별하는 능력을 배우게 된다. 학생들은 대상들의 사례를 구분하는 과정에서 부류(class)에 속하는 모든 예들이 같은 범주에 속하는 것으로 일반화하는 경험을 하게 된다. 학생들은 과거에 본 적이 없는 새로운 사례를 경험하게 되면 그것이 어떤 부류에 속하는지를 결정하기 위하여 사물이나 대상의 속성을 분석하게 된다. 수업은 속성 정의, 예와 비사례(nonexamples) 제시, 새로운 예시 제공, 연습 등의 절차로 이루어진다. 따라서 속성 모형은 논리적이고 비교적 간단하고, 인간의 인지적 활동의 과정에 맞는 것이라고 이 모형의 주장자들은 주장한다. 또 대부분의 보통 개념을 설명하는 데 적합하다.

그러나 속성 모형은 다음과 같은 한계가 있다. 첫째, 모든 속성을 포착하면서 비사례들을 배제하도록 개념을 정의하는 것이 쉽지 않다(Ross & Spalding, 1994). '숟가락'에 대한 개념의 필수 속성을 확인한다면 움푹하고 기다란 어떤 것이라는 것 이외에 충분적인 필수 속성을 말하기 어렵다. 둘째, 많은 개념들이 명확한 특징을 갖지 않은 경우가 있으며, 어린 학습자들은 특징을 추상화하는 데 어려움을 겪는다. 셋째, 추상적인 개념은 특징을 명확하게 지적하기 어렵고, 어떤 개념들은 공통적인 특징을 가지고 있으면서도 또 다른 특징을 가지고 있어서 복잡하다. 넷째, 해당 개념에 속하는 것으로 범주화된 사례들의 등가성에 대한 문제가 있다. 필요 충분 조건만 갖추면 범주 내에서 모든 등가적인 지위를 차지한다고 가정하지만, 동일 범주의 예라고 하더라도 어떤 예는 다른 것보다 그 범주를 더 잘 대표하고 전형적이라는 데 동의한다. 이것은 사례의 양호도와 관련된다. 이러한 입장에서는 어떠한 사례가 더 적합한지를 살펴보아야 한다. 이러한 개념의 양호도 효과는 속성이나 특성이 본질적이기 보다는 확률적이라는 관점을 갖는데, 이러한 대표적인 이론이 원형 모형과 사례기반이론이다.

나. 원형 모형

원형 모형(Prototype model)은 고전 모형, 즉 속성 모형이 제시하는 속성의 진술을 가지고는 개념이 불명확한 경우를 설명하기 위해서 등장하였다. 원형 모형은 속성 모형과 마찬가지로 개념은 범주에 속하는 몇몇의 구체적인 예들의 집합이 아니라 범주 전체에 대한 단일 표상(unitary representation)이라는 관점을 갖는다. 그러나 표상의 구조가 속성 모형처럼 정의적 속성의 묶음이 아니라 원형(prototype)이라는 점이 특징이다(Howard, 1985). 원형 모형은 원형이 실제 세계에 존재하는 것을 표상한 것인지, 또는 범주들의 속성들의 평균 혹은 최빈값을 통해 구성한 것인지에 따라 견해가 나누어진다. '이상적 원형(idealized prototype)'은 학습자가 경험한 현실세계의 많은 예들이 학습자의 마음에서 구성된 것이다. 즉 학습자가 감각기관을 통해 인식한 범주에 대한 많은 예들이 최다 빈도나 평균에 따라 하나의 표상으로서 학습자에 의해 재구성된 것이 바로 '이상적 원형'이다(Smith & Medin,

1981). 반면 '실제적 원형(actual prototype)'이란 범주에 속하는 수많은 실제 예 중에서 가장 전형성(typicality)이 높은 것이 원형으로서 학습자의 마음에 표상된다는 것이다. 이 경우 원형으로서 표상되는 가장 전형성이 높은 예를 대표적인 예(best example)라고 한다.

이와 같이 원형적 관점에서는 개념들이 기억 장소에 원형으로 표현된다. 그것들은 그 범주에 속하느냐를 결정짓는 전형적인 공통 속성들을 가진 맥락적 실체로 받아들여진다. 즉 부류의 어떤 구성원들은 다른 부류보다 더 대표적이라는 것을 가정한다. 예를 들어, 참새는 펭귄이나 공작보다 '새'의 개념과 관련하여 보다 전형적이다. 이처럼 원형과 더 비슷한 예들은 더 쉽게 그 원형에 속하는 것으로 분류된다. 원형이론은 그 개념과 관련된 더 많은 속성이나 특성을 가진 전형적인 속성에 관심을 두기 때문에 가족 유사성의 문제가 발견된다. 가족 유사성(family resemblance)이란 가족들이 서로가 부분으로 닮아 있으면서도 모두 닮아 있지 않은 현상을 의미한다. 원형은 개별 사례에서 평균적으로 추출된 특성들을 가진 사물이나 대상에 해당되기 때문에 가족 유사성을 가질 가능성이 높다. 가족 유사성을 가진 개념들은 개념 안의 유사성은 최대화하면서 범주들 간의 유사성은 최소화하려고 시도한다. 개념의 구성원들은 원형과 비슷할수록 더 빠르고 쉽게 분류된다. 원형 이론은 개념 조합을 설명하는 데 어려움이 있다. 예를 들어, x가 a에도 속하고 b에도 속하면, x는 a와 b의 교집합이나 합집합에도 속한다. 구체적으로 오리가 새의 사례이고 가축의 사례라면, 당연히 가금류의 사례가 된다고 설명한다. 고전적 견해에서는 한 개념의 모든 사례들이 필요 충분 조건이 되는 결정적 속성만 갖추고 있으면 그 개념에서 등가적인 위치를 차지하고 있기 때문에 아무런 문제가 없다. 그러나 한 개념 안에서 예들의 전형성이 모두 다르고, 개념의 정도도 모호하여 범주화가 정도의 문제가 될 때에는 단순히 집합원리만을 가지고 개념 조합 또는 결합의 문제를 해결할 수 없다. 이렇게 되면, 오리는 전형적인 새도 아니고 전형적인 가축도 아닌 전형적인 가금류가 된다.

이상에서 볼 수 있듯이, 원형 모형은 원래 고전모형이 해결하지 못한 것을 해결하기 위해서 나타난 것이기 때문에 고전모형으로 교수하기 어려운 개념을 교수할 수 있는 장점이 있다. 대상의 특징을 나열하여 정의를 내리고 맞는 특징과 안 맞는 특징을 복잡하게 골라내는 과정을 생략할 수 있다. 그것은 개념 이해가 불분명하고 대표성이 희박한 개념을 적절한 예를 공급함으로서 개념을 이해할 수 있게 하는 장점이 있다. 특히 비결합 개념 또는 이접개념의 경우, 또는 혁명과 반역처럼 공통적인 특징이 있어서 서로 비슷하면서도 다른 경우는 예를 통해 쉽게 이해할 수 있게 된다. 원형 모형은 정의적 속성을 찾아보기 힘든 범주를 표상할 수 있다는 장점이 있지만 다음과 같은 문제점도 있다. 첫째, 사람들은 분류를 하기 위하여 원형 이외의 다른 지식을 사용한다. 특정한 예에 따라 범주화를 행하기도 하며 정의적 속성에 따라 범주화를 행하기도 한다. 둘째, 사람들은 범주화에 사용된 각 속성의 중심 값 이상의 지식을 가지고 있는 것으로 보인다. 속성간의 관계나 속성내의 값 범위 등에 대한 정보도 고려한다. 셋째, 원형 모형으로는 맥락 효과를 설명할 수 없다(차조일, 1999).

다. 사례기반이론(exemplar-based view)

사례기반이론은 자극 일반화에 대한 생각에서 출발한다. 주어진 자극에 대한 반응(범주화)은 그 자극(사례)이 과거에 경험하였던 자극(사례)과 얼마나 유사하느냐에 따라 달라진다. 개념은 원형과 같은 추상화된 요약 정보가 아니라 본보기들로 표상되며, 주어진 항목의 범주화는 기억에 표상된 개별사례들의 유상성에 달려 있다. 이 관점은 인간이 개념을 사례를 통하거나 기존에 존재한 개념을 결합하며 귀납한다는 것을 전제한다. 인간은 사례들이 서로 비슷하다거나 같이 발생하는 빈도에 근거하여 일반화하는 과정 속에서 개념을 획득한다. 기억 장소에 예를 저장하지만 새로운 사례들은 기존의 사례와의 거리나 유사성이 계산되어 분류된다(Tessmer, Wilson & Driscoll, 1990). 사례기반이론은 우리가 사물이나 현상을 분류할 때 특정 맥락 속에 있는 사례들을 동원한다는 특징이 있다. 사례기반이론은 우리가 범주를 왜 갖고 있는지 직접적으로 보여주지 않기 때문에 개념을 모호한 것으로 간주하며, 여러 가지 사례로부터 나온 정보들을 더 나은 예측이나 분류를 위해서 버리지 않는다. 새로운 수많은 예를 분류하는 데 똑같은 표상이 사용된다고 가정하지 않는다. 즉 개념은 다수의 표상으로 구성될 수 있으며, 어떤 것은 새로운 예를 분류하는 데 사용될 수 있다. 예를 들어, 피곤, 탈진, 소진 등의 개념들이 피로라는 개념 형성을 위해 사용될 수 있다(왕경수, 2008).

라. 상황 모형

상황 모형(social context model)은 어떤 사회적, 문화적 환경에서 학습자가 직접 겪은 경험이나 기대, 행동 등을 중심으로 개념을 가르치려고 하는 개념학습의 한 방법이다. 이들은 학습자가 어떤 자극이나 대상, 상황을 인식하거나 이해하는 것은 진공 상태에서 하는 것이 아니라 반드시 역사적 전통과 개인적인 요구와 필요성, 문화적, 사회적 영향하에서 이루어진다는 점을 중요시 하고 있다. 상황 모형에서는 이 점이 강조되어야 개념을 올바르게 이해할 수 있다고 본다. 상황 모형은 사회적, 문화적 상황에서 구체적으로 학습자가 학습하는 사회과의 정치, 경제, 사회, 문화와 관련된 여러 개념을 이해하는 데 도움이 된다. 그러나 상황 모형은 다음과 같은 문제점을 가지고 있다. 첫째, 상황 모형은 개념을 추상화, 일반화하고, 개념의 보편성을 이해하는데 제한이 있게 된다. 둘째, 방법 면에서 상황 모형은 고전모형이나 원형 모형이 사용하고 있는 속성검토나 예 검토와는 완전히 다른 방법을 사용하는가에 대한 의문이 있다. 셋째, 고전모형이나 원형 모형을 가지고는 사회적 상황을 가르칠 수 없는가의 문제도 있다. 만약 이러한 문제들이 말끔히 해결되지 않는다면 상황 모형의 유용한 가치에도 불구하고 그 독창성은 현저히 저하될 수밖에 없다.

3. 개념학습에 대한 대안적 관점: 추론 및 활용

가. 이론기반 관점

개념이 단지 속성이나 특질들의 목록 이상이라는 것을 인식할 필요가 있다. 개념들은 그 개념이 이용되는 여러 다른 학습과제들에서도 제대로 쓰이기 위해서는 서로 연관되어야 한다(Ross & Spadling, 1984). 개념의 중요한 기능 중의 하나는 이해, 설명, 예측을 위한 추론들을 지지하는 것이다. Thagard(1992)는 분류 이외에 개념이 모든 종류의 학습, 기억, 연역적 추론, 설명, 문제해결, 일반화, 그리고 유추, 언어 이해 그리고 언어 생성 등에 필요하다고 하였다.

기존 개념들은 새로운 개념을 만들기 위해 사용된다. 개념들은 새롭고 복잡한 개념이 생성되는 기본구성 단위이다. 이러한 생성과정은 개념들 사이의 위계적 구조를 가정한다. 이 생성과정의 일관성은 개념화를 하는 학습자가 어떤 문제해결을 하고 있느냐에 달려 있다.

개념은 문제해결 과정에서 사용된다. 이 과정에서 학습자 간 학습자와 교수자 간 학습자의 내용 간 의사소통이 일어난다. 이 의사소통을 하기 위하여 우리는 개념을 담은 말(단어)을 사용한다(Spading & Ross 1994). 그런데 의사소통은 개념들이 사용되는 환경이나 목적에 의존한다. 가령 '곰이 그릇 속에 죽을 먹었다'는 문장은 작가가 독자로 하여금 환상 속에 잠기게 하는 동화책 속에서 일관된 의미를 갖는다. 사실 어떤 곰도 그릇 속에 있는 죽을 먹을 수 없다(Jonassen, 2006). 만약 이러한 문장이 엉뚱한 상황이나 맥락에 존재한다면 그 문장 속에 단어는 의미를 잃게 될 것이다. 개념화란 결국 이해라는 지적인 행위 속에서 일어나는 행위이다.

이와 같이 개념이란 어떤 범주에 속하는 구성원을 찾기 위해 사용되는 정의나 규칙 이상이다. 개념의 의미는 개념이 나온 지식이나 이론에 기반을 두고 있다. 개념은 여러 가지 정보를 담고 있는데, 그 정보에는 그 개념이 다른 개념들과 관련되는 방식에 관한 정보, 그리고 개념의 속성들 간에 존재하는 기능적, 인과적, 설명적 관계에 관한 정보가 포함된다. 예를 들어, 책상 개념에는 사람들이 의자에 앉아서 책상 위에 놓인 책을 읽거나 어떤 작업을 한다는 정보도 포함되어 있으며, '새'의 개념에는 새가 깃털을 갖고, 알을 낳으며, 다리가 두 개이도록 만드는 어떤 유전적 구조를 가지고 있다는 정보도 포함되어 있다는 것이다(신현정, 2004). 이러한 의미에서 스키마 모형도 이론기반 또는 지식기반 모형에 가깝다. 이러한 이론기반 개념학습에서는 결국 학습이란 가지고 있는 개념이 변화하는 것이며, 그것은 새로운 개념의 정의나 예를 단순히 암기하는 데서 나오는 것이 아니라 결국 세계에 관한 이론을 구성해 나가는 과정에서 진정한 개념의 학습이나 이해가 일어난다고 보는 관점이다. 그래서 개념은 결국 세계에 관한 지식이나 이론에서 나오게 된다.

그런데 이러한 지식에는 선언적 지식과 절차적 지식의 두 가지가 있다. 개념은 선언적, 절차적 지식의 성격을 모두 가지며 따라서 선언적, 절차적 학습결과를 제대로 낳을 수 있는 수업이 필요하다. 선언적 지식과 관련된 가르치는 전략이 개념을 가르칠 때에도 필요하다. 정의를 회상하는 일을 돕기 위해서 기억술(mnemonics)

을 제공하거나 개념의 기원을 설명하는 것과 같은 전략 사용은 개념을 둘러싼 정보를 학습자에게 유의미하게 만드는 일을 한다(Reigeulth, 1993). 학습자의 반응에 민감한 피드백을 가지고 반복연습을 시키는 것과 같은 절차적 전략은 개념을 습득한 후 제대로 분류 기능(classfication skill)을 쉽고 정확하게 수행하도록 한다(Jonassen, 2006). 이런 경우에 개념은 시간이 지나면서 하나의 노드 대신에 스키마나 네트워크 그 자체가 될 수 있다. 많은 경우에, 가령 '환경 오염', 'IMF 사태' 같은 개념들은 그 자체가 인지적 · 정의적 요소가 결합된 복합체이다. 이러한 개념은 시간이 흐르면서 사용과 경험을 통해서 습득되는 것이지 정의를 통해서 습득되지 않는다(Brown et al., 1989). 다시 말해서 학습 초기에 어떤 개념에 대해서 간단한 결정적 속성들의 목록이나 정의를 통해 개념학습은 시작될 수 있지만 그것만으로는 충분치 않다.

이러한 인지적 도구로서의 개념이 사용되는 방법은 사용되는 맥락에 의존한다(Barsalou, 1985). 즉 학습자가 주어진 개념을 사용하는 특정 상황에 대한 선언적 지식뿐만 아니라 언제, 어떻게 그 개념이 사용되어야 하는지에 대한 절차적 지식을 습득한다는 것을 시사한다. 이렇게 특정한 맥락 속에서 개념이 습득되면서 학습자는 쌓여가는 지식을 기반으로 추론을 하게 되는데 이 추론 때문에 더 많은 지식을 만들어 나가게 된다(Camp, Lachman & Lachman, 1980). 따라서 기억 속에 하나의 개념은 궁극적으로 정의 또는 정의하는 속성, 그리고 예와 비례, 그리고 분류나 확인을 위한 절차, 그리고 관련된 지식과의 관련, 정의적인 함의, 그리고 어떤 맥락에서의 사용에 대한 규칙들을 포함한다. 이러한 의미에서 개념은 하나의 주제나 개념을 중심으로 조직화된 스키마 같은 것이 되어 간다(Slavin, 1986; Howard, 1987).

최근에 어떤 이론가들은 기억의 전반적 구조 속에 개념의 위치나 기능에 초점을 두고 망(network) 속에 노드로 간주하지만(Anderson & Pirolli, 1984), 어떤 이들은 개념을 더 넓은 스키마 안에 슬롯으로 본다. 개념은 흔히 부류관계 속에 종류나 부분으로 보여지기도 한다(Reigeluth, 1983). 각 경우에 개념은 저장된 정보의 더 작은 구성요소로서 보여진다. 각 경우에 개념은 새로운 예가 설정된 부류나 범주 중 어디에 속하는지 결정하는 것을 표현한다.

이상에서 볼 수 있듯이, 학습자는 개념을 통하여 세상을 체계적으로 이해할 뿐만 아니라 개념을 활용하여 여러 가지 고차원적인 사고를 할 수 있다. 이러한 고차원적인 사고는 인간에게 있어 특징적인 것이며 인간이 세상에 대해 능동적인 활동을 할 수 있는 기반이 된다. 개념을 활용한 고차적인 사고의 유형으로 문제해결력을 들 수 있다. 고차적인 사고력은 개념형성차원에서 길러지는 것이 아니다. 문제해결력과 같은 고차적 사고력은 개념을 활용한 절차적 지식 형성과정을 통해서 이루어진다. 따라서 개념학습에 있어서 문제해결 맥락으로서의 현실 문제 제공은 개념형성과 동시에 문제해결력이라는 고차원적인 인지능력 함양에 매우 중요한 역할을 한다. 인간이 행하는 가장 유의미한 학습은 문제해결이다. 일상생활에서 문제들은 학습을 위한 목적을 제공한다. 그리고 문제해결은 개념학습을 위한 일종의 닻(anchor)을 제공한다. 문제해결 과정에서 구성된 지식 또는 사용 중인 지식은 유의미하며 잘 통합되어 있고 잘 기억되며 그렇지 않는 경우보다 전이가 쉽다. 문제를 풀기 위해 학습된 개념은 보다 유의미하다. 대안적 관점의 이론 기반 개념학습은 결국 세계를 설명하는 이론이나 지식을 통해 현실의 문제를 해결하는 과정에서 개념변화나 학습이 일어난다고 본다(Jonassen, 2006).

이처럼, 학습자가 개념의 정의를 말할 수 있고 예를 들 수 있다는 것은 개념을 제대로 학습하고 활용할 줄 안다는 것의 필수조건이기는 하지만 충분조건은 아니다. 개념의 정의를 말할 수 있고 예를 들 수 있을 뿐만 아니라 개념이 터하고 있는 지식이나 관련 이론에 기반을 두고 해당 개념이 사용되면서 대화나 논의를 할 수 있어야 개념을 제대로 학습하고 있다고 보는 것이다. 이러한 것을 할 수 없는 학습자들은 개념을 제대로 활용한다고 볼 수 없다. 이러한 현상을 학자들은 '개념의 유의미한 부호화 결핍(deficiency of meaningful encoding)'이라고 한다(Jonassen, 2006).

진정한 개념학습에는 두 가지 종류의 활동이 관련된다고 한다. 이야기 쓰기나 작문활동과 같은 개념 활용하기와 이론화, 합의를 끌어내기, 텍스트 이해하기 등과 같은 역할 연기, 개념을 응용하여 추론하기가 그것이다. 이러한 개념 활용하기와 추론하기는 개념학습의 개념 활용과 추론이 개념학습의 진정한 목적이라고 보기 때문이다(Jonassen, 2006).

추론이란 사물을 범주화함으로써 그 사물이 가지고 있을 속성이나 모습들에 대해 추측하는 것이다. 추론하기는 학습자들이 개념을 사용해서 이전에 불연속적으로 저장된 기억들을 연결시켜 정보들 사이에 통로를 만드는 것이다. 추론에는 개념을 상위 개념의 구성원으로 파악하는 것, 정의적 속성에 의해 직접적으로 주어지지 않은 개념의 속성이나 기능을 파악하는 것, 일반성 면에서 동일한 수준에 있지만 같은 수준의 개념 집합에는 들어 있지 않는 개념과의 관계를 파악하는 것 등이 있다. 위의 예를 제외하고도 인과관계, 인접성, 부분관계 등과 같은 추론적 질문들이 사용될 수 있다(Tessmer et al., 1990; Collins & Quillian, 1972; Shavelson, 1974; Reigeluth, 1983; 왕경수, 2008). 이러한 질문들은 개념 망이나 스키마에서 의미론적 관계의 존재나 강도를 측정하고 학습자들이 추론을 연습하여 개념을 제대로 학습하게 한다. 이런 개념학습의 성공은 수업의 목적, 학습자의 사전지식, 그리고 학습자들의 연령 등에 의존하기도 하는데 가령 학습자들의 연령이 영향을 미치는 이유는 학습자의 학습능력, 사고력 발달 수준 때문이다. 따라서 연령에 따라 학습자는 추론 생성 능력의 차이가 있다. 특히 추론은 주어진 정보나 지금까지 알게 된 지식이나 경험에 비추어 그 밖의 요소를 생각해 내거나 미루어 생각해 내는 능력으로서 자료의 활용자가 주어진 자료나 정보를 보고 추론할 때에는 외삽과 내삽의 방법이 있다. 외삽은 그 자료에 나타나 있는 경향이나 생각을 보고 그 이전이나 이후에 일어날 수 있는 것들을 미루어 생각해 보는 것이다. 어떤 대상의 표집 조사를 통하여 특성을 알아보는 것도 외삽에 속한다. 즉 초등학교 사회과 교육과 관련하여 우리 반 아버지의 직업의 특징을 보고 고장 또는 지역 사람들의 하는 일의 특징을 생각해 보는 것이 그 예이다. 내삽은 전후 관계에서 빠진 곳이 있을 때 그것을 미루어 생각해 내는 것이다. 논설문의 앞부분(서론, 본론 일부)과 뒷부분(본론의 핵심)을 추론해 내는 것이다. 추론의 구체적 행동 특성은 나타난 진술로부터 결론을 내리는 능력, 경향의 계속을 예언하는 것, 자료에서 빠진 곳을 내삽하는 것, 자료에 기술된 일련의 행동의 귀결을 추정하거나 예언하는 것, 부정확한 예언을 할 요인을 깨닫는 것, 비교적 가능하리라고 생각되는 귀결가능성이 많은 귀결을 구별하는 것, 귀결의 예언과 가치 예언을 구분하는 것 등이 그것이다. 개념학습에서 추론 과정 설정은 기존 개념학습과정의 특징인 개념의 형성이나 범주화로 끝나는 개념학습의 한계를 극복하고, 학습한 개념을 활용하여 해당 개념이 사용되는 범위를 확대하고 그 과정에서 대화와 논의의 기회를 가짐으로써 개념의 의미를 보다 더 잘 이해하기 위한 것이다. 대안적 관점의 이론기반 개념학습은 결국 세계를 설명하는 이론이나 지식을 통해 현실의 문제를 해결하는 과정에서 개념변화나 학습이 일어난다고 본다(Jonassen, 2006).

나. 구성주의 관점

구성주의자들도 구성적 과정이 학교나 교실의 훈련을 넘어 발생하고 전이되기 위해서는 학습이 반드시 실세계의 맥락을 반영하는 풍부한 맥락 안에서 이루어져야 한다고 주장한다. 구성주의적인 관점에 의하면 맥락은 학습과 관련된 지식 기반에 통합되는 것이다. 실제적인 맥락에서 이루어지는 학습은 사람들이 일상생활에서 경험하는 것과 같은 실제적인 학습을 제공해 주는 것이다. 학습에 있어서 맥락의 중요성은 실제적인 맥락 제공과 관련된다. 실제적 맥락은 중요한 동기부여적인 잠재력을 지닌다. 전통적인 교실에서 학생들은 주로 그들과 거의 관계가 없고, 무의미한 문제나 과제를 수행하도록 요구된다. 그러한 과제들은 학생들의 경험과 분리되어 있고, 교사나 학부모들의 요구를 충족하지도 못하며, 학생들에게 명백한 개인적인 의미를 제공하지도 못한다.

이에 반해, 실제적인 과제는 상당히 동기유발을 위한 잠재력을 지니는 매일의 상황에서 일어나는 일상적인 활동이다. 실제적인 과제는 학습자에 의해 수행되는 보다 자기 주도적이며 목적 지향적인 경향을 지닌다. 실제적인 과제는 종종 문제 지향적이기 때문에 학습자들이 무엇을 학습하며 어떻게 그것을 사용해야 하는지를 더 잘 간파할 수 있다(Collins, Brown & Newman, 1989). 학습자들은 인위적인 맥락에서가 아니라 고유의 맥락에서 특정한 방법이나 전략이 언제 적절한지를 직접적인 경험에 근거해서 배울 수 있다. 학습자들은 그들 자신의 문제해결에 영향을 주는 환경의 변화에 반응하는 것을 배우게 되는 것이다. 맥락은 학습자들이 상황적 의도에 대한 감각을 개발하도록 도와줌으로써 그 자체가 활동에 대한 지침을 제공한다. 결국 실제적인 맥락은 학습자들에게 상황적인 자료를 제공함과 동시에 관련된 문제해결 상황에 대한 선행조직자의 기능을 하기 때문이다. 문제해결 맥락제공에서 사용되는 문제 상황에 포함되는 또 하나의 요소인 적용성 요소는 학습할 내용을 적용하여 해결할 수 있는 문제 상황을 의미한다. 구성주의자들은 맥락의 여러 측면 가운데 '이용의 맥락'을 강조하고 있다.

어느 학습 환경 내에서 지식은 구성되어질 뿐만 아니라 지식의 중요성이 특정 목적과 관련한 지식의 응용성도 함께 구성된다고 본다. 즉 지식을 먼저 학습하고 그 후 지식을 이용하는 방법을 배운다는 전통적인 순서와 달리 지식과 그 지식의 이용을 분리해서 가르치는 것이 아니라 동시에 가르침으로써 학습자는 정보에 대한 이해를 깊이 있게 한다는 주장이다. 따라서 교사가 학습자에게 새 정보를 실제 상황에서 특히 문제 해결 상황 속에서 제시하여 학습하도록 함으로써 학습자에게 그 정보를 적용할 기회를 제공할 수 있으며 학습 내용을 보다 가치있고 유용하게 할 것이다.

그러므로 문제해결 맥락 정보를 제공하는 전략에서 사용되는 문제 상황은 필수적으로 적용성을 포함해야 한다. 개념학습에 있어서도 개념을 어떻게 이용하는가를 앎으로써 그 개념의 의미를 이해할 수 있다는 주장은 개념학습에서 제공되는 문제해결 맥락 제공의 중요성을 반증하는 것이며 특히 경험적 요소와 더불어 적용성 요소가 모두 포함되는 문제 해결 맥락 제공이어야 한다는 점을 강조한 것이다.

4. 개념기반학습의 이해

가. 개념기반학습에서의 개념의 특성

개념기반학습은 개념학습에 대한 전통적 관점과 대안적 관점 중에서 대안적 관점과 유사하다. 개념기반학습에서는 학습자들이 개념을 이해하여 일반화하고 전이하는 것을 중시하고 있는데, 이것은 전통적 관점에서의 개념획득보다는 대안적 관점에서의 추론과 개념 활용과 관련성이 더 크기 때문이다(Plews, 2023).

개념기반학습에서는 개념을 다음과 같이 규정한다. 개념은 우리가 세상을 이해하는 데 사용되는 정신구조로서, 새로운 상황이나 맥락으로 전환되는 주제 또는 과정에서 도출되는 정신적 구성이라는 관점을 갖는다. 개념기반학습에서는 개념의 핵심 요소로 영원성, 추상성, 보편성의 세 가지를 제시한다(Erickson, Lanning & French, 2017).

첫째, 개념은 시공간을 초월하여 변하지 않는 영원성을 지니고 있다. 개념은 시간이 지나더라도 변화하지 않는다. 개념에 대한 실제 사례는 다양하지만 개념은 특정 사례나 상황을 뛰어 넘는다. 변화의 개념에 대한 사례는 다양하게 찾아볼 수 있다. 초등학생이 사람과 동물이 시간이 지남에 따라 성장하고 변화한다는 것을 이해할 수 있으며, 중학생은 관계가 시간이 지남에 따라 변한다는 것을 인식할 수 있다. 학생들은 이러한 학습과정을 통하여, 변화가 불가피하다는 것을 이해하게 된다. 학생들이 이것을 이해하게 되면 학습의 다양한 단계에서 적용할 수 있게 된다.

둘째, 개념은 구체적이기보다는 추상적이다. 추상적인 개념은 더 높은 수준의 사고를 자극한다. 추상적 개념들은 더 깊은 이해를 촉진하기 위해 사실을 뛰어 넘는다. 초등학교 저학년에서는 '사과'라는 구체적인 개념을 사용하여 교육과정을 구성한다. 구체적인 개념은 특정 사물에 고정되어 있는 특수성으로 인하여 자신의 세계를 처리하는 데 도움이 되는 큰 아이디어를 제공하지 못한다. 이러한 구체적 개념보다는 상호의존성, 순환, 관계와 같은 추상적 개념은 학생들이 정보를 구성하고 분류하여 세상을 이해하고 이것을 새로운 맥락으로 전환하는 데 기여한다.

셋째, 개념은 보편성을 갖는다. 보편적 진리는 다양한 지식 분야에 걸쳐 적용될 수 있다. 학생들이 삶의 다양한 영역을 연결하기 위해서는 보편적인 개념이 필요하다. 학생들은 보편적으로 사용되는 빅 아이디어를 활용하여, 다양한 렌즈를 통해 세상을 볼 수 있으며, 이러한 빅 아이디어와 상황이 어떻게 관련되는지 학습하게 된다.

나. 개념기반학습의 특징

개념기반학습은 개념과 주제의 구분, 거시개념과 미시개념의 구분, 시너지적 사고, 3차원, 지식의 구조와 과정의 구조라는 특징을 갖는다. 이에 대하여 살펴보면 다음과 같다(Plews, 2023).

첫째, 개념기반학습에서는 개념과 주제를 구분한다. 개념은 주제와 일련의 지식 및 기술을 학생들의 삶에 연결시키는 역할을 한다. 개념은 보편적이고 시대를 초월하며 추상적이며 우리를 더 높은 수준의 사고로 이동시키는 역할을 한다. 단원명 또는 주제명과 이 주제와 관련된 개념 또는 개념적 렌즈는 <표 1-1>과 같다.

표 1-1 **단원명과 개념**

단원명	관련 개념(개념적 렌즈)
희곡	협동, 감정, 전달, 언어, 표현
세포 생물학	세포, 소기관, 막, 구조, 기능, 시스템
체조	체조, 힘, 유연성, 안정성, 균형, 움직임

둘째, 개념기반학습에서는 개념을 거시개념과 미시개념으로 구분한다. 이것은 복잡성 수준과 이해의 전달을 가능하게 하는 정도의 차이에 따라 구분된다. 계층 구조가 높아질수록 개념을 더 깊게 전달할 수 있다. 거시개념은 교육과정의 폭을 확장하는 역할을 하며, 미시개념은 학문적 깊이를 제공하는 역할을 한다. 따라서 미시개념은 거시개념 내에서 중첩되는 구조를 갖게 된다. 거시개념과 미시개념에 대한 사례는 <표 1-2>와 같다.

표 1-2 **거시개념과 미시개념**

교과	영어	과학	체육	예술
거시개념	쓰기 과정	구조	움직임	공간
	편집	동물 특성	민첩성	구도
↕	규칙과 관례	보호 특성	이동	네거티브 스페이스
미시개념	대문자	발	드리블	초점

셋째, 개념기반학습에서는 시너지적 사고 능력을 중시한다. 개념기반학습에서는 학생들의 사고능력 개발을 목적으로 하고 있다. Erickson(2012)에 의하면, 지적 발달의 핵심은 사실적 사고 수준과 개념적 사고 수준 사이의 시너지적 상호작용이라고 간주한다. 학생들은 개념적 사고 수준을 통해 사실과 기술을 습득하고 처리하는 데, 이러한 과정에서 시너지적 사고가 발생한다.

넷째, 개념기반학습에서는 3차원 접근 방법을 활용한다. 전통적인 교실 수업은 개별적인 사실과 기능을 강조하는 경향성이 있으며, 학생의 이해도는 논술형 평가 또는 지필 평가를 통하여 확인한다. 개념기반학습에서는 학생들이 알고, 행하고, 이해하게 될 내용을 새로운 맥락과 상황으로 전환하는 3차원 모형을 적용한다. 예를 들어, 3차원 모형에서는 학생들은 환경적 특성이라는 내용과 비교와 대조라는 기술을 환경에 미치는 영향으로 확장시킨다. 개념기반학습의 3차원 구조에는 개념, 개념적 렌즈, 시너지적 사고, 일반화, 안내 질문, 지식과 기능, 참평가와 같은 일곱 가지 요소가 포함된다.

다섯째, 개념기반학습에서는 지식의 구조와 기능의 구조를 활용한다. 이것은 사실과 기능과 같은 낮은 인지 수준에서 일반화와 같은 전달 가능한 이해의 높은 인지 수준으로 이동시키는 역할을 한다. 이러한 구조는 학생들의 시너지적 사고와 통합적 사고를 발달시키는 데 유용하다.

다. 개념기반학습의 장점

개념기반학습은 학생들을 글로벌 시민으로 성장시키는 데 긍정적인 기여를 할 수 있다. 개념기반학습은 학생들이 사회적 책임을 가지고 행동하고 다양성을 존중하며 포용성을 촉진하고, 개방적인 자세를 갖는 것을 목적으로 하고 있다. 개념기반학습의 장점은 다음과 같다(Plews, 2023).

첫째, 학생들에게 개념적 이해를 형성하는 데 장점이 있다. 개념기반학습에서는 유의미한 학습을 위하여 전이 가능한 이해 촉진을 조장한다. 개념기반학습에서는 학습자에게 개인적인 의미 형성의 기회를 제공한다. 개념기반학습에서는 학습자가 자신의 학습을 주도하고, 질문하고, 패턴을 찾고, 연결하고, 전이 가능한 깊은 이해를 사용하여 문제를 해결하고 새로운 아이디어, 절차 또는 제품을 만들 수 있도록 지원한다.

둘째, 생각하는 문화를 형성하는 데 기여한다. 복잡한 세계의 문제를 혁신적으로 생각하고, 창의적으로 사고하는 능력을 개발하는 데 유용하다. 학생이 사고의 개념적 수준에 도달하기 위해서는 창의적 사고, 비판적 사고, 성찰적 사고가 핵심적으로 요구된다. 개념기반학습에서는 이러한 사고의 영역에 대한 학습을 중시한다.

셋째, 지적 성향을 발달시키는 데 유용하다. 학습 성취기준을 충족하는 것만큼 지적 성향을 개발할 수 있다. 학생이 사고의 개념적 수준에 도달하기 위해서는 창의적 사고, 비판적 사고, 성찰적 사고가 핵심적으로 요구된다. 개념기반학습에서는 이러한 사고의 영역에 대한 학습을 중시한다. 개념기반학습에서의 지적 성향과 강조점은 <표 1-3>과 같다.

표 1-3 **개념기반학습에서의 지적 성향과 강조점(Plews, 2023)**

사고 유형	지적 성향	강조점
창의적 사고	열린 마음, 호기심	의미구성, 문제해결, 문화적 표현
비판적 사고	진실 추구, 이해, 전략적, 회의적	질문하기, 연결하기, 설명 전개, 다양한 관점, 자세히 살펴보기
성찰적 사고	메타인지	명확성, 정확성, 정밀성, 관련성, 깊이, 폭, 논리, 중요성, 공정성에 대한 지속적 성찰

넷째, 미래 사회에 요구되는 인성을 함양하는 데 유용하다. 교육은 사회의 공공선과 인류애와 같은 보편적인 교육목적에 의하여 이루어져야 한다. 학생들은 미래 사회와 글로벌 선(global good)을 고려하여 학습한다.

다섯째, 학생들의 학업 성취에 효과적이다. 학생들은 저차원적 사고와 고차원적 사고와의 시너지를 촉진할 수 있으며, 학생의 학습, 성적, 시험에 효과적이다. 개념기반학습에서는 새로운 지식을 사전 지식과 연결하고 지식 간의 연결을 가능하게 하는 개념 구조를 개발하는 장점이 있다. 개념기반학습에서는 학생의 인식과 숙달, 성과 및 성취를 지원하는 데 더 높은 수준의 이해를 향상시킬 수 있다.

라. 개념기반학습 문화 형성과 관련한 교사의 기대 및 신념

가르치고 배우는 것에 대한 교사의 기대와 신념은 교실 수업과 학생의 학습 결과에 영향을 미친다. 개념기반학습에 영향을 주는 내부 요인으로는 연구 기반 원칙, 우리 자신의 과거 경험, 가장 효과적인 것에 대한 경험, 확립된 관행 및 성격 요인이 포함될 수 있다. 개념기반학습이 교실에서 실행되려면 개념기반교육의 방향과 교사의 기념 신념 및 태도가 일치해야 한다(Plews, 2023). 개념기반학습의 실천과 기대와 관련되어 있는 다섯 가지 주요 신념은 <표 1-4>와 같다.

표 1-4	개념기반학습의 실천과 관련된 교사의 기대 및 신념(Plews, 2023)
기대 및 신념	**설명**
학습 vs 활동	학교교육의 은유를 활동으로 한다는 것은 학습을 일, 학생을 작업자, 교실을 일터로 개념화하는 것을 말한다. 은유는 우리의 경험을 조직하고 현실을 창조하는 역할을 한다. 그러므로 어떤 과제를 어떻게 구성하느냐는 어떤 것으로부터 벗어날 것인지를 결정한다. 선생님들과 학생들이 우선적으로 학습에 관심을 집중하고, 일이 맥락 속에서 존재하고 학습에 봉사해야 한다. 일은 그 자체로 목적이 아니라 목적을 위한 수단이 되어야 한다.
이해 vs 지식	이해는 단순한 기능들의 집합 또는 사실들의 집합을 습득하는 것 이상이다. 이해는 우리의 지식이 어떻게 연결되고 관계되는지를 파악할 때 달성될 수 있다. 이러한 연결 구조는 우리가 사용할 아이디어를 배치하고, 새로운 상황에서 우리의 기능을 적용하는 데 기여한다. 이해를 위한 교육은 여러 각도에서 주제를 탐색하고, 서로 관련 있는 것들을 연결하고, 도전하고, 적용하며, 새로운 결과물을 만들어내는 것을 요구한다.
깊은 학습 vs 피상적 학습	피상적 학습은 기억과 지식 획득에 초점을 두는 반면에, 깊은 학습은 학생들의 이해를 발달시키는 것을 중시한다. 사례기반학습을 설계할 때, 효과적인 교사는 학생들에게 사고 양식의 활용을 강조한다. 사고 전략의 강조는 과제 그 자체로서, 명시적으로 수행되기도 하고, 전체 과제를 해결하는 과정에서 암묵적으로 사용되기도 한다.
독립성 vs 의존성	학습자 스스로 도전적 상황에서 성찰하고, 자원을 활용하는 내적 동기가 있는 독립적인 학습자를 개발하는 것이 목적이다. 학생 스스로 학습의 주도권을 갖고 개별 또는 집단에서 활동을 잘 할 수 있기를 기대한다. 그러나 학생을 지도하는 과정에서 주도성을 기를 수 있는 기회를 박탈함으로써 의존성을 기를 수도 있다. 학생의 주도성을 기르기 위해서는 학습과제 해결에서 누가 사고를 하고 있는지 스스로 답해볼 필요가 있다.
성장 vs 고정	지능, 능력, 재능에 대한 교사의 관점은 학생의 성장과 발달에 영향을 미친다. 지능을 타고난 고정된 것으로 보는지, 노력을 통해 일생 동안 성장하고 발전하는 것으로 보는지에 따라 교육이 다르게 이루어진다. 지능이 성장할 수 있다고 인식하면, 학생의 도전은 배움의 기회로 인식되지만, 고정된 것으로 본다면 학생의 도전은 의미가 없게 된다. 학생의 노력에 대한 칭찬은 성장과 발달에 도움이 되지만, 학생의 능력에 대한 칭찬은 학생의 노력을 포기하게 한다.

5. 개념기반학습과 귀납적 학습

학생 스스로 의미를 적극적으로 구성하는 데 귀납적 접근 방법이 유용하다. 귀납적 접근 방법에서는 사례를 탐색하고, 적극적인 탐구 과정을 통하여 패턴을 찾아 연결 및 관계를 발견하여 이해를 형성한다. 개념기반학습에서는 학생의 탐구에 기반한 귀납적 학습을 추천한다(Plews, 2023).

가. 탐구의 접근방법

개념기반학습에서는 [그림 1-1]과 같이, 직접교수법, 구조화된 탐구, 안내된 탐구, 개방적 탐구, 발견학습의 다섯 가지 탐구의 접근방법이 활용될 수 있다(Plews, 2023).

그림 1-1 **개념기반학습과 탐구의 접근방법**

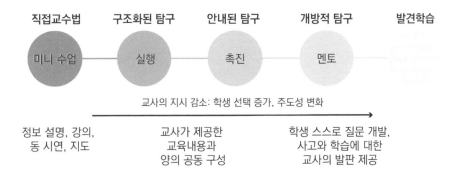

[그림 1-1]에서 볼 수 있듯이, 교수법에 따라서 교사의 역할이 서로 다르게 조정된다. 첫째, 직접교수법에서는 교사가 정보를 전달하거 강의하거나 시연하는 등 전통적인 역할을 담당한다. 둘째, 구조화된 탐구 및 안내된 탐구에서는 내용의 공동 구성과정을 통하여 학습이 이루어지며, 탐구의 구조는 학습의 지휘자 또는 촉진자로서 교사에 의해서 제공된다. 셋째, 개방적 탐구 학생들은 학습의 필수 부분으로 교사가 제공하는 사고와 학습을 위한 발판을 사용하여 자신만의 질문을 만든다. 이 접근방식에서 교사는 멘토 역할을 더 많이 수행한다. 넷째, 발견학습

은 학생의 개념 오해와 오류를 초래할 가능성이 많기 때문에 사용을 권하지 않는다(Plews, 2023).

나. 사례 연구

사례 연구는 관련 개념을 학습하는 데 유용하게 사용될 수 있다. 사례 연구는 [그림 1−2]와 같이 동심원, 모형화, 네트워크화, 실제성과 관련이 있다(Plews, 2023).

그림 1-2 **사례 연구와 개념 연결 방식**

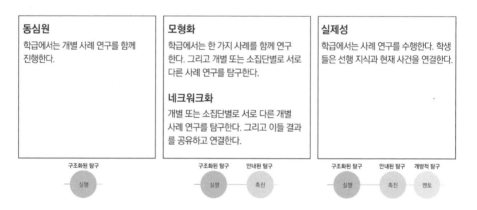

[그림 1−2]에서 볼 수 있듯이 사례 연구와 개념 연결 방식은 세 가지로 유형화될 수 있다. 이에 대하여 살펴보면 다음과 같다.

첫째, 동심원이 활용된다. 수업은 각 사례를 통하여 연구가 수행된다. 구조화된 탐구가 활용되며, 교사는 실행자 역할을 한다.

둘째, 모형화와 네트워크화가 활용된다. 모형화에서는 학급에서는 하나의 사례 연구를 연구하고, 그 이후 소집단이나 개인이 다른 사례 연구를 한다. 네트워크화에서는 소집단 또는 개인이 다양한 사례 연구를 조사한 다음 공유하고 연결한다. 구조화된 탐구와 안내된 탐구가 활용된다. 교사는 실행자와 촉진자 역할을 수행한다.

셋째, 실제성이 활용된다. 학급은 사례 연구들을 경험한다. 학생들은 사전 지식과 현재 사건을 연결한다. 구조화된 탐구, 안내된 탐구, 개방적 탐구가 활용된다.

교사는 실행자, 촉진자, 멘토 역할을 수행한다.

다. 안내 질문

학습을 위한 가장 필수적인 기술이자 모든 학생들에게 가르쳐야 하는 기술은 자신만의 질문을 공식화하는 것이다. 질문을 생성하고, 수정하고, 우선순위를 정하는 능력은 학교에서 배우는 중요한 기술이지만 지나치게 자주 간과되는 경향이 있다. 예를 들어, 비판적 사고는 질문에 기반하고 있다. 학생들이 질문기술을 습득하게 되면, 학생들이 더 깊이 있는 학습, 창의성, 혁신, 분석 및 문제 해결력 등과 같은 고차원적 사고력을 촉진하는 데 기여할 수 있다(Plews, 2023).

개념기반학습에서는 학생들이 더 높은 수준의 사고에 도달하는 것을 강조하며, 이를 위해 질문 문화 조성을 강조한다. 교사는 사실과 개념적 사고 수준을 의도적으로 연결하는 데 사용되는 다양한 유형의 질문을 능수능란하고 자유롭게 사용할 수 있어야 한다.

학생이 사고가 사실적 지식에서 개념적 이해로 발전하는 데 질문의 수준이 강력한 영향력을 발휘한다. 사실과 개념을 통합하기 위해서는 안내질문을 적절하게 구성할 때 가능하다.

교사로서 학생이 도달하기를 원하는 개념적 이해에 부합하는 사실적, 개념적, 안내 질문을 계획할 수 있는 방법은 <표 1−5>와 같다.

표 1-5 안내 질문의 유형(Plews, 2023)

- 우리의 행동, 어조, 말은 우리의 감정과 아이디어를 표현한다.
- 감정이란 무엇인가?(사실)
- 가장 행복한 순간과 슬펐던 순간에 대하여 말하기(사실)
- 목소리의 다양한 어조의 예시(사실)
- 감정과 생각을 어떻게 표현할 수 있는가(개념)
- 감정이 말과 행동에 어떻게 연결되는가(개념)
- 어조와 분위기를 인식해야 하는 이유는 무엇인가(개념)
- 어조가 감정 이상을 나타낼 수 있는가?(논쟁)

6. 개념기반학습의 교수·학습 및 평가 전략

개념기반학습은 참여, 집중, 조사, 조직화, 일반화, 전이, 성찰의 단계로 이루어지며, 이 중에서 특정 단계만이 포함될 수 있다(Marshall & French, 2018). 학생들은 개념적 사고의 초기 수준에서 패턴을 발견하고 강력한 개념적 이해를 구축하기 위해서는 개념 간의 연결성을 만들 수 있는 보다 복잡한 사고 수준으로 이동할 수 있어야 한다. 학생들이 이러한 개념적 이해를 하는 데 사용될 수 있는 전략을 살펴보면 다음과 같다(Plews, 2023).

가. 개념 형성

개념 형성 전략은 학생들의 개념적 사고의 초기 수준을 지원하는 데 유용하게 활용할 수 있다. 학생들이 복잡한 개념적 사고를 하려면 개념을 먼저 형성해야 한다. 왜냐하면 학생들이 핵심 아이디어를 이해하려면 이와 관련된 세부 아이디어가 필요하기 때문이다. 개념 형성 전략은 핵심 개념을 일련의 아디이어로 세분화하여 구조화할 때 사용하는 것이 적절하다. 개념 조직 전략은 개념 형성 전략에 기반한다(Plews, 2023).

1) Fryer 모델

개념 형성 전략으로서 Fryer 모델이 유용하게 활용될 수 있다. Fryer의 모델은 단어 또는 개념의 의미를 명확하게 이해하는 데 사용되는 그래픽 조직자이다. 이 모델은 동의어, 반의어, 예, 비예(nonexamples), 단어의 특성 또는 속성을 통하여 개념을 형성하도록 돕는다. 조직 전략은 학생들이 자신의 사고를 조직하고 패턴을 찾고 개념 간의 연결을 만드는 데 지원한다. 이러한 조직 전력은 개념 형성 전략에 기반한다(Plews, 2023).

Fryer의 그래픽 조직자를 간략하게 설명하면 다음과 같다. 첫째, 교사가 학생들이 학습해야 할 단어를 선정한다. 단어는 주요 개념이어야 하며, 관련된 용어가 있어야 하며, 올바른 사례와 그렇지 않은 사례가 있어야 한다. 둘째, 학생들은 교사가 제시한 용어에 대한 개념을 정의한다. 셋째, 학생들은 용어를 인식하고, 확인하고, 구별할 수 있는 개념 속성을 제시한다. 넷째, 학생들은 용어에 대한 예와 비예를 작성한다. 예는 단어와 관련된 동의어, 관련 예, 본질적 특성을 작성한다. 비예에는 반의어, 관련 없는 예, 비본질적 특성을 작성한다(Plews, 2023). Frayer의 그래픽 조직자의 수학과 적용 예시는 [그림 1-3]과 같다.

그림 1-3 **Frayer의 그래픽 조직자의 수학과 적용 예시**

2) 시각적 메모 쓰기(Visual Note-Taking)

시각적 자료는 뇌가 정보를 훨씬 더 빠르게 처리하고 기억력과 이해력을 향상시키는 데 도움이 된다. 학생들이 이미지, 색상, 아이콘과 함께 키워드를 연결하여 학생들이 자신의 생각을 설명하는 데 시각적 메모 쓰기가 유용하게 사용될 수 있다. 시각적 메모 쓰기는 비쥬얼 씽킹과 유사하다. 시각적 메모 쓰기는 텍스트와 시각적 요소를 결합하여 공유되거나 경험된 정보를 기록하는 특징이 있다. 텍스트가 많은 기존 형식과 달리 시각적 메모 쓰기는 이미지, 구조, 선, 텍스트를 활용하여 메모 작성자에게 이해하기 쉬운 방식으로 정보를 기록하고 정보를 빠르고 쉽게 이해하고 이해할 수 있도록 도와준다. 시각적 메모 작성에는 마인드 맵, 개념 맵, 순서도, 사고 지도 등이 다양하게 활용될 수 있다. 시각적 메모 쓰기는 학생들의 개념적 이해에 도움을 준다. 시각적 메모 쓰기 전략은 학생들이 더 높은

그림 1-4 **시각적 메모 쓰기에 활용되는 요소**

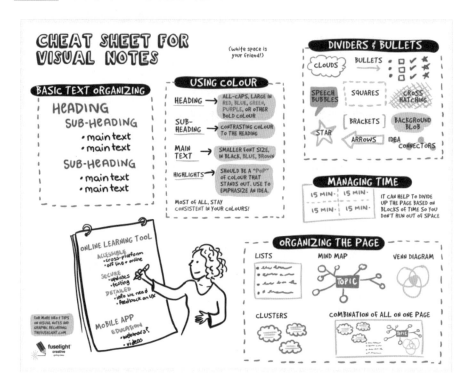

수준으로 사고하고 자신의 이해를 명확하게 표현하고 개념을 강력한 관계로 연결하는 역할을 한다.

시각적 메모 쓰기의 절차는 다음과 같다. 첫째, 핵심 개념 및 핵심 용어를 선택한다. 둘째, 시각적 단서를 활용하여 긴 텍스트를 대체한다. 셋째, 다른 조직자와 통합한다. 넷째, 중요성 또는 중요성을 강조하기 위하여 글꼴의 크기와 모양, 색깔을 다르게 한다. 다섯째, 화살표를 사용하여 아이디어를 연결한다(Plews, 2023). 시각적 메모 쓰기에 활용되는 요소는 [그림 1−4]와 같다.

3) 개념 은행(concept bank) 구축

개념기반학습의 목적은 전이에 있다. 학생들이 전이의 범위를 검증하고 정당화하고 내용을 적용하고 심화하는 데 개념 은행 전략이 유용하게 활용될 수 있다. 개념 은행은 단원에서 학생들이 배운 개념 목록을 의미한다.

개념 은행은 다음과 같이 개발하여 사용한다. 첫째, 단원 전반에서 다루고 있는 개념 목록을 학생들과 공동으로 구성한다. 개념 목록은 개념 렌즈, 개념 추출, 사례 분석 등을 통하여 도출된다. 둘째, 학생들에게 개념에 해당되는 적절한 사례와 그렇지 않은 사례를 제시하여, 개념 목록에 제시된 개념의 의미를 모두 알고 있는지 검토한다. 셋째, 학생들은 개념 은행에 제시된 두 개 이상의 개념을 선택하여 개념 간의 관계를 기술하거나 자신이 이해한 것을 문장으로 서술한다(Plews, 2023). 개념 은행에 대한 예시는 <표 1-6>과 같다.

표 1-6 **개념 은행에 대한 예시**

개념목록		일반화
• 밀기	• 당기기	• 힘은 물체를 밀고 당길 때 나타나는 현상이다.
• 무게	• 수평잡기	• 무게는 수평잡기 활동을 통하여 비교할 수 있다.
• 도구		• 밀고 당기기, 수평잡기는 도구를 통하여 측정할 수 있다.

4) 문장 구조

문장 구조 전략은 학생의 사고를 가장 간단하고 빠르게 표현할 수 있다. 문장 구조 전략은 개념적 이해를 처음 경험하는 학생들을 위해서 유용하게 사용할 수 있다. 문장 구조 전략은 개념 은행 전략과 결합하여 사용되기도 한다. 문장 구조 전략은 다음과 같다. 첫째, 학생들이 아이디어의 일부를 도출할 수 있도록 일반화 진술문의 일부를 제시한다. 둘째, 학생들은 이전에 배운 내용 또는 배경 지식을 활용하여 일반화 진술문을 완성한다. 셋째, 학생은 일반화 진술문을 완성하기 위하여 관련 사실을 조사한다. 이러한 활동은 개념적 전달에 유용하다. 학생들이 배운 내용의 범위를 검증하고 정당화함으로써 깊이 있는 이해를 할 수 있다(Plews, 2023). 문장 구조 전략에 대한 예시는 <표 1-7>과 같다.

표 1-7 **문장 구조 전략의 예시**

구조	일반화 진술
• (　　　)은 (　　　　)을 통하여 확인할 수 있다.	• 힘은 도구를 통하여 확인할 수 있다.
• (　　　)은 (　　　　)에서 발견된다.	• 힘은 물체를 밀고 당길 때 발견된다.

5) 견해 제시(On the Line) 전략

견해 제시 전략은 학생의 사고력을 발전시키는 데 안전하게 활용할 수 있는 전략이다. 이 전략은 다음과 같이 사용된다. 첫째, 교사는 연속선상으로 강한 일반화와 약한 일반화를 진술한다. 둘째, 학생은 해당 진술문에 대한 동의와 비동의를 표시한다. 셋째, 학생들의 입장에 대한 근거를 설명한다. 넷째, 학생들이 아이디어에 대하여 토론하고, 생각할 시간을 충분히 제공한다. 다섯째, 학생들은 자신의 의견을 최종 작성한다(Plews, 2023). 견해 제시 전략에 대한 예시는 [그림 1-5]와 같다.

그림 1-5 **견해 제시 전략의 예시**

조류는 반드시 날 수 있어야 한다.   조류가 날지 못할 수 있다.

나. 공학과 귀납적 접근방법

공학은 학생들이 탐구 문제를 해결하는 사례 연구에 도움을 제공할 수 있다. 동심원적 사례 연구와 네트워크 사례 연구에서 공학은 다음과 같이 활용될 수 있다(Plews, 2023).

1) 동심원적 사례 연구: 구조화된 탐구(전체학급 탐구)

동심원적 사례 연구는 교사가 전체 학급을 대상으로 동일한 사례 연구를 탐구하는 것을 의미한다. 학생들은 동일한 사례 연구를 탐구하는 과정에서 견학이나 실험과 같은 경험을 공유하게 된다. 동심원적 사례 연구는 다음과 같은 절차로 이루어진다. 첫째, 학생들은 광범위한 사례 중에서 탐구할 사례를 선택한다. 둘째, 학급 전체가 사례를 조사한다. 사례 조사의 목적은 개념과 이해를 일치하도록 하는 데 있다. 셋째, 학생들의 개념적 이해를 돕기 위하여 토론한다. 학생들은 사례 연구 지원 사이트를 활용하여 동심원적 사례 연구를 지원받을 수 있다(Plews, 2023).

2) 네트워크 사례 연구: 안내된 탐구, 개방 탐구(개별, 짝, 소집단 사례 탐색)

네트워크 사례 연구는 안내된 탐구, 개방된 탐구에서 사용될 수 있다. 학생들은 개별, 짝, 소집단을 구성하여 실제 사례를 탐색한다. 네트워크 사례 연구는 학생들에게 연구 결과를 표현하여 공유함으로써, 개념과 개념을 연결하고, 개념을 심층적으로 이해하는 기회를 제공한다. 네크워트 사례 연구에서는 학생의 준비도나 관심도에 따라 사례 연구의 주제와 내용이 맞춤형으로 이루어진다는 특징이 있다. 학생들은 사례 연구 지원 사이트를 활용하여 네트워크 사례 연구를 지원받을 수 있다(Plews, 2023).

다. 유의미한 학습 경험

과제의 난이도가 적절하고 흥미로운 경우에 뇌의 활동이 활발해진다. 호기심이 자극되면 기억과 관련된 뇌 영역인 해마의 활동이 증가하게 되는데, 이 때 사람들이 더 많은 것을 배울 수 있다, 만약, 학습에 어려움을 겪고 좌절을 경험한 학생에게는 호기심을 자극하고 추가적인 학습을 제공함으로써 학습 동기를 향상시킬 수 있다. 학생들에게 유의미한 학습 경험을 제공하기 위해서는 학습자의 참여와 호기심 유지가 필수적이다. 특히 호기심은 뇌를 학습할 준비 상태로 만드는 데 중요한 역할을 한다. 학생들의 참여 활동을 증진하고 호기심을 유발할 수 있는 전략을 살펴보면 다음과 같다(Plews, 2023).

1) 시뮬레이션

시뮬레이션은 학생 삶의 영역을 초월하여 생각하는 기회를 제공한다. 시뮬레이션은 학생의 연령에 적합하게 마련되어야 한다. 시뮬레이션의 절차는 다음과 같다. 첫째, 교사는 시뮬레이션과 해당되거나 관련된 개념 질문을 사전에 계획하여 준비한다. 둘째, 교사는 시뮬레이션에 대한 감정적 반응에 대한 학생 토론의 기회를 제공한다. 셋째, 교사는 학생의 시뮬레이션 활동을 잠시 중단하고, 시뮬레이션에 반영되어 있는 개념을 강조한다. 넷째, 학생들의 현재 사고에 대하여 성찰할 수 있는 기회를 제공한다. 학생들이 시뮬레이션에서의 지적, 정서적 학습 경험을

말하기, 쓰기, 그림을 사용하여 표현하도록 한다(Plews, 2023). 시뮬레이션 전략의
예시는 <표 1-8>과 같다.

표 1-8 **시뮬레이션 전략의 활용 사례**

과제	경제대책위원회를 열어 국제 경쟁력 향상 방안 마련하기
상황	최근 사드배치로 인한 중국과의 갈등, 미국 트럼프 대통령의 보호무역 정책 등으로 수출은 크게 하락하고 있으며, 외국 농산물 수입은 증가하여 국내 농가가 많은 어려움을 겪고 있다. 또한 계속되는 지구온난화 등 기상이변으로 환경에 대한 세계의 관심이 높아지고 있다. 지금부터 정부, 기업, 국민의 대표들로 구성된 경제대책위원회를 소집하여 국제 경쟁력 향상 방안을 마련한다.

2) 이중 언어 마인드 매핑(Dual language Mind Mapping)

이중 언어 마인드맵은 학생들에게 선택권을 주고 자신감을 심어줄 수 있다. 아
이콘과 비언어적 이미지는 학생들이 자신의 생각을 설명하는 데 도움을 제공할

그림 1-6 **이중 언어 마인드 매핑의 예시**

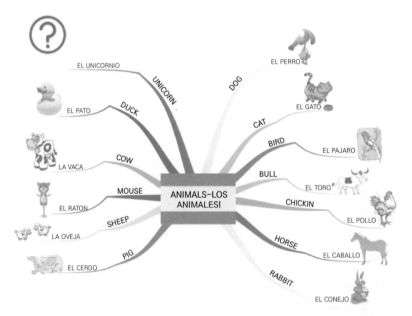

수 있다. 학생들이 영어로 표현할지, 모국어로 표현할지에 대한 학생 선택권을 부여한다. 학생들에게 나뭇가지에 이미지, 색상, 단어를 사용하도록 한다(Plews, 2023). 이중 언어 마인드 매핑의 예시는 [그림 1-6]과 같다.

라. 의미 있는 평가

학생들의 학습한 개념에 대한 지식, 기능, 태도를 확인하는 것은 중요하다. 학생의 개념 이해도를 평가할 때에는 여러 가지 유형의 평가방법, 과정중심평가, 결과평가, 학생의 자기 평가 등을 종합적으로 고려하는 것이 필요하다. 개념기반학습에서는 [그림 1-7]을 고려하여 평가 유형을 제공하는 것이 적절하다(Plews, 2023).

그림 1-7 **개념기반학습에서의 평가 유형**

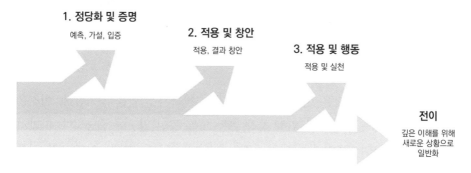

1. 정당화 및 증명
예측, 가설, 입증

2. 적용 및 창안
적용, 결과 창안

3. 적용 및 행동
적용 및 실천

전이
깊은 이해를 위해
새로운 상황으로
일반화

새로운 상황에서 지식, 기능, 이해를 보여줄 기회 제공

개념기반학습에서의 평가는 학생들이 새로운 상황에서 자식, 기능, 이해를 보여줄 수 있는 기회를 제공해야 한다. 첫째, 정당성 평가에서는 학생들이 예측, 가설, 정당화할 수 있는 기회를 제공하는 것이 적절하다. 둘째, 적용 및 창안 단계에서는 학생들이 개념을 적용하여 만든 결과물을 평가하는 것이 적절하다. 셋째, 적용 및 행동 단계에서는 학생들이 개념을 적용하고 행동할 수 있는 기회가 제공되고 있는지 평가하는 것이 필요하다. 넷째, 전이 단계에서는 새로운 상황에서 일반

화할 수 있는지의 여부를 평가하는 것이 적절하다(Plews, 2023).

학생들은 새로운 사례 연구를 조사하고 자신들이 이해한 내용의 타당성을 입증한다. 개념기반학습에서 유용한 평가전략에는 스트레스 검사, 학생 주도 활동, 성과 평가 등이 있다(Plews, 2023).

1) 스트레스 검사

스트레스 검사는 새로운 사례를 제시하였을 때 학생이 형성한 개념을 일반화할수 있는지를 판단하는 검사이다. 스트레스 검사는 개념의 적용 및 실행에 관한 전략으로서, 확인된 요구 사항에 따라 학생들이 이해를 보여주기 위해 행동하는 것을 의미한다.

스트레스 검사는 다음과 같은 기능을 한다. 첫째, 스트레스 검사는 학생들에게 자신의 이해를 토론하고 새로운 사례 연구로 전환을 유도한다. 둘째, 학생들이 도전하고 사고력을 향상시킬 수 있는 토론 활동을 촉진한다. 셋째, 새로운 사례 연구 또는 실제 사례를 소개함으로써 학생의 사고력을 발전시키거나 도전을 유발한다(Plews, 2023).

2) 학생 주도 활동

학생 주도 활동 전략은 변화의 주체자로서의 학습자 역할을 강조한다. 이것은 학생들의 이해도를 확인하기 위한 창작 활동 또는 공연 활동에 해당된다. 따라서 교사는 안내자 또는 촉진자 역할을 수행하게 된다. 교사는 학생들의 의견을 적극적으로 경청하고, 학생들이 교실 밖에서 학습할 수 있는 기회를 제공해야 한다. 교사는 학생들에게 자신의 생각을 명확하게 표현하고, 유목적인 행동 방침을 선택할 수 있는 데 도움이 되는 질문을 제시해야 한다. 교사는 학생들이 도움이 필요할 때에 한하여 도움을 제공한다(Plews, 2023).

3) 성과 평가

성과 평가는 학생들의 깊은 이해력을 증명할 수 있는 방법이다. 성과 평가에서는 다음의 사항에 유의해야 한다. 첫째, 교사는 학생들 스스로 자신의 사고를 설명하고, 자신의 선택을 정당화할 수 있는 것을 포함하여 평가기준 또는 평가 루브릭을 개발해야 한다. 둘째, 개념기반학습에 해당되는 실제 수행과제를 개발한다. 수행과제는 개념학습와 관련 있는 일반화된 진술을 사용한다. 셋째, 학생들은 사례 연구 또는 자신이 이해한 내용을 참고하여 수행과제를 해결할 수 있다(Plews, 2023).

마. 성찰

성찰은 학생들이 자신의 학습 진행 상황을 조절하는 역할을 하며, 모든 평가과제에서 중요한 평가요소이다. 성찰은 학습 과정에서 학생주도성을 구축하고 학습 속도를 조절하여 생각할 수 있는 기회를 제공한다는 점에서 중요하다. 성찰과 메타인지 사고 능력을 최적화하기 위해서 다음과 같은 전략이 사용될 수 있다 (Plews, 2023).

1) 학습 블로그: 집단적 사고 지원

학습 블로그는 학생의 집단적 사고를 지원한다. 학생들이 자신의 생각을 자유롭게 표현할 수 있도록 허용한다. 또한 학생들이 자신이 개발한 이미지, 다이어그램, 그림에 대하여 자유롭게 이야기하고 핵심 내용을 작성할 수 있는 공학 도구 또는 앱을 사용하도록 허용한다. 동료 토론과 같은 정기적인 시간은 학생들의 반성적 사고를 장려한다. 따라서 교사는 동료 토론을 위한 정기적인 시간을 의도적으로 만들 필요가 있다(Plews, 2023).

2) 학습저널

학습저널은 학생 개개인의 메타인지 사고를 지원하는 데 유용하게 활용할 수 있는 전략이다. 학생들이 학습일지 또는 학습 일지 플랫폼을 정기적으로 사용하는 것이 필요하다. 지시적 수업과 미니 수업이 학습 과정을 심화시키기 위해 사용한다. 단, 학습 저널이 사용되어야 한다. 학생들은 자신의 학습을 평가하기 위하여 성찰적 그림, 글쓰기, 스크린 캐스팅 등을 사용한다(Plews, 2023).

참고문헌

신현정(2004). 범주화와 개념학습. 서울: 아카넷.

왕경수(2008). 개념학습의 대안적 관점과 교육적 함의, 교육과정평가연구, 11(1), 교육과정평가원.

차조일(1999). 사회과 개념수업모형의 이론적 문제점과 해결방안. 시민교육연구, 29, 한국사회과교육학회.

한면희(외)(1988). 사회과 탐구 논리. 교육과학사.

Anderson, J. R., & Pirolli, P. L. (1984). Spread of activation. *Journal of Educational Psychology, 10(4),* 791−799.

Barsalou, L. W. (1985). Ideals of central tendency and frequency of instantiation as determinants of graded structure in categories. *Journal of Experimental Psychology: Learning Memory and Cognition, 11(4),* 629−649.

Brown, J. S., Collins, A. & Duguid, P. (1989). Situated cognition and the culture of learning. *Educational Researcher. 18(1).* 32−42.

Camp, C. J., Lachman, J. L. & Lachman, R. (1980). Evidence for direct−access and inferential retrieval in question−answering. *Journal of Verbal Learning and Verbal Behavior, 19,* 583−596

Collins, A. S., Brown, J. S & Newman, S. E. (1989). Cognitive apprenticeship: Teaching the crafts of reading, writing and mathematics. L. B. Resnike(ed.). *Knowing, learning and instruction: Essay in honor of Robert Glaser,* Hillsdale. Elbaum

Collins, A. M. & Quillian, M. R. (1972). How to make a language user. E. Tulving & W. Donaldson(eds.). *The organization of memory.* Academic Press.

Erickson, H, (2012). Concept−based teaching and learning. I.B. Position Paper, International Baccalaureate Organization.

Erickson, L., Lanning, L., & French., (2017) *Concept−based curriculum and instruction for the thinking classroom,* Corwin Press, London.

French, R., and Marschall, C., (2018) *Concept−based inquiry in action: Strategies to promote transferable understanding.* Corwin Press

Gagne, R. M. (1985). *The conditions of learning and theory of instruction*. Hort, Rinehart and Winston.

Gagne, R. W., & Driscoll, M. P. (1988). *Essentials of learning for instruction* (2nd ed.). Englewood Cliffs, NJ: Prentice−Hall.

Howard, R. W. (1985). *Concepts and schemata: Introduction*. London: Cassel Educational.

Howard, R. W. (1987). *Concepts and schemata: Introduction*. London: Cassel Educational.

Jonassen, D. (2006). On the role of concepts in learning and instructional design. *Educational Technology Research & Development, 54(2)*. 177−196.

Plews, S. (2023). Concept−based learning: A whole−school approach. ManageBac. https://guide.fariaedu.com/concept−based−learning/

Reigeluth, C. M. (1983). Meaningfulness and instructions: Relating what is being learned to what a student knows. *Instructional Science, 12*, 197−218.

Ross, B. H., & Spadling, T. L. (1994). Concepts and categories. In R. J. Sternberg (Ed.), *Thinking and problem solving* (pp. 119−148). New York: Academic Press.

Shavelson, R. J. (1974). Methods for examining representations of subject matter structure in a student's memory. *Journal of Research in Science Teaching, 11(3)*, 231−249.

Slavin, R. (1986). *Educational psychology: Theory into practice*. Prentice−hall.

Schmidt, W. H., McKnight, C. C., & Raizen, S. A. (1997). *A splintered vision: An investigation of U.S. science and mathematics education*. London: Kluwer Academic Publishers.

Smith, E. E. & Medin, D. L. (1981). *Categories and concepts*. Harvard University Press.

Spalding, T. L, & Ross, B. H. (1994). Concepts and categories. In R. J. Sternberg (Ed.), *Thinking and problem solving* (pp. 119-148). Academic Press

Tessmer, M. A., Wilson, B., & Driscoll, M. P. (1990). A new model of concept and learning. *Educational Communications and Technology Journal, 38(1)*, 45−53

Thagard, P. (1992). *Conceptual revolutions*. Princeton University Press.

2장
개념기반 교육과정의 이해

2장의 내용은 '한진호, 임유나, 최한올(2023). 교육과정 실행에서 개념적 접근을 위한 교사교육 프로그램 주제 탐색 연구. 한국교육학연구, 29(3), 281-311'의 내용 중 일부를 발췌하여 작성함.

1. 개념기반 교육과정의 동향

가. 개념기반 교육과정의 배경

국가 교육과정에서 제시하는 기준과 지침은 학교교육으로 얻게 되는 학생 경험의 질과 밀접하므로 매우 중요하다. 최근 고시된 2022 개정 교육과정의 주요 내용을 살펴보면, 학생들이 미래 사회에 능동적으로 대응할 수 있는 역량을 함양하도록 하기 위해 교과 수업에서 학생 삶과 연계한 '탐구와 개념기반의 깊이 있는 학습'을 꾀하고 있는 점이 특징적이다(교육부, 2022a). 이는 마치 교과교육의 큰 줄기를 '역량 함양'이라는 목표를 위해 '깊이 있는 학습'을 추구하고 그 방법으로써 '탐구와 개념'을 활용하는 것으로 삼는 듯하다.

2015 개정 교육과정은 공식적인 국가 교육과정 문서에 핵심역량이 반영됨에 따라 역량중심 교육과정의 성격을 갖추게 되는데, 이는 학교교육을 역량의 틀로 혁신하려는 국제적 흐름에 동승하는 과정에서 본격화되었다(OECD, 2005). 이 같은 기조는 2022 개정 교육과정에서도 여전히 유지, 확대되고 있으나, 역량 함양 교육의 목표나 방향성에 대한 공감과는 별개로 역량을 현장에서 실제 구현하는 데에는 다소 모호하고 상징적이라는 비판도 공존한다(서경혜, 2020). 이에 역량교육의 실천적 대안으로써 최근에는 개념적 접근이 회자되며 교육과정과 수업의 새로운 혁신 틀로 담론화되고 있다(임유나, 2022). 실제로 이번 교육과정 개정이 '개념기반 교육과정'이라고 어디에도 명시된 바는 없음에도 불구하고 최근 '개념기반 교육과정'이라는 주제로 연구가 활발히 수행되고 있다는 점이 이를 예증한다.

'교육과정 개발'에서 개념적으로 접근한다는 것은 학문이나 교과의 핵심 개념들이 교육과정 설계의 토대이자 기본 조직자 역할을 한다는 것이다. 단순하게 설명하면, 기존에는 가르쳐야 할 것으로 각 교과에서 성취기준 1, 성취기준 2, 성취기준 3…을 어떻게 개발해야 할 것인가를 고민했다면, 개념기반 교육과정은 '핵심 개념(예: 순환)'을 바탕으로 '일반화할 수 있는 지식'에 도달할 수 있도록 어떤 교과에서 어떤 성취기준을 달성하게 할 것인가를 고민한다는 것이다. '수업'에서는 사실과 정보 수준의 지식을 습득하는 데 그치지 않고 이를 바탕으로 시공간을 초월하는 보편적 정신 구성체인 개념으로 통합하여 개념적 수준에서 이해하고 나아가 적용할 수 있기를 기대한다(Erickson, Lanning, 2014). 이를테면 사회과의 경제가 운용되는 모습이나 과학과의 환경 구성요소 간의 상호작용을 귀납적으로 학습하며 '순환'이라는 개념과 '사회와 자연환경은 순환하는 구조를 띠며 한 부분의 변화가 다른 부분의 변화를 초래한다.'와 같은 개념적 수준의 이해를 도모하게 된다. 나아가 여기서 얻은 통찰을 기반으로 자신의 행동이 사회와 자연환경에 미칠 영향을 고려하여 책임감 있는 시민으로 살아갈 수 있도록 한다.

이러한 접근은 비단 우리나라만의 문제는 아니다. 교육과정의 개발과 수업에서 개념을 활용하여 학교교육을 혁신하려는 시도는 미국, 호주, 싱가포르 등 전 세계적으로 활발하게 수행되어 가는 추세이다. 또한 질 높은 교육과정 프레임워크로 잘 알려진 IB(International Baccalaureate)도 이러한 접근을 지향하고 있다.

교육과정은 사회, 학습자, 교과 등을 주요 결정요소로 하며, 시대 흐름에 따라 지식중심, 경험중심, 학문중심, 인간중심, 역량중심 교육과정 등의 형태로 사조를 이뤄왔다. 그렇다면 개념기반 교육과정과 수업은 왜 등장하여 최근 이슈가 되고 있는 것일까? 오늘날 개념기반 교육과정과 수업이 강조되는 배경을 다음과 같이 지식의 성격 변화, 교육신경과학적 측면으로 나누어 살펴보고자 한다.

1) 먼저 지식의 성격이 바뀐 점과 유관하다. 지식정보화사회로의 진입 이후 지식의 양은 폭발적으로 증가하였다. 또한 질서와 안정을 추구하며 선형적 인과관계가 성립되었던 뉴턴적 패러다임으로부터 복잡성과 불확실성이 증대되는 사회로 전환됨에 따라(Klijin, 2008) 지식의 반감기는 점차 단축되고 있다. 절대적인 지식은 존재하기 어려우며 오늘의 정답이 내일의 정답임을 보장하기 어렵다는 뜻이다. 오늘날 사회환경을 가리키는 대표적인 용어인 VUCA는 변동성(Volatility), 불확실성(Uncertainty), 복잡성(Complexity), 모호함(Ambiguity)의 약어로, 이러한 카오스적 사회환경 속에서 학교교육은 '무엇을 가르치고 배워야 할 것인가?'에 대한 새로운 고민이 필요하며, 기존과는 차원이 다른 체질 개선이 필요하다는 의견에 대체로 동의하게 된다. 실제로 2022 개정 교육과정에서는 '사회의 불확실성'에 따른 교육의 변화를 촉구하고 있다(교육부, 2022b). 이 같은 상황에서 기존과 같은 단편적 지식기반 수업은 한계를 맞게 되는데, 하지만 안타깝게도 교실에서 다루는 교육내용은 여전히 표면적인 수준에 머물러 있다(Stern, Lauriault & Ferraro, 2018). 단순한 내용지식을 암기하거나 기능을 숙달하게 하는 것으로 교육의 책무

를 다했다고 볼 수 없다. 미래의 복잡하고 불확실한 삶을 준비시키는 데 있어 광범위하게 적용 가능한 고등 사고력의 발달은 이제 교육의 중요한 초점이 되어야 한다(Erickson, Lanning & French, 2017). 이에 영속적 이해(enduring understanding)를 다양한 상황과 맥락에 전이시킬 수 있는 방법론으로 '개념'을 사용하는 방법을 도입하게 된 것이다. '영속적'이라는 것은 상세한 것들을 잊어버린 후에도 남아 있는 빅 아이디어(big idea)를 의미하는 것으로, 배울 만한 가치가 보편적으로 인정된 것이다. '영속적 이해'를 통해 학습자는 단순한 기억과 산출뿐만 아니라 자신의 삶에 유의미하게 영향을 끼칠 수 있는 역량 발휘의 원천을 삼을 수 있다. 이상의 내용을 정리하면 [그림 2-1]과 같다.

그림 2-1 **지식의 성격 변화에 따른 새로운 차원의 교육 필요성 대두**

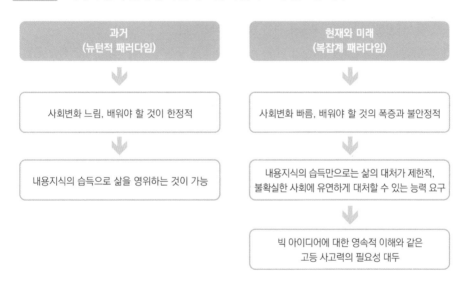

2) 다음으로 교육신경과학적 관점에서 두뇌의 효율적·효과적 작동 기제(mechanism)에 부합한다는 점과 유관하다. 이는 학습차 측면을 고려한 것으로, 학습자는 교육과정이 제공하는 온갖 경험의 주체로서 교육과정의 학습 가능성을 결정하는 개발 원천이 된다는 점에 비춰 합리적 접근이라고 할 수 있다. 뇌과학 연구 성과에 입각한 실증으로부터 도출된 교육과정 개발 지침 중 개념기반 교육과정의 아이디어와 상통하는 부분을 정리하면 <표 2-1>과 같다(한진호, 홍후조, 2021).

표 2-1　뇌기반 교육과정 개발 지침

뇌기반 교육과정 개발 원리

목표	학습자에게 도달 가능하고 해낼 수 있다는 성취 의욕을 불러일으킨다.
	단편적인 정보의 습득보다는 의미 구성하기에 더 큰 비중을 둔다.
	인지적 영역뿐만 아니라 기능적, 가치 · 태도적 영역을 아우르는 총체적 성격을 띤다.
	학습자가 상위인지를 발휘하여 학습 전 과정을 조절 · 관리하게 한다.
내용	맥락 및 학습자와 연결성이 있어야 한다.
	실제 사회 현상을 널리 다룬다.
	주의 전략, 기억 전략(정교화, 조직화)에 대해 다룬다.
	패턴화 방법에 대해 다룬다.
조직	빅아이디어를 중심으로 핵심 과제를 조직하여 불필요한 학습을 줄이고 효율성을 높인다.
	학습내용은 전체적인 구조와 관계 속에서 제시한다.
	통합적이고 문제해결 중심의 학습, 스스로 의미를 구성해나가는 학습, 반복학습 등을 지향한다.
	학습내용은 실제 삶 속에 전이하게 한다.
평가	학습에 앞서 출발점 정도를 진단하는 평가를 한다.
	과제 수행에 대한 기준을 제시하고, 적절한 시점에 체계적으로 실시한다.
	실제 상황과 유사한 맥락에서 전(全) 뇌를 균형 있게 사용하는 평가 환경을 조성한다.
	자기반성과 피드백, 환류의 끊임없는 선순환으로 관련 내용에 대한 신경 구조를 공고히 한다.

　대표적으로 '단편적인 정보의 습득보다는 의미 구성하기에 초점 두기'라는 교육신경과학적 지침은 왜 학습을 해야 하는지에 대한 '개념적 이해를 포함하는 3차원적 수업'이라는 개념기반 교육과정의 아이디어[1])와 상통한다. 예를 들어 이순신 장군이 여러 해상 전투에서 승리를 거두었다는 단편적인 정보의 습득보다는 이 과정에서 보다 큰 개념인 '갈등, 전략, 문제해결'의 맥락에서 이 역사적 사실들을 포섭하여 이해하고 나아가 현시점에서 학습자들이 갈등 상황에서 전략을 활용하

---

1) 여기서 제시하는 개념기반 교육과정의 아이디어는 2절에서 자세히 다루도록 하며, 여기 서는 개념기반 교육과정과 수업의 방향성이 교육신경과학에서 지향하는 학습의 방향과 매우 흡사하다는 것을 제시하는 데 의의를 둔다.

여 문제를 해결할 수 있도록 하는 것이다.

마찬가지로 '빅아이디어를 중심으로 핵심 과제를 조직하여 불필요한 학습을 줄이고 효율성 높이기'라는 지침은 '적정량의 반복적인 탐구학습'이라는 개념기반 교육과정의 방법론과, '학습한 바를 실제 삶 속에 적용하게 하고, 실제 상황과 유사한 맥락의 평가 환경 조성'이라는 지침은 '전이'라는 개념기반 교육과정의 궁극적인 목표와 연계된다고 볼 수 있다. 이외에도 <표 2-1>에서 제시한 여러 갈래의 지침은 직·간접적으로 개념기반 교육과정의 아이디어와 관련성을 띠며 개념기반 교육과정과 수업이 학습자 두뇌를 최적화하는 유효한 방안이 된다는 것을 뒷받침한다.

이외에도 학생들이 습득한 정보를 더 큰 아이디어(larger ideas)에 안정적으로 안착시키기 위해 배운 내용(contents)과 과정(process)을 개념적 수준으로 연결할 수 있도록 지원해야 한다는 개념기반 교육과정의 방향성은(Stambaugh & Mofield, 2017), 뇌에서 망(web)의 형태로 사고의 질적 수준을 확장해 나아간다는 뇌기반 학습 이론과 상당히 유사하다(Jensen, 2008). 이처럼 개념기반 교육과정은 진일보하는 교육신경과학 분야의 이론적 뒷받침에 힘입어 학습자 중심 교육 패러다임으로 지지가 되며 채택된 것이다.

사실 이러한 개념적 접근은 이미 1960년대에 Taba, Bruner 등에 의해 시도되었으나 위와 같은 배경에 따라 Erickson과 Lanning은 오늘날 주류 교육—평가 상황에서 반복할 목적으로 사실(facts)을 학습하는 것—의 혁신 필요성을 인식하였고, 교육과정과 수업에 대한 개념적 접근의 연구를 체계화하는 데 이르렀다(Erickson, Lanning & French, 2017). Erickson과 Lanning이 던진 질문은 '어떻게 하면 학생들이 더 높은 수준에서 사고할 수 있는 연결고리를 만드는가?'로 매우 명료하였다. 그리고 사실과 주제 수준에만 초점을 맞추는 데에서 나아가 다양한 상황과 맥락에서 연결될 수 있는 '개념'이 부각되기 시작하였다. 본 장에서는 Erickson과 Lanning의 연구 성과를 바탕으로 한 개념기반 교육과정에 대해 살펴보고자 한다.

나. 개념기반 교육과정의 개관

1) 개념기반 교육과정의 의미와 목적

이렇게 개념을 중심으로 교육과정의 혁신을 도모하는 움직임을 개념적 접근이라고 하고, 이에 따른 교육과정 개발 과정 및 산물을 아울러 개념기반 교육과정이라고 한다. 개념기반 교육과정은 교과특수 내용(subject-specific content)에서 벗어나 여러 교과 영역에 걸쳐 있는 개념과 빅아이디어를 강조하는 교육과정 설계 방식이다. 예컨대 개념기반 교육과정이 적용된 교육 환경에서는 [그림 2-2]와 같이 학생들은 사회의 문명, 과학의 생애 주기, 음악과 미술의 패턴에 이르기까지 다양한 영역에서 '변화'라는 개념과 빅아이디어를 학습하도록 교육과정과 수업이 설계된다(Murphy, 2017).

그림 2-2 **개념기반 교육과정의 전모**

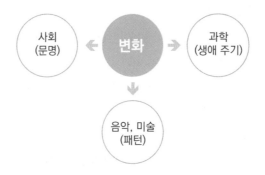

핵심개념: 변화
빅 아이디어: 변화는 새로운 가치를 창출하고 성장의 동력이 된다.

개념기반 교육과정의 목적은 학생들이 빅아이디어에 대한 이해를 형성하고 개념적 사고의 폭을 넓혀 이를 다양한 상황과 맥락으로 전이(transfer)하는 데 있다. 이때 전이는 학문적 전이뿐만 아니라 실제적 문제로의 전이를 포함하는데(Stern, Lauriault & Ferraro, 2018), 깊이 있는 개념적 이해를 사용하여 문제를 창의적으로 해결하거나 새로운 아이디어, 산출물, 프로세스 등을 창출하게 된다(Murphy, 2017). OECD의 DeSeCo와 Education 2030에 따르면, '역량'은 지식과 기능뿐만 아니라 가치·태도를 포함하는 종합적·총체적 능력으로 실제적인 삶의 문제 해결력을 중시한다. 이런 논지에서 <표 2-2>와 같이 '전이'를 강조하는 개념기반 교육과정이 역량 함양 교육 구현을 위한 타당한 접근이라는 주장은 설득력을 얻게 되는 것이다.

표 2-2 전통적인 교육과정과 개념기반 교육과정의 비교

전통적인 교육과정	개념기반 교육과정
내용지식의 저장과 산출 ≠ 전이	빅아이디어에 대한 개념적 이해 = 전이 ↓ 역량 함양의 토대

전이 경험을 통한 역량 함양을 위해 교육과정과 수업은 단편적 사실, 주제들을 개념과 통합하는 방식으로 개선되며, 이 같은 개념적 이해를 통해 형성된 빅아이디어는 새로운 상황과 맥락에서도 영향력을 발휘하게 된다.

2) 개념의 의미

지금까지 개념기반 교육과정의 개괄적인 내용에 대해 살펴보았다. 그렇다면 교육과정 개발 및 실행에서의 중추가 되는 개념이란 구체적으로 무엇이고 그 특징은 어떠한가? 그간 교육 현장에서 개념이라는 용어는 단편적 지식과 동일시되어 인식 및 오용되어 온 경향이 있으므로, 개념기반 교육과정의 의미를 탐색하기에 앞서 개념의 의미를 명료화할 필요가 있다(Erickson, 2002). 개념에 대한 여러 학자 또는 기관의 정의는 <표 2-3>과 같다.

정리하면 개념은 '정신적 조직체, 조직화된 아이디어'로서 추상적이고 시대 초월적이며 보편적이라는 공통된 속성을 지닌다(Erickson & Lanning, 2014). 그 밖에 초학문적이고 전이 가능하다는 특성이 제시되기도 한다(IBO, 2018). 어떤 아이디어를 떠올려 그것이 개념적인지를 판단하기 위해서는 아이디어를 수년 전, 다른 나라, 여러 상황과 맥락으로 옮겨 적용해도 일관되게 유효해야 한다는 뜻이다(Whitehead, 2019).

표 2-3 **개념에 대한 정의**

학자(연도)	개념에 대한 정의
Erickson & Lanning(2014)	추상적이고 시대 초월적이며 보편적인 정신적 구성체
Erickson, Lanning & French(2017)	우리가 세상을 이해하는 데 사용되는 정신구조로서, 새로운 상황이나 맥락으로 전환되는 주제 또는 과정에서 도출되는 정신적 구성, 핵심 요소로 영원성, 추상성, 보편성을 가짐
IBO(2018)	광범위하고 추상적이며 시대 초월적인 보편적 아이디어, 초학문적이거나 교과기반으로 조직된 아이디어
Whitehead(2019)	전이 가능한, 추상적이고 시대 초월적이며 보편적인 정신적 구조
임유나(2022)	어떠한 대상에 대한 공통적인 속성으로 구성된 조직적 생각

세계 여러 나라의 종교(기독교, 이슬람교, 불교 등)나 기념일(부활절, 라마단, 열반절)이 특정 사실 또는 주제에 해당한다면, 종교나 기념일의 탄생을 가능하게 만들었던 '신념'이라는 정신적 조직체는 시공간을 초월하여 다양한 형태로 구현될 수 있으며 보편성을 띤다는 점에서 '개념'에 가깝다. 여러 가지 더하기와 빼기의 사례(1+1=2, 2-1=1…)가 특정 사실에 해당한다면, '수량, 숫자, 덧셈, 뺄셈'은 '개념'에 해당한다. '연결(connection)'은 국어과(언어 기능 간의 연결), 수학과(사칙연산 간의 연결), 사회과(경제 주체 간의 연결), 과학과(생태계의 연결) 등 다양한 교과를 섭렵할 수 있다는 점에서 초학문적이고 나아가 자기 삶의 연결고리를 찾아 영향력을 미치게 한다는 점에서 전이가(transfer capability)가 높으므로 '개념'이라고 볼 수 있다.

또한 개념은 그 자체로서 매우 강력한 지식의 구성 요소가 되며, 그것을 이해한 사람의 경험과 가치·태도를 포함하므로 행위를 위한 효과적인 도구가 된다(임유나, 2022). 이는 개념적 이해가 행위를 포함하는 '역량'을 발휘하게 하는 동력이 될 수 있다는 뜻이다. 이상을 종합하여 개념과 개념이 아닌 것의 사례를 정리하면 <표 2-4>와 같다.

표 2-4 **사실(예시), 주제, 개념의 구분**

교과	사실(예시)	주제	개념
국어	흥부와 놀부	전래 동화	권선징악
사회	다문화 가정 증가, 불법체류, 난민	이민	갈등, 선택, 자원 부족
과학	생산자, 소비자, 분해자	생태계	순환
음악	모차르트의 음악	서양 음악	리듬, 가락, 화성
미술	고려청자, 상감기법, 무늬	한국의 자기	형태, 변화

3) 매크로 개념과 마이크로 개념

Erickson과 Lanning, French(2017)는 개념의 범위를 두 가지로 유형화하여 제시하기도 하는데, 변화, 패턴, 시스템 등과 같이 매우 광범위하여 여러 학문에 걸쳐 적용이 가능한 개념을 '매크로 개념(macro concepts)'이라고 부르며, 상대적으로 학문특수 개념을 '마이크로 개념(micro concepts)'으로 칭한다. 이는 복잡성 수준과 이해의 전달을 가능하게 하는 정도의 차이에 따라 구분된다. 어떤 개념을 '매크로 개념이다, 마이크로 개념이다' 이분법적으로 구분할 수 있는 것은 아니며, 상대적인 위치를 나타낸다고 이해하는 편이 낫다. 계층 구조가 높아질수록(매크로 개념에 가까울수록) 개념을 더 깊이 있게 전달할 수 있다. 마이크로 개념은 매크로 개념에 중첩되는 구조를 갖게 된다. 음악과를 통해 매크로 개념과 마이크로 개념의 예시 및 특징을 살펴보면 <표 2−5>와 같다.

표 2-5 **매크로 개념과 마이크로 개념**

교과	매크로 개념 변화, 패턴	마이크로 개념 리듬, 가락, 화성
음악	◀ 음악과뿐만 아니라 다양한 교과에서 적용 가능한 개념 (예: 미술과에서 선의 변화와 패턴, 체육과에서 동작의 변화와 패턴)	↔ 음악과에서 주로 적용될 수 있는 독특한 개념으로 다른 교과에서도 연계적으로 적용은 가능하겠으나 (예: 체육과에서 리듬감 있는 동작 만들기) 고유하거나 중추가 되는 개념은 아님

매크로 개념은 다양한 사실, 주제 수준의 아이디어를 폭넓게 포섭하고, 마이크로 개념은 학문적 수준을 깊이 있게 하는 기능을 하므로, 각각의 개념은 균형 있게 다루어져야 한다(Stern, Lauriault & Ferraro, 2018). 교과별 매크로 개념과 마이크로 개념의 더 많은 사례는 <표 2-6>과 같다.

표 2-6 **매크로 개념과 마이크로 개념의 사례**

교과	국어	사회	과학	체육	음악
매크로 개념 ↕	표현 설득	변화 문명	순환 생태계	규칙 움직임	패턴 소리
마이크로 개념	주장 근거	민주주의 공산주의	생산자 소비자 분해자	대근육 운동 소근육 운동	리듬 가락 화성

4) 개념기반 교육과정과 학문중심 교육과정과의 관계

한편 개념기반 교육과정의 학문적 기저는 Bruner의 지식의 구조론에서 찾곤 한다. 그는 학생들에게 가르쳐야 할 것으로 학문의 기저를 이루는 핵심적인 개념과 원리인 '지식의 구조'를 제시한다. 이는 단순한 사실이나 현상을 서로 관련짓고 체계화하는 기제가 되며, 고등 지식과 낮은 수준의 지식 사이의 격차를 좁히거나 학습 상황 이외에도 적용할 수 있다는 등의 이점이 있다. 그는 지식의 구조를 학생 발달 단계에 맞는 지적 언어로 번역하여 계열적으로 제시할 필요와 교육 방법으로써 탐구 학습을 주장하기도 하였다(Bruner, 1960). 대학에서 학자가 하는 학문을 어린아이가 사용하는 언어로 잘 번역하여 제시만 한다면 얼마든지 배울 수 있다는 그의 유명한 말을 상기할 필요가 있다. Bruner의 지식의 구조론과 개념기반 교육과정은 각각 '지식의 구조'와 '개념'으로 사실과 현상을 포섭한다는 점, '탐구'를 주요한 방법론으로 다루었다는 점, 전이가가 높은 교육을 지향한다는 점에서 유사하지만, 전자의 경우, 개별 학문의 지식의 구조를 익히는 데 방점을 두었다면 후자의 경우, 초학문적인 개념적 이해를 습득하고 확장해 나가는 데 방점을 둔다는 등의 차이도 나타낸다.

사실 Bruner의 아이디어는 함축적 성격으로, 특히 주목할 점으로는 이를 골자로 한 학문중심 교육과정이 실행 과정에서 교사와 학생 모두에게 지나치게 어렵다는 비판을 받아 역사 속으로 사라졌다는 것이다. 이에 유의하여 향후 이론적 방향 설정과 구체화가 필요해 보인다. 학문중심 교육과정에 뿌리를 둔 개념기반 교육과정의 아이디어를 충분히 이해하고 내실 있게 적용하기 위해서는 상당한 연습과 노력이 필요할 것이다.

다. 개념기반 교육과정의 적용 사례

개념기반 교육과정과 수업은 주로 간호교육 분야에서 활용되어 왔다(Solheim et al., 2022). 이는 지나치게 사실 중심 내용이 많은 간호교육 분야에서 학생들이 정보를 더 큰 개념으로 분류하고 조직함으로써 질병과 치료에 관련된 더 큰 패턴 및 관계를 인식할 수 있도록 하기 위함이다(Sportsman & Pleasant, 2017). 개념기반 교육과정은 최근 들어 초·중등교육 분야에서도 주목받고 있는데, 이는 자체적인 단원 계획표(unit planner)를 가질 수 있는 교육과정과 수업 설계 방식이지만, 다른 선진적 교수법(pedagogies)과도 잘 어울린다는 특징을 지닌다(Murphy, 2017). 교과 영역 전반에 걸친 아이디어로부터 전이 가능한 고차원적 사고로 이끄는 것을 목표로 한다면 교육과정에 대한 여느 다양한 방식과도 호환될 수 있다. 가령 IB, Montessori, IGCSE, AS/A levels 등이 개념기반 교육과정과 높은 상호관련성을 갖는다고 볼 수 있다. 이하에서는 대표적인 사례로써 IB와 여타 해외의 개념기반 교육과정 적용 사례를 차례로 탐색해보고자 한다.

1) IB(International Baccalaureate)

질 높은 국제 공인 교육과정으로 알려진 IB(International Baccalaureate)의 초등 프로그램에 해당하는 PYP(Primary Years Programme) 틀(framework)에서는 교육과정을 구성하는 핵심 요소로 지식, 개념, 기능, 태도, 행동을 제시한다. 이때 개념은 <표 2−7>의 여섯 가지 초학문적 주제(transdisciplinary themes)를 탐구하는 데 있어 지식을 연결하고 교육과정 전반에 걸쳐 일관성을 높이는 역할을 맡는다(IBO, 2018). 이를테면 '우리가 사는 지구'라는 초학문적 주제를 탐구하는 과정에서 습득하게 되는 다양한 지식(예: 세계화 및 다원화 경향, 난민, 자원, 환경문제, 전쟁 등)은 개념(예: 연결, 책임 등)으로 연결되며, 태도와 행동을 조장하는 기제가 된다는 뜻이다.

표 2-7 **IB PYP의 여섯 가지 초학문적 주제**

1. 우리는 누구인가(Who we are)
2. 우리가 속한 시간과 공간(Where we are in place and time)
3. 우리 자신을 표현하는 방법(How we express ourselves)
4. 세계가 돌아가는 방식(How the world works)
5. 우리가 자신을 조직하는 방법(How we organize ourselves)
6. 우리가 사는 지구(Sharing the planet)

IB PYP(2018)에서 제시하는 핵심개념 일곱 가지와 관련 개념은 <표 2–8>과 같다.

표 2-8 **IB PYP에서 제시하는 핵심개념과 관련 개념**

핵심개념(Key concepts)	관련 개념(related concepts)
형태(Form)	특성(properties), 구조(structure), 유사성(similarities), 차이 (difference), 패턴(pattern)
기능(Function)	행동(behaviour), 의사소통(communication), 패턴(pattern), 역할 (role), 체계(systems)
원인(Causation)	결과(consequences), 계열(sequences), 패턴(pattern), 영향(impact)
변화(Change)	적응(adaptation), 성장(growth), 주기(cycles), 계열(sequences), 변환(transformation)
연결(Connection)	체계(systems), 관계(relationships), 네트워크(networks), 항상성 (homeostasis), 상호의존성(interdependence)
관점(Perspective)	주관성(subjectivity), 진실(truth), 신념(beliefs), 의견(opinion), 편견(prejudice)
책임(Responsibility)	권리(rights), 시민성(citizenship), 가치(values), 정의(justice), 자주성(initiative)

IB PYP는 개념기반 교육과정으로 불리며, 탐구가 학습의 주요 방법론이 된다. 개념은 탐구 단원(unit of inquiry) 설계 시, 단원 설계 방향을 주도하며 단원 형성의 주요 동인이 되고, 탐구 과정에서 실재를 탐색하는 렌즈 역할을 맡게 된다(이현아, 홍후조, 김차진, 2021). IB PYP에서 제시한 성찰과 계획(reflecting and planning) 플래너는 [그림 2–3]과 같으며, 구성 요소로는 초학문적 주제, 핵심개념, 관련 개념, 행동, 학습자상, 학습 접근 방식, 탐구 목록, 학습목표와 성취기준, 질문(교사/학생) 등이 포함된다.

그림 2-3 **IB PYP의 성찰과 계획 플래너**

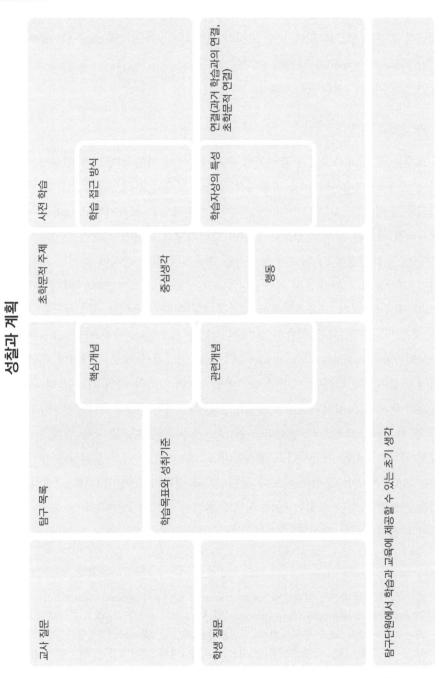

성찰과 계획

- 사전 학습
  - 학습 접근 방식
  - 학습자상의 특성
  - 연결(과거 학습과의 연결, 초학문적 연결)
- 초학문적 주제
  - 중심생각
  - 행동
- 핵심개념
  - 관련개념
- 탐구 목록
  - 학습목표와 성취기준
- 교사 질문
  - 학생 질문
- 탐구단원에서 학습과 교육에 제공할 수 있는 조기 생각

출처: PYP(2018)

IB의 개념기반 교육과정과 수업을 통해 학생들은 깊이 있는 이해, 점차 복잡한 아이디어로의 연결, 상황과 맥락을 넘나드는 학습을 하게 된다. 또한 교사에게는 개념적 접근의 성공을 위한 교수 과정의 원리(Approach to teaching: ATT)로써 탐구 기반(based on inquiry), 개념적 이해에 초점(focused on conceptual understanding) 등이 강조되기도 한다(IBO, 2018).

2) 호주와 미국

호주는 국가 교육과정과 관련하여 우리나라에서 가장 빈번하게 연구가 이루어지는 국가로, 미래사회 대응 차원에서 국가의 교육과정 의사결정 권한이 점차 강화되는 추세이다. ACARA(2020)는 호주가 기본적으로 교과기반(discipline-based) 교육과정 체제를 갖추고 있으나 이것이 미래지향적 학습에 적확히 대응하지는 않는다는 점을 인정하고, 범교과 통합적인 개념기반 접근 방식에 참여할 것을 옹호하며 교사들에게 자율성을 부여한다(Venville, Rennie & Wallace, 2009; Godinho, 2017). 호주의 국가 교육과정에서 개념적 접근이라는 용어를 공식적으로 사용하는 것은 아니지만, 모든 학습영역[2]에서 개념을 참조한다. 특히 과학(science)과 인문사회과학(humanities & social science: HASS) 영역에서 매크로 개념에 대한 명시적인 언급이 두드러진다. 예를 들어 7학년 HASS 영역의 하위 과목인 역사에서는 일련의 역사적 사실이 증거(evidence), 연속성과 변화(continuity and change), 원인과 결과(cause and effect), 관점(perspectives) 등의 핵심개념을 통해 역사적 이해를 발전시키는 기회를 제공하라고 명시한다(ACARA, 2023). 여기서 형성된 개념적 이해는 HASS 영역을 구성하는 보다 광범위하고 영속적인 아이디어와 연결되고, 학년을 거듭함에 따라 복잡한 망의 형태로 발전할 것으로 기대된다(Godinho, 2017). 또한 학습영역에서 형성된 개념적 이해는 일반능력을 형성하는 발판이 되며, 범

---

[2] 호주 국가 교육과정은 학습영역(learning areas), 일반능력(general capabilities), 범교과적 고려사항(cross-curriculum priorities)의 3차원으로 구성된다(ARACA, 2020). 학습영역은 우리나라의 '교과'에 해당하며, 일반능력은 학습영역을 통해 개발할 필요가 있는 지식, 기능, 행동, 태도 등을 범주화한 것으로 우리나라의 '핵심역량'에 해당된다. 범교과적 고려사항은 학생이 그들의 삶에서 구체적으로 필요하거나 새롭게 직면하게 되는 쟁점에 대한 것으로, 우리나라의 '교과 외 활동(창의적 체험활동)'에 비교적 가깝다.

교과적 고려사항에도 전이되어 영향을 미치게 된다.

물론 이 같은 새로운 시도가 순항만 하는 것은 아니다. 미국에서는 개념기반 교육과정을 구현할 때 직면하는 대표적인 문제로 이 방식이 일반적이지 않기 때문에 주별 기준 및 지침과 섞이지 못하고 별개가 되는 상황을 꼽는다. 미국에서는 몇 가지 버전의 내용기반 교육과정 표준(content-based curriculum standards)을 주별로 상이하게 채택하는데, 이러한 표준은 평가와 매우 밀접하여 평가의 방향을 좌우하는 동인이 된다. 따라서 개념적 접근에 관한 사항이 이 같은 표준에 명시적으로 포함되지 않거나 입시처럼 이해관계가 높은 평가에 반영되지 않는다면 교사가 개념기반 교육과정을 시도할 가능성은 상당히 낮다는 것이다(Stambaugh & Mofield, 2017). 다만 미국도 최근 미래사회 대응 및 개인의 학업과 직업 준비 차원에서 국가 수준 교육의 질 관리를 위해 미국 공통핵심국가표준(Common Core State Standards: CCSS)을 개발하며 '새로운 표준은 저학년부터 핵심 개념과 절차에 초점을 두어 지도하고, 그것을 숙달하는 데 필요한 시간을 충분히 준다'라고 밝힌 바 있다(CCSSO, 2010). 이는 개념기반 교육과정의 방향성과 일맥하는 것으로 볼 수 있다. 교수·학습과 평가의 개선이 얼마나 명시적으로 개념적 접근에 초점을 맞출지는 미지수이지만, 현재와 같은 내용기반 고부담 평가(high-stakes assessments)가 계속된다면, 개념적 접근이 학습의 필수 요소로서 어느 정도 포함될 것이 높다고 전망한다(Stambaugh & Mofield, 2017).

3) 우리나라

우리나라에서도 개념기반 교육과정이 전혀 새로운 바는 아니다. 2015 개정 교육과정에서는 교과 내용 체계표를 영역, 핵심개념, 일반화된 지식, 내용 요소, 기능으로 제시하였으며, 영역을 대표하는 핵심개념별로 내용 요소와 기능을 정합한 문장 형태로 성취기준을 진술하였다(교육부, 2015). 또한 역량 함양, 영속적인 이해, 빅아이디어 중심의 학습량 적정화 등도 개념적 접근과 궤를 같이한다고 볼 수 있다(임유나, 2022). 이러한 추세는 2022 개정 교육과정으로 자연스레 이어지며 좀 더 정교화된 안착 방안을 강구하고 있다(교육부, 2022a). 2022 개정 교육과정에서 제시하는 각론의 내용 체계표는 <표 2-9>와 같으며, 여기서 '핵심 아이디어'는 개념기반 교육과정의 아이디어로 제시하는 '일반화된 지식'과 유사하다.

표 2-9	2022 개정 교육과정 각론의 내용 체계표
내용 체계	학습 내용의 범위와 수준을 나타냄
영역	교과(목)의 성격에 따라 기반 학문의 하위 영역이나 학습 내용을 구성하는 일차 조직자
핵심 아이디어	영역을 아우르면서 해당 영역의 학습을 통해 일반화할 수 있는 내용을 핵심적으로 진술한 것. 이는 해당 영역 학습의 초점을 부여하여 깊이 있는 학습을 가능하게 하는 토대가 됨
내용 요소	교과(목)에서 배워야 할 필수 학습 내용
지식 · 이해	교과(목) 및 학년(군)별로 해당 영역에서 알고 이해해야 할 내용
과정 · 기능	교과 고유의 사고 및 탐구 과정 또는 기능
가치 · 태도	교과 활동을 통해 기를 수 있는 고유한 가치와 태도

다만 핵심개념과 일반화된 지식의 난해함과 성취기준이 진정한 의미에서 개념적 접근을 추동하는지에 대한 타당성 여부 등에 대한 논란은 여전하다(구덕회, 이금화, 2023). 그 밖에 문서를 넘어서는 현장의 이해와 실행, 교과서와의 유기적 연계, 평가의 타당성과 신뢰성 확보, 새로운 교육 혁신에 대한 교육 수요자들의 공감대 형성 등도 장기적인 관점에서 관심을 두고 해결해 나가야 할 사항이다.

2. 개념기반 교육과정의 주요 이론

개념기반 교육과정의 핵심적인 아이디어는 Erickson과 Lanning이 이론화한 내용을 통해 이해할 수 있다. 이중 교사들이 반드시 알아야 할 내용을 지식의 구조와 과정의 구조, 시너지를 내는 사고, 3차원적 교육과정 모델, 안내 질문을 중심으로 살펴보고자 한다.

가. '지식의 구조'와 '과정의 구조'

개념기반 교육과정은 [그림 2-4]의 지식의 구조(structure of knowledge) 틀을 통해 체계적으로 설명할 수 있다(Erickson, 2002).

그림 2-4 **지식의 구조**

출처: Erickson(2002)의 그림을 번역함.

　도식의 구성 요소에는 사실, 주제, 개념, 일반화, 원리, 이론 등이 있으며, 각각
의 의미는 <표 2-10>과 같다. 구성 요소 중 일반화와 원리가 소위 빅아이디어에
해당하며, 초·중등교육에서는 주로 이 수준까지 논의되는 편이다(임유나, 2022).

표 2-10 **지식의 구조 구성 요소의 의미**

지식의 구조 구성 요소	의미
사실	구체적인 예
주제	사실들을 묶는 틀이자 단원 학습의 맥락을 제공
개념	사실과 주제로부터 도출된 지적 구성체로 추상화 수준이 높고 전이가 가능
일반화	두 개 이상의 개념 간 관계를 진술한 문장
원리	수학의 정리(定理)나 과학의 법칙과 같이 학문의 기초를 이루는 진리
이론	현상이나 실천 양상을 설명하기 위해 사용되는 개념적 아이디어의 집합 이나 가정

출처: Erickson et al., 2017.

　도식의 구성 요소는 위로 갈수록 고차원적 사고를 요하게 되는데, 그동안 대부
분의 교육과정과 수업 설계 모형들은 학생들의 사고를 사실과 주제 수준에 그치
게 하는 경향이 있었다(Stern, Lauriault & Ferraro, 2018). 그런데 이러한 사실과 주
제들은 학습한 내용을 새로운 상황으로 전이시키기에는 너무 구체적이라는 한계

가 있다. 반면 개념기반 교육과정에서는 개념 이상의 지식 구성 요소에 주목하여 학생들이 '개념과 일반화'를 이해하고, 개념 간의 관계를 진술한 '일반화'를 직접 발견하도록 교육과정과 수업을 설계한다. 예로서 기존에는 세계의 종교와 기념일 이라는 주제하에 종교와 기념일의 종류와 특징 등을 전달하거나 알아보는 데 그 쳤다면, 이제는 주제에 따른 여러 사실로부터 '신념, 전통'과 같은 개념을 이해하 고 나아가 개념 간의 관계를 탐구를 통해 '사람들은 신념에 따라 전통을 형성하고 이를 계승한다'와 같이 발견할 수 있도록 교육과정과 수업을 설계한다는 뜻이다 (Erickson, Lanning & French, 2017).

한편 언어, 예술, 체육과 같은 기능과 과정적 특징이 더 강조되는 교과를 지식 의 구조로 설명하기에는 다소 난해한 부분이 있다. 이를테면 체육에서 달리기 기 능, 효과적인 페이스 조절 전략 등은 주제와 사실 요소로 수렴시키기에는 그 성격 이 모호하다는 뜻이다. 이 같은 언어, 예술, 체육 교과는 상대적으로 익히고 수행 해야 할 기능과 전략, 과정 등에 더 구조화되어 있다. 이 교육과정의 핵심은 해당 분 야 전문가들이 수행하는 복잡한 과정을 이해하는 데 있다(Stern, Lauriault & Ferraro, 2018). 개념기반 교육과정에서는 수행 과정을 습득하는 데에서 한 단계 더 나아가 이러한 과정에 의미를 부여하고 습득한 것을 지속시키는 동인으로써 개념적 이해 를 강조한다. Lanning(2013)은 [그림 2-5]의 과정의 구조(structure of process) 틀 을 통해 이를 체계적으로 설명하고자 하였다.

그림 2-5 **과정의 구조**

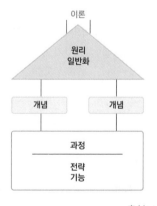

출처: Lanning(2013)의 그림을 번역함.

도식의 구성 요소에는 기능, 전략, 과정, 개념, 일반화, 원리, 이론 등이 있으며, 각각의 의미는 <표 2-11>과 같다. 여기서 기능, 전략, 과정이 함께 묶여 있지만 기능이 가장 단편적이고 과정이 가장 광범위하면서도 복잡한 요소이다. 학생들이 개념 단계에 이르면, 그냥 행하는 것에서 우리가 행하는 것을 왜 행하는지 알고 이해하는 것으로 나아가게 된다(임유나, 2022).

표 2-11 과정의 구조 구성 요소의 의미

지식의 구조 구성 요소	의미
기능	가장 작은 행동이나 조작들
전략	자신의 수행을 향상하기 위해 의식적으로 적용하거나 점검하는 체계적인 계획
과정	글쓰기 과정, 과학적 과정과 같이 결과를 만들어내는 행동
개념	학문에 내재된 복잡한 과정, 전략 및 기능에서 도출된 정신적 구성 또는 아이디어
일반화	두 개 이상의 개념 간 관계를 진술한 문장
원리	학문의 기초를 이루는 진리
이론	현상이나 실천 양상을 설명하기 위해 사용되는 개념적 아이디어의 집합이나 가정

출처: Lanning, 2013; Erickson et al., 2017.

과정의 구조에서 개념과 일반화는 행위를 의미하지 않는다. 이는 구체적인 전략과 기능을 습득하는 과정에서 발견하게 되는 전이 가능한 아이디어로서 깊이 있게 이해되어야 할 대상이다(Erickson, Lanning & French, 2017). 즉, 학생들은 이제 '하는' 것으로부터 '왜 그것을 하는지 이해하고 하는' 개념적 수준에 도달해야 한다. 예로서 학생들은 독해 과정에서의 수많은 독해 기능과 전략을 귀납적으로 학습하며 '독자, 텍스트 특징, 정보, 주제' 등의 개념을 습득하고, 개념 간의 관계를 '독자는 텍스트 특징을 사용하여 정보를 효율적으로 찾고 주제를 더 깊이 이해한다'와 같이 발견할 것을 목표로 삼게 된다. 추후 학생들은 이러한 아이디어를 활용하여 '왜 텍스트 특징을 사용해야 하는지를 이해하고' 정보를 효율적으로 전달하고자 텍스트 특징을 포함한 글을 쓰게 될 것이다.

유의할 점으로는 지식기반 교과라고 하여 지식의 구조 틀로만, 과정기반 교과라고 하여 과정의 구조 틀로만 해석해서는 안 된다는 점이다(Lanning, 2013). 상대적으로 지식기반 교과의 성격을 띠는 사회, 과학도 고유한 탐구 기능과 전략을 지녀 과정의 구조를 드러낼 수 있다. 상대적으로 과정기반 교과의 성격을 띠는 음악의 화성학과 대위법, 체육의 생리학 등은 고유한 지식 체계를 지녀 지식의 구조를 드러낼 수 있다. 교과의 성격에 따라 각 틀의 활용에 있어 비중의 차이를 둘 뿐이다. 교과교육 시 지식의 구조와 과정의 구조가 함께 반영되고 작동할 때, 체계적인 앎과 행함이 연계되어 교과를 더 깊이 이해할 수 있게 된다. 국어과의 한 단원에서 지식의 구조와 과정의 구조를 드러낸 사례를 제시하면 다음과 같다.

그림 2-6 **지식의 구조와 과정의 구조의 상호작용**

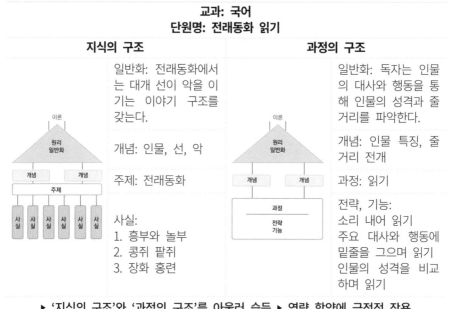

▶ '지식의 구조'와 '과정의 구조'를 아울러 습득 ▶ 역량 함양에 긍정적 작용

나. 시너지를 내는 사고

Erickson, Lanning과 French(2017)에 따르면 지적 발달의 핵심은 저차원적 사고 수준(사실과 주제 또는 기능과 전략)과 고차원적 사고 수준(개념과 일반화) 사이의 전략적 상호작용에 있다고 본다. 개념기반 교육과정에서는 귀납적 방식의 학습을 통해 사실적 수준에서 개념적 수준의 이해로 나아가게 되고, 이는 새로운 상황과 맥락으로 전이되어 사실적 수준의 지식을 다시 활용하게 함으로써 사고의 폭과 깊이를 더하는 환류 체계를 형성한다. 즉, 개념적 수준에 도달하면 종료되는 일방향 체계가 아닌 일종의 나선형, 혹은 망(web)의 형태를 띠는 순환형 체계에 가깝다는 뜻이다(Murphy, 2017). 이에 개념기반 교육과정에서 간과하지 말아야 할 사항으로는 사실과 주제(또는 전략과 기능)의 중요성이다. 우리가 지향하는 바는 개념적 수준의 고차원적 사고로 나아가는 것이지만, 이를 이끄는 것은 사실과 주제 수준의 학습이라는 점을 기억해야 한다. 이상의 내용을 도식화하여 나타내면 [그림 2-7]과 같다.

그림 2-7 **시너지를 내는 상호작용**

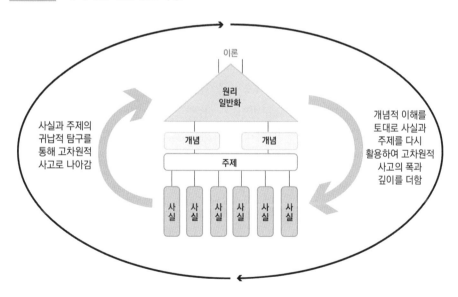

지식과 기능은 교육과정 설계와 수업, 학습의 기반이 되는 주요 요소가 되기 때문에 이를 가르치는 것을 폄하하거나 개념 또는 빅아이디어를 가르치는 것과 이분하는 것은 적절치 않다(Stambaugh & Mofield, 2017). 학생들은 개념적 관계를 발견하기 위해 사실을 이용해야 하고, 개념적 이해를 심화시키기 위해 추가적인 사실들도 활용해야 한다. 이를테면 학생들은 몇 개국의 난민 사례에 대해 학습하며 '수용, 자원, 갈등'의 개념을 인식하게 되고, 이러한 사례로부터 귀납적으로 개념 간의 관계—빅아이디어, 일반화—를 발견하게 된다. 학습은 여기서 그치는 것이 아니라 일반화를 활용하여 새로운 난민 상황을 탐구하고 풀어냄으로써 이미 습득한 개념적 이해를 심화해나가는 것이다. 이것이 저차원적 수준의 사고와 개념적 수준의 사고 사이의 전략적 상호작용이다(Stern, Lauriault & Ferraro, 2018). 시너지를 내는 사고는 깊이 있고 지속적인 학습을 위해 필수적이며, 지식의 구조와 과정의 구조의 하위 수준에서 고차적 수준으로 나아가는 학생들의 여정을 구체화한다. 이에 사실, 기능과 개념 간의 순환적 통합은 교수 설계의 목표가 되어야 한다(Erickson, Lanning & French, 2017; Murphy, 2017).

다. 3차원적 교육과정(성취기준) 모델

전통적인 교육과정 모델에서는 사실적 지식과 정보 암기, 기능 숙달에 더 중점을 두어 교사는 주요 사실(know)과 기능(do)에 초점을 맞추어 수업을 진행하였다. 교사는 특정한 사건(event)을 가르치고 학생들은 이해를 증명하기 위해 보고서를 쓰거나 시험을 치르도록 요구받았다. 반대로 개념기반 교육과정 모델에서는 알고(know) 실행하는 것(do)뿐만 아니라 이해(understand)할 것을 혼합한 수업 설계 및 운영 방식을 채택한다. Erickson과 Lanning(2014)은 이들을 각각 구분하여 2차원적 교육과정 모델과 3차원적 교육과정 모델로 명명하고 <표 2-12>와 같이 도식화하였다. 전통적인 2차원 모델에서는 사실(skills)과 기능(facts)의 평면적 모델이었다면, 개념적 접근의 3차원 모델에서는 개념(concepts)이 추가되어 개념적 이해를 포함하여 사실을 알고 기능을 수행하게 한다.

표 2-12 교육과정에 대한 2차원 모델과 3차원 모델의 비교

2차원 모델(전통적인 접근)	3차원 모델(개념적 접근)

출처: Erickson & Lanning(2014: 23).

다만 이러한 아이디어는 선언적 수준으로 실제 질 높은 수업을 추동하기 위한 구체화 작업이 필요한데, 대개의 연구에서는 성취기준 또는 교육목표를 우선 개선해보는 과정이 제시된다(Erickson, Lanning & French, 2017; Murphy, 2017; 이현아, 홍후조, 김차진, 2022; 구덕회, 이금화, 2023). 이는 교육의 목표가 이후 교육내용의 선정과 조직, 평가 등 교육의 과정 전반에 걸쳐 변화를 유도하기 때문으로 해석할 수 있다(Tyler, 1949). 예로서 Murphy(2017)는 초등 사회 과목의 단원 목표를 기존의 사실과 기능을 정합한 형태인 2차원적 방식에서 개념을 포함한 3차원적 방식으로 개선한 사례를 <표 2-13>과 같이 제시하기도 하였다. 가장 특징적인 부분으로는 '단원을 왜 학습해야 하는가?'에 대한 이해를 기반으로 진술된다는 점, 진술에 개념적 렌즈를 포함하며 개념적 이해를 확립할 것을 의도한다는 점 등을 들 수 있다. 개념기반 교육과정에서는 이 같은 3차원적인 교육목표로의 개선이 무엇을 의미하고 실제 수업의 모습을 어떻게 바꿔나갈지에 대해 살펴볼 필요가 있다.

표 2-13 **2차원 모델과 3차원 모델의 비교**

	개선 전: 2차원 모델 (전통적인 교육과정 모델)	개선 후: 3차원 모델 (개념기반 교육과정 모델)
	사실 (the Axis and Allied power) 기능 (identify)	개념 (conflict) 기능 (identify)　사실 (the Axis and Allied power)
Murphy (2017)의 사회과 단원 목표 개선	Students will identify the Axis and Allied powers 학생들은 제2차 세계대전 때의 독일·이탈리아·일본 추축국(the Axis)과 연합국(Allied powers)을 알아볼 것이다.	Students will identify the Axis and Allied powers…in order to understand how 20th century conflict(★) continues to politically and economically impact us today. 학생들은 20세기 분쟁(★)이 오늘날 우리에게 어떤 정치적, 경제적인 영향을 미치고 있는지 이해하기 위해 추축국과 연합국을 알아볼 것이다. (★: 개념적 렌즈에 해당)
	사실(know)+기능(do)	사실(know)+기능(do) +개념(understand)

라. 안내 질문

개념기반 교육과정과 수업을 구현하는 주요 방법론으로 탐구를 들 수 있다. 학생들이 탐구를 할 때, 주요 지점에서 질문을 하는 것이 필수적인데, 안내 질문은 일반화에 대한 학생의 사고를 촉진한다. 안내 질문은 크게 사실적, 개념적, 논쟁적 질문으로 나뉜다. 사실적 질문은 시간, 장소, 상황과 관련된 질문이며 학습의 기초가 된다. 개념적 질문은 사실적 사례를 넘어서 전이를 가능하게 하며 학습자의 사고를 개념적 단계로 신장시킬 수 있게 하는 질문이다. 논쟁적 질문은 반대 관점을 제시하면서 학습자의 관점을 유도하고 생각을 확장하게 하는 질문이다.

하나의 일반화에는 3~5개의 사실적, 개념적 질문과 2~3개의 논쟁적 질문을 포함하는 것이 바람직하다(Stern, Lauriault & Ferraro, 2018). 일반화에 따른 안내 질문의 예는 <표 2-14>와 같다.

표 2-14 일반화에 따른 안내 질문 예시

일반화	안내 질문
• 개인은 공동체를 형성하기 위해 서로 모인다. • 우리의 선택은 우리 자신과 서로에게, 그리고 공동체에 영향을 미친다.	• 누가 학교 공동체를 구성하는가? (사실적 질문) • 학교 공동체에서 나의 역할은 무엇인가? (개념적 질문) • 선택이란 무엇인가? (사실적 질문) • 왜 우리에게 선택권이 부여되는가? (개념적 질문) • 학교에서 우리가 하는 중요한 선택에는 무엇이 있으며, 그 결과는 어떠한가? (사실적, 개념적, 논쟁적 질문)
• 세균은 질병을 유발할 수 있다. • 우리는 안전한 선택을 함으로써 세균의 확산을 예방할 수 있다.	• 세균이란 무엇인가? (사실적 질문) • 사람들은 왜 질병에 걸리는가? (사실적, 개념적, 논쟁적 질문) • 세균의 확산을 어떻게 막을 수 있는가? (사실적, 개념적, 논쟁적 질문) • 개인의 선택이 공동체의 건강에 어떠한 영향을 미치는가? (개념적, 논쟁적 질문)

출처: Stern, Lauriault & Ferraro, 2018.

3. 개념기반 교육과정의 단원 설계

지금까지 개념기반 교육과정에 대한 이론적 내용을 Erickson과 Lanning의 아이디어를 중심으로 살펴보았다. 이러한 아이디어를 바탕으로 교사는 실제 단원을 구성하고 수업을 설계해야 한다. 개념기반 교육과정의 단원 설계는 확고한 지침이나 단계가 있는 것은 아니고 교사의 개념기반 교육과정에 대한 이해 정도 및 숙련도, 학생의 상태 등을 종합적으로 고려하여 융통성을 발휘하여 작성할 수 있다. 다만, Stern, Lauriault & Ferraro(2018)는 대부분의 좋은 설계에는 <표 2-15>의 요소가 들어간다고 설명한다. 이때 각 요소는 분절적으로 이해되어서는 안 되며 단원 내에서 함께 작동하여 응집력 있는 전체를 형성하게 된다. 학생들은 학습 경험을 통해 중요 내용과 핵심 기능을 익히게 되고, 이 과정에서 안내 질문은 개념 형성과 일반화에 이르게 하는 귀납적 탐구에 있어 주요한 역할을 한다. 개념적 이해를 습득하였다면 이를 전이할 수 있는지에 대한 여부를 판가름할 수 있는 평가 상황을 구조화해야 할 것이다.

표 2-15 질 높은 개념기반 단원 설계에 포함되는 요소

- 단원 제목(unit title)
- 개념적 렌즈(conceptual lens), 개념(concepts), 하위 개념(sub-concepts)
- 개념 간의 관계를 진술한 일반화(generalizations)
- 안내 질문(guiding questions)
- 학생들이 완전히 익혀야 할 중요 내용(critical content)과 핵심 기능(key skills)
- 학습 경험(learning experiences)과 수업 내용(lessons)
- 평가(assessments): 수행 과제(performance tasks)와 채점 지침(scoring guides)

Erickson과 Lanning(2017)은 <표 2-16>과 같이 개념기반 단원 설계의 열한 가지 단계를 제시하였다(Stern, Lauriault & Ferraro, 2018에서 재인용). 물론 전술한 바와 같이 이러한 단계는 절대적인 것은 아니며, 교수자 및 학습자의 사정에 따라 유연하고 창의적으로 활용이 가능하다. 실제로 다양한 개념기반 단원 설계 모형이 개발되어 활용되고 있다. 대표적으로 [그림 2-3]에서 제시하였던 IB의 unit planner를 들 수 있다. 중요한 것은 학생들에게 단편적인 내용 지식을 얼마나 더 많이 저장하고 인출하게 하는 교육 패러다임으로부터 벗어나 학생들이 개념적 이해라는 고차원적 사고 과정을 통해 실생활에 전이 가능한 학습이 이뤄지게 하는 교육으로의 방향성 전환이다. 이는 복잡하고 불확실한 미래에 대처할 수 있는 합리적 방안으로 각광 받으며 역량 함양에도 유익한 대안이 될 것이다.

표 2-16 개념기반 단원 설계의 단계

단계	단계명	내용
1단계	단원명 정하기	학생들의 관심을 끌 수 있으면서도 내용의 초점을 명료하게 나타내야 한다.

2단계	개념적 렌즈 파악하기	개념적 렌즈란 단원 전반을 관통하며 가장 핵심적으로 이해되어야 할 대상으로, 학습에 초점과 깊이를 제공한다.
3단계	단원 영역 파악하기	간학문적 단원에 있어서 교과 영역에 해당한다. 하나의 단원을 다루기 쉬운 부분들로 나누는 주요 기제가 된다. 대개 단원명을 두르며 망(web)의 형태로 작성한다.
4단계	단원의 주제와 개념을 영역 아래 배치하기	브레인스토밍을 거쳐 각 단원 영역 아래 단원의 주제와 해당하는 개념, 관련 개념 등을 작성한다.
5단계	단원 학습을 통해 학생들이 도출하기를 기대하는 일반화 작성하기	개념적 렌즈를 사용하여 전체 단원에 대한 1~2개의 일반화를 만들고, 각 영역에 대해서도 1~2개의 일반화를 만든다. 때때로 일반화는 하나 이상의 단원 영역에 걸쳐 있게 된다. 각 단원은 학년 수준과 학습 기간에 따라 5~9개의 일반화를 포함할 수 있다.
6단계	안내 질문 만들기	안내 질문은 일반화에 대한 학생의 사고를 촉진하며, 크게 사실적, 개념적, 논쟁적 질문으로 유형화할 수 있다. 설계 단계에서 개발된 3~5개의 사실적, 개념적 질문과 함께 단원 전체의 학습으로부터 논쟁 가능한 2~3개의 도전적인 질문을 포함하는 것이 좋다.
7단계	중요 내용 확인하기	중요 내용은 일반화의 기초이며, 단원의 주제와 관련한 지식을 심화하고 과정(기능)에 대해 학생들이 알아야 할 것을 정의하는 데 필요로 하는 '사실적 지식'이다.
8단계	핵심 기능 확인하기	핵심 기능은 국가 교육과정(성취기준)에서 원문 그대로 가져올 수 있다. 핵심 기능은 특정 주제에 묶이지 않고 여러 분야나 상황에 걸쳐 적용될 수 있고, 이러한 적용을 통해 전이된다.
9단계	최종 평가와 채점 지침/루브릭 작성하기	최종 평가는 1~2개의 중요한 일반화에 대한 학생들의 이해와 중요 내용에 대한 학생들의 지식 습득 및 핵심 기능의 숙달 정도를 드러낼 수 있어야 한다. 과제에 대한 학생 수행을 평가할 수 있는 구체적인 기준으로서 채점 지침 또는 루브릭을 개발한다.
10단계	학습 경험 설계하기	학습 경험은 학생들이 최종 평가에 요구되는 것을 준비하게 하고, 단원이 끝날 때까지 학생들이 이해하고(understand), 알고(know), 할 수 있어야 하는 (do) 것을 반영한다. 학습 경험은 유의미하고 실제적이어야 한다. 이 부분에서는 학습 진행 속도, 학생 맞춤형 수업 전략, 형성평가, 피드백, 단원 자료 등에 대한 계획이 포함된다.
11단계	단원 개요 작성하기	단원 개요를 통해 학생들의 흥미와 관심을 끌어내고 학습 참여로 나아갈 수 있도록 작성한다.

참고문헌

교육부(2015). 초·중등학교 교육과정 총론. 교육부 고시 제2015-74호.

교육부(2022a). 초·중등학교 교육과정 총론. 교육부 고시 제2022-33호.

교육부(2022b). 2022 개정 초·중등학교 및 특수교육 교육과정 확정·발표. 보도자료(2022. 12. 22.).

구덕회, 이금화(2023). 개념기반 교육과정에 따른 초등학교 정보 교육 성취기준 개선방안. 정보교육학회논문지, 27(1), 1-10.

서경혜(2020). 역량기반 교육과정의 딜레마. 교육과정연구, 38(4), 5-31.

이현아, 홍후조, 김차진(2021). 교육과정 틀로서의 MYP 특성 연구. 한국교육학연구, 27(2), 159-186.

임유나(2022). 교육과정 개발과 실행에서 개념적 접근의 교육적 의의와 과제. 교육학연구, 60(2), 31-61.

한진호, 홍후조(2021). 뇌과학 연구 성과를 반영한 교육과정 개발 연구. 교육과정연구, 39(3), 237-266.

한진호, 임유나, 최한올. 교육과정 실행에서 개념적 접근을 위한 교사교육 프로그램 주제 탐색 연구. 한국교육학연구, 29(3), 281-311.

ACARA(2020). The shape of the Australian curriculum(Version 5.0). Retrieved July, 15, 2023, from https://www.acara.edu.au/docs/default-source/curriculum/the_shape_of_the_australian_curriculum_version5_for-website.pdf.

ACARA(2023). The Australian curriculum(Version 9.0). Retrieved July, 15, 2023, from https://v9.australiancurriculum.edu.au

Bruner, J. S. (1960). The process of education. Cambridge: Harvard University Press.

Council of Chief State School Officers(CCSSO)(2010). Common Core State Standards. Retrieved July 15, 2023 from https://learning.ccsso.org/common-core-state-standards-initiative

Erickson, H. L. (2002). Concept-based curriculum and instruction: teaching beyond the facts. California: Corwin Press.

Erickson, H. L., Lanning, L. A. (2014). Transitioning to concept-based curriculum and instruction: how to bring content and process together. California: Corwin.

Erickson, H. L., Lanning, L. A., & French, R. (2017). Concept-based curriculum and instruction for the thinking classroom (2nd ed.). California: Corwin.

Godinho, S. (2017). Curriculum for high ability learners: issues, trends and practices (Concept−Based Curriculum: An Australian Experience). Berlin: Springer.

IBO(2018). PYP learning and teaching. Geneva: IBO.

Jensen, E. (2008). Brain−based learning: The new paradigm of teaching. California: Corwin.

Klijin, E. H. (2008). Complexity Theory and Public Administration: What's New?. Public Management Review, 10(3), 299−317.

Lanning, L. A. (2013). Designing a concept−based curriculum for English language arts. California: Corwin.

Murphy, A. (2017). A quick guide to concept−based learning and curriculum. Retrieved July 2, from https://www.onatlas.com/blog/concept−based−learning −curriculum

Organization for Economic Cooperation and Development(OECD)(2005). The definition and selection of competencies: Executive summary. Retrieved July 22, 2023, from https://www.deseco.ch/bfs/deseco/en/index/02.html.

Primary Years Programme (2018). Unit of inquiry planner (primary) template one. Retrieved January 10, 2024 from http://xmltwo.ibo.org/publications/PYP/p_0_ pypxx_pip_1810_1/pdf/UOI_Planner_subject−specific_en.pdf

Solheim, K., Mittelstadt, K., Muehrer, R., Pinekenstein, B., & Willis, D. (2022). Sustaining a concept−based curriculum: beyond the launch. Nurse Educator, 47(1), 31−36.

Sportsman, S., & Pleasant, T. (2017). Concept−based curricula: State of the innovation. Teaching and Learning in Nursing, 12(3), 195−200.

Stambaugh, T., Mofield, E. (2017). Curriculum for high ability learners: issues, trends and practices(Concept−based curriculum design and practice in the United States). Berlin: Springer.

Stern, J., Lauriault, N., & Ferraro, K. (2018). Tools for teaching conceptual understanding, elementary. California: Corwin.

Tyler, R. W. (1949). Basic principles of curriculum and instruction. Chicago: University of Chicago Press.

Venville, J., Rennie, L. J., Wallace, J. (2009). Disciplinary versus integrated curriculum: The challenge for school science. The New Critic, 10, 1−9.

Whitehead, M. T. (2019). What is concept−based curriculum anyways?. Retrieved July 2, 2023 from https://www.onatlas.com/blog/what−is−concept−based− curriculum−anyways.

3장

2022 개정 교육과정과 수업 설계의 방향

1. 2022 개정 교육과정의 이해
2. 2022 개정 교육과정에 따른 수업 설계

1. 2022 개정 교육과정의 이해

가. 2022 개정 교육과정의 배경과 방향

1) 교육과정 개정의 배경과 비전, 중점

모호성과 불확실성, 예측 불가능성은 미래 사회의 특성으로 언급되는 키워드들이다. 이러한 특성은 인공지능 기술 발전에 따른 디지털 대전환, 기후·생태 환경 변화, 인구 구조 변화 등 사회 전반에 걸쳐 나타나고 있고, 변화의 속도는 가속화되고 있다. 이에 따라 사회적 불확실성에 주도적으로 대응할 수 있는 인재를 양성해야 한다는 요구는 높아졌고, 학생들이 학교 교육을 통해 사회의 변화에 대응할 수 있는 능력을 함양할 필요는 커지고 있다. 또한, 사회의 변화 속에서 사회 구성원들의 공동체 의식 함양도 더욱 중요해졌다. 사회의 복잡성과 다양성이 확대되면서 집단 간 의견이 충돌하거나 갈등 상황이 종종 발생하는데, 사회적 문제를 해결하기 위해서는 서로의 다름을 존중하고 다양한 집단 간의 협력이 필요하기 때문이다. 이에 따라 미래 세대가 학교 교육을 통해 상호 존중하는 마음과 공동체 의식을 함양해야 한다는 요구들이 중요하게 부각하였다.

다른 한편으로, 학령인구 감소에 따라 학생 개개인의 요구와 이에 대한 학교의 대응이 더욱 필요해지는 상황이며, 이는 '학습자 맞춤형 교육'의 강화로 이어지고 있다. 학생 개개인의 특성과 진로에 맞는 학습을 지원해주는 학교 교육은 초등학교, 중학교, 고등학교의 전 과정을 통해 이루어질 필요가 있다는 점도 2022 개정 교육과정의 개정 배경으로 중요하게 작동하였다. 또한, 교육과정 분권화 및 자율화 요구가 증가한 상황도 2022 개정 교육과정에 영향을 미쳤다. 최근 우리나라 국가 교육과정에 대한 논의를 보면, 국가 교육과정 문서나 성취기준의 대강화, 교육과정에 대한 의사결정의 분권화, 자율화가 중요하게 강조되고 있다. 곧, 국가 수준에서는 학교 교육의 큰 틀이 되는 핵심적인 내용을 제시하고, 구체적인 방안은 지역이나 학교에서 마련하도록 해야 한다는 것이다. 이에 따라 2022 개정 교육과정은 교육과정 관련 의사결정 과정에 다양한 교육 주체들의 참여를 확대하고, 교육과정 분권화 및 자율화 활성화 요구에 더욱 주목한 개정이 이루어졌다.

이와 같은 개정의 배경 아래, 2022 개정 교육과정은 2015 개정 교육과정에서부터 추구해 온 역량 함양 교육의 방향을 계속 이어나가며 학생들이 미래 사회의 변화에 대응할 역량을 함양할 수 있는 교육과정 개발을 지향하였다. 더불어 학생의 특성과 진로에 따라 개별화된 학습 경험을 제공하여 학생의 삶과 성장을 지원하는 맞춤형 교육 체제를 구축하고자 하였다. 또한, 교육과정 관련 의사결정의 지역 분권화 및 학교와 교사의 자율성에 기반한 교육과정 설계와 운영을 강화하고, 에듀테크를 활용한 온·오프라인 연계 수업, 협력 수업 등 다양한 교수·학습 및 평가 방법의 적용으로 교육 전반의 혁신을 도모하고자 하였다(교육부, 2022a).

2022 개정 교육과정의 비전은 '포용성과 창의성을 갖춘 주도적인 사람'이다. 이는 2022 개정 교육과정이 설정한 미래 사회의 인재상으로, 미래 사회 전망과 대국민 의견 수렴 결과, 세계 교육의 동향 등을 고려하여 도출된 '자기주도성, 창의와 혁신, 포용성과 시민성'의 지향점을 반영한 것이다(황규호 외, 2021). 2022 개정 교육과정의 비전으로 새롭게 강조된 '포용성'은 더불어 살아가는 지속 가능한 사회를 함께 실현해 나가는 데 필요한 '배려, 소통, 협력, 공감, 공동체 의식' 등의 가치를 담은 것이다. 그리고 '창의성'에는 미래 사회가 요구하는 다양한 역량과 국제적으로 경쟁력 있는 인재가 갖추어야 할 능력 및 소양 등 교육의 사회적 가치가 담겼다. 마지막으로 '주도성'은 목표를 설정하고 그에 맞는 행동을 설계하는 능력을 바탕으로 주변 세계에 능동적이고 주도적으로 참여하면서 다른 사람과 주변 환경에 긍정적인 영향을 미치는 책임감을 내포하는 개념이다. 주도적인 사람은 자신의 삶을 스스로 설계하고 성찰하며 개척해 나갈 수 있고, 책임감 있게 행동하여 세계를 바람직한 방향으로 변화시키는 능력과 의지를 갖고 있는 사람이다. 또한, 자신의 역량과 자질을 위해 끊임없이 배우고 익히며 성장해가는 사람이다.

- 포용성: 더불어 살아가는 공동체적 소양이나 서로를 존중하고 배려하는 성숙한 인격 등 교육이 지속적으로 추구해 온 가치를 담음.
- 창의성: 미래 사회가 요구하는 다양한 역량과 국제적으로 경쟁력 있는 인재가 갖추어야 할 능력과 소양 등 교육의 사회적 가치를 담음.
- 주도성: 자주성이나 자율성, 자기관리 역량 등의 개념과 세계에 능동적이고 주도적으로 참여하면서 다른 사람과 주변 환경에 긍정적인 영향을 미치는 책임감을 담음.

학생들을 '포용성과 창의성을 갖춘 주도적인 사람'으로 성장하게 하기 위한 교육과정 구성의 중점은 일곱 가지이며(교육부, 2022c), 구성의 중점은 2022 개정 교육과정의 '목표' 관련 내용과 '과제' 관련 내용으로 나누어 볼 수 있다. 먼저 목표와 관련하여 2022 개정 교육과정에는 미래 사회에 대응할 수 있는 능력과 주도성을 강조하는 한편, 공동체 의식을 함양하기 위한 내용을 중요하게 반영하였다. 또한, 이번 개정 교육과정에서는 학생들이 역량을 함양하고 학습을 지속하기 위한 기반으로 작동하는 '기초소양'을 새롭게 도입하였다. 다음으로, 2022 개정 교육과정의 '과제' 측면에서 총론에서는 '학생 맞춤형 교육'이 강조되었고, 각론에서는 '깊이 있는 학습'이 중요하게 고려되었으며, '학생 참여형 수업'과 '문제 해결 및 사고의 과정을 중시하는 평가'가 강조되었다. 한편 교육과정과 관련된 거버넌스로서 자율과 분권에 기반한 협력도 중요하게 반영되었다.

표 3-1 2022 개정 교육과정 구성의 중점

- 디지털 전환, 기후 · 생태환경 변화 등에 따른 미래 사회의 불확실성에 능동적으로 대응할 수 있는 능력과 소양 및 자신의 삶과 학습을 스스로 이끌어가는 주도성을 함양한다.
- 학생 개개인의 인격적 성장을 지원하고 사회 구성원 모두의 행복을 위해 서로 존중하고 배려하며 협력하는 공동체 의식을 함양한다.
- 모든 학생이 학습의 기초인 언어 · 수리 · 디지털 기초소양을 갖추어 학교 교육과 평생학습에서 학습을 지속할 수 있게 한다.
- 학생들이 자신의 진로와 학습을 주도적으로 설계하고, 적절한 시기에 학습할 수 있도록 학습자 맞춤형 교육과정 체제를 구축한다.
- 교과 교육에서 깊이 있는 학습을 통해 역량을 함양할 수 있도록 교과 간 연계와 통합, 학생의 삶과 연계된 학습, 학습에 대한 성찰 등을 강화한다.
- 다양한 학생 참여형 수업을 활성화하고, 문제 해결 및 사고의 과정을 중시하는 평가를 통해 학습의 질을 개선한다.
- 교육과정 자율화 · 분권화를 기반으로 학교, 교사, 학부모, 시 · 도 교육청, 교육부 등 교육 주체들 간의 협조 체제를 구축하여 학습자의 특성과 학교 여건에 적합한 학습이 이루어질 수 있도록 한다.

출처: 교육부, 2022c.

2) 핵심역량과 기초소양

우리나라 국가 교육과정 총론은 '추구하는 인간상'과 '핵심역량'을 제시해 왔다. 2022 개정 교육과정 총론 개정에서 우선 논의된 사항은 이 교육과정을 통해 교육

을 받은 학생들이 어떠한 능력과 소양, 자질을 갖춘 사람으로 성장하기를 기대하
는지에 대한 그림, 즉 '교육적 인간상'에 대한 것이었다. 또한, 추구하는 인간상과
관련되는 '핵심역량'을 어떻게 조정할 것인지도 중요한 검토 과제였다. 국가 교육
과정이 개정될 때마다 인간상과 핵심역량을 크게 변경하는 것은 학교 현장에 혼
란을 줄 수 있기 때문에, 2022 개정 교육과정은 기존 국가 교육과정의 인간상과
핵심역량을 안정적으로 유지하면서 일부 내용을 변화하는 차원에서의 수정이 이
루어졌다.

먼저, 2022 개정 교육과정에서 강조되어야 할 인간상과 관련해 자주 언급되었
던 키워드는 '포용, 협력, 공감' 등과 같은 '존중' 관련 키워드, '주체성, 책임 의식,
진로 설계' 등의 '자기주도성' 관련 키워드, '도전, 진취성' 등의 '창의·융합·혁신'
관련 키워드였다. 이를 고려하여 국가 교육과정이 추구하는 인간상은 '자주적인
사람, 창의적인 사람, 교양 있는 사람, 더불어 사는 사람'의 네 가지로 제시되었
다. 이는 2015 개정 교육과정과 비교해 '자주적인 사람'이 '자기주도적인 사람'으
로 변화한 것인데, 이번 교육과정의 비전에 담긴 학생 주도성 측면을 강조하고자
한 의도를 반영한 것이다.

한편, 2015 개정 교육과정에는 국가 교육과정에서 처음으로 '자기관리 역량, 지식
정보처리 역량, 창의적 사고 역량, 심미적 감성 역량, 의사소통 역량, 공동체 역량'
이 핵심역량으로 제시된 바 있다. 2022 개정 교육과정에는 6개 핵심역량을 계속해
서 강조하면서도 미래 사회에 학생들이 해결해야 할 문제의 특성을 고려하여 상호
존중 및 상호협력적인 관계에서 공동의 목적을 달성하기 위한 소통의 필요성을 강
조하는 차원에서 기존의 '의사소통 역량'을 '협력적 소통 역량'으로 변경하여 제시
하였다. 2022 개정 교육과정의 핵심역량과 각 역량의 정의는 <표 3-2>와 같다.

학생들이 어떠한 문제에 맞닥뜨렸을 때 역량을 발휘하기 위해서는 인간의 모든
경험에서 근본적으로 활용되는 핵심적인 '소양'이 필요하다. 여기서 '소양(literacy)'
은 문화 체제의 상징을 이해하고 사용하는 데 있어 언어, 숫자, 표상 등을 활용하
는 능력이며, '역량(competency)'은 새로운 상황이나 맥락에서 인지적, 비인지적
자원을 동원하여 복잡한 과제와 문제를 해결하는 능력이다(온정덕 외, 2021). 소양
과 역량의 관계에 비추어 보았을 때 소양은 실생활을 위해 필요할 뿐만 아니라,
역량 함양을 위한 교과 학습의 기초가 된다. 2022 개정 교육과정에서는 기초적이

2022 개정 교육과정의 핵심역량

- 자아정체성과 자신감을 가지고 자신의 삶과 진로를 스스로 설계하며 이에 필요한 기초 능력과 자질을 갖추어 자기주도적으로 살아갈 수 있는 자기관리 역량
- 문제를 합리적으로 해결하기 위하여 다양한 영역의 지식과 정보를 깊이 있게 이해하고 비판적으로 탐구하며 활용할 수 있는 지식정보처리 역량
- 폭넓은 기초 지식을 바탕으로 다양한 전문 분야의 지식, 기술, 경험을 융합적으로 활용 하여 새로운 것을 창출하는 창의적 사고 역량
- 인간에 대한 공감적 이해와 문화적 감수성을 바탕으로 삶의 의미와 가치를 성찰하고 향 유하는 심미적 감성 역량
- 다른 사람의 관점을 존중하고 경청하는 가운데 자신의 생각과 감정을 효과적으로 표현 하며 상호협력적인 관계에서 공동의 목적을 구현하는 협력적 소통 역량
- 지역 · 국가 · 세계 공동체의 구성원에게 요구되는 개방적 · 포용적 가치와 태도로 지속 가능한 인류 공동체 발전에 적극적이고 책임감 있게 참여하는 공동체 역량

출처: 교육부, 2022c.

고 기본적인 능력의 개념으로서 소양에 대한 논의가 새롭게 이루어졌고, 교육과 정 총론에서는 학생들이 견고한 기초를 쌓아 가며 역량을 발휘할 수 있도록 하는 소양 계발의 중요성을 강조하였다. 그리고 기초소양으로서 '언어, 수리, 디지털 소 양'을 제시하고, 초 · 중 · 고등학교 전 학교급에 걸쳐 기초소양을 지도하도록 하였다.

2022 개정 교육과정의 기초소양

기초소양	정의
언어 소양	언어를 중심으로 다양한 기호, 양식, 매체 등을 활용한 텍스트를 대상, 목적, 맥락에 맞게 이해하고, 생산 · 공유, 사용하여 문제를 해결하고 공동체 구성원과 소통하고 참여하는 능력
수리 소양	다양한 상황에서 수리적 정보와 표현 및 사고 방법을 이해, 해석, 사용하여 문제해결, 추론, 의사소통하는 능력
디지털 소양	디지털 지식과 기술에 대한 이해와 윤리의식을 바탕으로, 정보를 수집 · 분석하고 비판적으로 이해 · 평가하며 새로운 정보와 지식 을 생산 · 활용하는 능력

출처: 교육부, 2021.

언어 소양, 수리 소양, 디지털 소양의 기초소양은 학생이 교과 수업을 충분히 이해하고 적극적으로 참여하는 데 필요한 것으로, 읽기, 쓰기, 셈하기(3R's) 중심

의 기초 학력이나 교과 학력과는 구분된다. 모든 교과의 깊이 있는 학습을 가능하게 하는 기본인 기초소양은 교과의 정해진 내용 지식이 아닌 상징을 이해하고 상황에 맞게 사용하는 능력이기 때문에 통합적인 사고와 문제 해결의 과정에서 길러질 수 있다. 따라서 기초소양은 특정 교과를 통해서만 다루는 것이 아니라, 모든 교과를 아울러 범교과적인 방식으로 언어와 수, 디지털 도구로 소통하는 능력을 길러주어야 한다. 다만, 각 교과 수업을 충분히 이해하고 적극적으로 참여하는 데 필요한 경우 기초소양이 요구되는 교과에서도 지도할 수 있다. 교사는 학생들이 학습에 적극적으로 참여하고 학습 내용을 충분히 이해하는 데 필요한 기초소양이 무엇인지 검토하고, 그 기초소양에 어느 정도 도달해 있는지를 고려하여 학생들이 교과 수업 시간에 필요한 기초소양을 기르거나 이미 갖추고 있는 기초소양을 활용할 수 있도록 교수·학습과 평가 계획을 수립해야 한다.

나. 2022 개정 교과 교육과정 설계와 운영

1) 역량 함양을 위한 교과 교육과정 설계[1]

우리나라의 국가 교육과정 개발에서 역량 함양 교육의 방향이 본격적으로 도입된 것은 2015 개정 교육과정이다. 또한, 2015 개정 교육과정의 방향을 계승한 2022 개정 교육과정에서 역량 함양 교육은 중요한 교육의 방향으로 자리매김하였다(교육부, 2022c). 역량 함양 교육과정에서는 교과의 기초 지식과 기능을 갖추도록 하는 것에서 더 나아가 학생들이 불확실하고 예측 불가능한 미래 사회의 환경 변화에 유연하게 대응할 힘을 기르는 교육을 강조한다. 교과 교육을 통해 학습한 것이 사회적으로도 유용하고 학습자에게 실질적으로 유의미한 것이 될 수 있도록 교육과정을 설계하는 데 초점을 두는 것으로 볼 수 있다.

일반적으로 역량은 '지식, 기능, 가치·태도의 요소가 총체적으로 작동하여 발현되는 능력'으로 개념화된다(이광우 외, 2014; OECD, 2005, 2019; Rychen & Salganik, 2003). 우리나라 교육과정 개발에서도 역량의 개념은 "사회 공동체 구성원으로서

---

1) 이 부분은 「임유나(2023b). 2022 개정 교육과정의 '핵심 아이디어'에 대한 비판적 검토. 학습자중심교과교육연구, 23(18), 747-768.」의 내용을 바탕으로 작성한 것임.

역할을 성공적으로 수행하기 위해 학생에게 요구되는 지식, 기능, 태도의 총체이
자, 초·중등교육을 통해서 모든 학생이 길러야 할 기본적이고 필수적이며 보편적
인 능력"으로 정의되었다(이광우 외, 2014). 또한, 경제협력개발기구(OECD) 교육
2030 프로젝트의 '학습나침반(Learning Compass)'을 통해서도 역량이 '지식, 기능,
가치·태도적 측면이 총체적으로 작동하여 발휘될 수 있는 능력'으로 개념화되는
것을 확인할 수 있다.

그림 3-1 **OECD 학습나침반 2030**

출처: OECD, 2018.

　교과 교육을 통해 함양해야 할 '역량'이 문제 상황이나 특정한 맥락에서 학생이
자신이 가지고 있는 교과의 지식, 기능, 가치 및 태도 등을 총체적으로 작동시켜
삶의 다양하고 복잡한 문제를 해결하는 능력이라면, 이는 지식, 기능, 가치·태도
차원의 유기적이고 복합적인 작동으로 계발될 수 있는 것으로 보기 때문에, 역량
함양 교과 교육과정 설계에서는 역량의 총체성을 고려할 필요가 있다.

다른 한편으로, 오늘날 교육과정 설계에서는 다양한 사회적, 학문적 요구를 교육과정에 반영하는 과정에서 불가피하게 나타나는 교육내용 과부하 문제를 해소하고 적정화하는 방안으로, 학문(교과)이 형성하고 있는 상위차원의 지식인 '빅 아이디어'에 교과 학습의 초점을 두고 있다. 최근의 교육과정 설계나 개발의 동향을 보면, 크게 두 가지 이유에서 빅 아이디어 중심의 개념적 접근(conceptual approach)이 주목받고 있다. 먼저, 역량 교육을 강조하는 견해에서 빅 아이디어 중심의 접근은 일반적으로 이해된다. 오늘날 역량 교육은 학문을 기반으로 하는 교과를 부정하거나 지식 교육의 반대 개념으로서가 아니라, 교과의 가치를 '삶을 살아가는 힘', 즉 역량의 함양이라는 새로운 목표에 비추어 재해석하여 교과 학습이 사회와 학습자에게 유용하고 유의미할 수 있게 하는 방향에서 접근되고 있다. '지식'은 다 같은 층위의 지식이 아니라 사실과 주제, 개념, 원리(일반화) 등으로 위계화되는데, 역량은 학습자가 개념이나 원리와 같은 상위 수준의 지식을 향한 주도적인 탐구를 바탕으로 교과(학문)의 개념과 원리를 이해하고, 이렇게 구성한 지식을 삶을 포함한 다른 맥락에 적용하는 경험을 통해 함양되고 발휘될 수 있다고 보는 것이다. 즉, 역량 교육으로의 전환은 교육내용 선정과 조직에 대한 관점의 전환을 필요로 하며, 빅 아이디어 중심의 교과 교육과정 설계는 역량 함양을 위한 학교 교육의 방향이 확산하면서 더욱 타당성을 얻고 있다.

그림 3-2 **OECD 학습나침반 2030의 역량 렌즈에서 본 '빅 아이디어'**

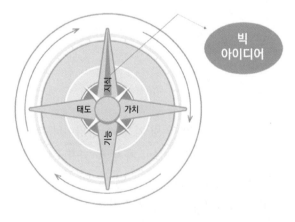

출처: OECD, 2020.

다음으로, 개념적 접근은 지식 폭증의 시대의 교육내용 과부하 문제(content overload)에 대응하는 방안으로도 타당성을 얻고 있다(OECD, 2020). 종래의 방식에 따라 사실이나 정보를 교육내용 선정과 조직의 주요 요소로 제시하는 경우, 학생들이 알아야 할 지식으로 판단되는 내용은 시대적, 사회적 변화와 발전에 따라 계속해서 증가할 수밖에 없다. 교육내용으로 제시된 과도한 양의 사실적 지식은 교사와 학생들을 압도하게 되며, 교과목의 이수를 위해서는 교사가 주도하는 수업, 암기 중심의 수업에 치중할 수밖에 없게 된다. 이와 같은 문제를 해결하기 위해 오늘날 학생 역량 함양 교육으로 방향을 전환하는 국가나 주의 교육과정, 그리고 국제 바칼로레아(IB)에서는 학생들이 이해해야 할 대상으로서 '개념'이나 '빅 아이디어'를 중심으로 한 교육내용을 제시하고, 빅 아이디어에 초점에 두되 학생이 구체적인 소재나 주제, 사실 등을 다루도록 하면서 귀납적으로 빅 아이디어에 대한 이해를 형성하도록 하는 수업이 이루어지고 있다(임유나, 2022).

이와 같은 방향은 2022 개정 교과 교육과정에도 적극적으로 반영되었다. 2015 개정 교육과정에서부터 역량은 '지식, 기능, 가치·태도의 요소가 총체적, 유기적으로 연계하여 통합적으로 발현되는 능력'으로 개념화되어 왔고(이광우 외, 2014), 2022 개정 교육과정에서는 '전이(transfer)' 능력으로서의 역량의 개념이 주목받고 있다(황규호 외, 2021). 역량은 다른 학습이나 삶으로 자신의 배움과 이해를 전이하여 문제를 해결할 수 있는 능력이자 삶을 살아가는 힘이 되는데, 이러한 힘은 무(無)에서 나타날 수 있는 것이 아니라 교과의 교육내용에 대한 '이해'를 바탕으로 발현될 수 있는 것이며, 사실적 지식이나 정보로 구성된 많은 내용을 교사의 가르침에 따라 수동적으로 받아들이게 하는 수업에 의해서는 함양되기 어렵다. 전이 능력으로서의 역량을 기르기 위해서는 표면적이고 피상적인 학습이 아닌 심층 학습, 즉 2022 개정 교육과정에서 강조하는 '깊이 있는 학습'이 이루어져야 한다. 여기서 '깊이 있는 학습'은 소수의 핵심 내용을 사고와 탐구 등의 학습 경험을 통해 깊이 있게 다룰 수 있도록 하는 것이며(교육부, 2021), '소수의 핵심적인 내용'을 다루도록 한다는 것은 사실적 지식에 대한 습득이 아닌 개념적 지식에 대한 이해를 강조하는 빅 아이디어 중심의 기준 개혁 동향을 반영한 것으로 볼 수 있다.

2022 개정 교육과정의 설계에서는 교과의 내용이 사실, 개념, 일반화/원리 등의 관계성과 구조를 드러내어야 하고, 학습자가 소수의 중요한 내용을 다루면서

교과 고유의 탐구 과정을 경험하며 이를 통해 교과의 가치와 태도도 기를 수 있도록 구성해야 할 것으로 보았다(온정덕 외, 2021; 황규호 외, 2021). 이에 따라 2022 개정 교과 교육과정의 내용 체계는 역량과 빅 아이디어 중심의 설계 방향을 반영하여 그 틀이 전면 재구조화되었다. 2015 개정 교과 교육과정의 내용 체계가 '영역, 핵심 개념, 일반화된 지식, 내용 요소, 기능'의 차원으로 구성되었다면, 2022 개정 교육과정에서는 교과 내용의 일차 조직자로서 '영역'을 우선 설정하고, '교과 내 영역 수준에서 설정되는 빅 아이디어'(교육부, 2022a)인 영역별 '핵심 아이디어'를 제시하도록 하였다. 내용 요소의 경우 '역량 함양 교육과정'이라는 개발의 방향을 고려하여 '지식 · 이해, 과정 · 기능, 가치 · 태도'의 범주에 따라 제시하였다.

표 3-4 **2022 개정 교과 교육과정의 내용 체계와 성취기준 정의**

[내용 체계] 학습 내용의 범위와 수준을 나타냄
- 영역: 교과(목)의 성격에 따라 기반 학문의 하위 영역이나 학습 내용을 구성하는 일차 조직자
- 핵심 아이디어: 영역을 아우르면서 해당 영역의 학습을 통해 일반화할 수 있는 내용을 핵심적으로 진술한 것. 이는 해당 영역 학습의 초점을 부여하여 깊이 있는 학습을 가능하게 하는 토대가 됨.
- 내용 요소: 교과(목)에서 배워야 할 필수 학습 내용
  - 지식 · 이해: 교과(목) 및 학년(군)별로 해당 영역에서 알고 이해해야 할 내용
  - 과정 · 기능: 교과 고유의 사고 및 탐구 과정 또는 기능
  - 가치 · 태도: 교과 활동을 통해 기를 수 있는 고유한 가치와 태도
[성취기준] 영역별 내용 요소(지식 · 이해, 과정 · 기능, 가치 · 태도)를 학습한 결과 학생이 궁극적으로 할 수 있거나 할 수 있기를 기대하는 도달점

출처: 교육부, 2022b.

2022 개정 교과 교육과정의 성취기준은 내용 체계의 '지식 · 이해, 과정 · 기능, 가치 · 태도'의 내용 요소를 바탕으로, 학년(군)별 수준이 드러날 수 있도록 개발하였다. 즉, 성취기준은 영역별 내용 요소를 학습한 결과 학생이 궁극적으로 할 수 있거나 할 수 있기를 기대하는 '도달점' 기준에 해당한다. 2022 개정 교육과정에서는 제7차 교육과정부터 이어져 온 성취기준에 대해서도 근본적인 변화가 필요할 것으로 보았다. 성취기준은 학습 내용을 구체화하고 학습 활동과 평가를 안내하여 학습의 질을 관리할 수 있는 장점이 있지만, 성취기준으로는 학습에서 중시

되어야 할 핵심 원리나 아이디어를 반영하는 데 한계가 있다(황규호 외, 2021). 실제로 교사가 성취기준에만 초점을 두어 성취기준을 달성하기 위한 차시별 수업을 설계하는 경우, 왜 그러한 성취기준에 도달해야 하는지에 대한 방향타 없이 차시 순서에 따른 진도 나가기 형태의 수업이 운영되기도 한다. 더욱이 2015 개정 교육과정에서 역량의 도입과 함께 '활동, 수행, 행함(Learning by Doing)'이 강조되면서 학교 현장에서는 수행, 행동에 관심을 집중하여 배움의 초점이 흐려진 활동 중심 수업이 나타나기도 한다.

요컨대, 2022 개정 교육과정의 핵심 아이디어는 영역의 학습을 통해 학생이 궁극적으로 이해해야 할 큰 아이디어를 중심으로 교사가 수업에서 중점을 두어야 할 내용이 무엇인지, 학생 학습의 초점이 어디에 놓여야 하고 학생들이 이해해야 할 대상이 무엇인지를 명료하게 안내하는 방안으로 제시된 것이다. 또한, 2015 개정 교육과정과 2022 개정 교육과정의 공통된 핵심역량인 '지식정보처리 역량' 정의[2]의 내용 변화를 통해서도 볼 수 있듯이, 이해의 대상인 핵심 아이디어를 제시한 것은 역량 함양 교육이 단지 활동이나 수행을 강조하는 것이 아니라, 학생들이 깊이 있는 학습을 경험함으로써 '사고를 통한 수행(Doing by Thinking)'으로 나아가야 한다는 것을 표면화하는 것이기도 하다.

2) 2022 개정 교육과정에 따른 교수·학습의 방향

- 핵심 아이디어 중심의 깊이 있는 학습
- 교과 내 영역 간, 교과 간 내용의 연계와 통합
- 삶과 연계한 의미 있는 학습
- 학습의 과정에 대한 성찰
- 탐구 질문을 활용한 학생의 능동적 학습 참여

---

2) 핵심역량 중 지식정보처리 역량의 정의는 '문제를 합리적으로 해결하기 위하여 다양한 영역의 지식과 정보를 처리하고 활용할 수 있는 역량'(교육부, 2015)에서 '깊이 있는 이해'와 '비판적 탐구'의 원리를 강화하여 '문제를 합리적으로 해결하기 위하여 다양한 영역의 지식과 정보를 깊이 있게 이해하고 비판적으로 탐구하며 활용할 수 있는 역량'(교육부, 2022c)으로 변경되었다.

2022 개정 교육과정이 지향하는 역량 함양 교육을 위해서는 역량 함양이라는 목표를 중심으로 교육내용을 제시하는 것뿐만 아니라 교수·학습과 평가 역시 연계성과 일관성을 가지고 구현될 수 있게 하는 것이 중요하다. 2022 개정 교육과정에서는 2015 개정 교육과정에 따른 교수·학습 및 평가의 기조를 유지하되 역량 함양 교육의 강조점을 적극적으로 반영하였다.

2022 개정 교육과정을 통해 기르고자 하는 역량은 학생이 교과의 내용을 자신의 것으로 '이해'하고, 이해한 것을 새로운 상황에 적용하며, 확장, 실천할 수 있을 때 함양되었다고 본다(한혜정 외, 2021). 이해를 통해 새로운 상황이나 맥락으로 전이하여 적용하거나 수행할 수 있어야 한다는 점에서, 오늘날 말하는 '이해'라고 하는 것은 단순히 사실이나 정보를 아는 것 이상의 의미를 지니고 있다.

학생이 수업을 통해 역량을 함양할 수 있도록 하기 위해서는 교과의 내용을 자신의 삶과 연계하여 학습할 수 있도록 하고, 여러 교과의 지식과 기능을 서로 관련지어 문제에 적용하고 문제를 해결할 수 있게 할 필요가 있다. 또한, 학생이 습득한 지식과 정보, 아이디어들이 서로 연관성을 가지면서 더 큰 아이디어를 만들어 내는 과정을 경험하고, 그러한 경험 속에서 보람과 기쁨을 느낄 수 있도록 지원할 필요가 있다. 이러한 과정을 통해 학생이 경험한 학습이 다음에 이어질 학습에 영향을 미치면서 학습을 지속해서 이어가도록 하는 것도 중요하다. 그리고 역량 함양을 위해서는 학생이 학습해나가는 과정에서 자신의 학습 과정과 전략 등을 돌아보고 성찰하며 개선하는 기회를 제공해야 한다(온정덕 외, 2021). 이에 역량 함양 교육과정을 교육과정 설계의 방향으로 설정한 2022 개정 교육과정에서는 '깊이 있는 학습, 교과 간 연계와 통합, 삶과 연계한 학습, 학습 과정에 대한 성찰'을 주요 강조점으로 하여 교과 교육과정을 개발하였고, 이를 교수·학습의 주요 사항으로 포함하여 제시하였다.

그림 3-3 **역량 함양을 위한 교수 · 학습의 방향**

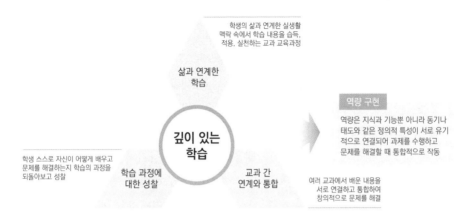

출처: 교육부, 2021.

'깊이 있는 학습'은 학생이 학습 내용을 스스로 자신의 것으로 만들고 학습한 것을 새로운 상황에 적용할 수 있도록 소수의 핵심적인 내용을 심층적으로 학습하게 하는 것을 말한다. 이는 특정 상황에서 학습한 것을 일반화된 형태로 전환하여 다른 상황에서도 사용할 수 있는 '전이'로까지 나아갈 수 있어야 한다는 것을 의미한다. 국가 교육과정에서 내용 적정화를 통해 교육내용을 축소하는 방향으로 접근하는 것은 수업이나 학습할 내용의 양만을 줄이려는 것이 아니다. 낱낱의 사실적 지식이나 정보 이상의 상위 차원의 핵심적인 내용에 초점을 두는 수업과 평가 방식의 변화를 동반하여 학생들이 깊이 있는 이해로 나아갈 수 있는 수업과 학습이 이루어져야 한다는 것이다.

다음으로, 2022 개정 교육과정은 역량 함양 교육을 구현하기 위해 '교과 간 연계와 통합'을 강조한다. 이때의 통합은 교과 간 지식의 완전한 결합이라기보다는 학습자에게 의미 있는 학습 경험을 제공하기 위한 교과 간 내용의 연계 또는 연결을 의미한다. 학생이 여러 교과의 지식과 기능을 서로 관련지어서 습득하거나 이해하고, 이를 적용하거나 문제를 해결하도록 지원해야 한다는 것으로 이해할 수 있다.

2022 개정 교육과정이 지향하는 '삶과 연계한 학습'은 학생이 자신의 삶과 밀접한 실생활 맥락 속에서 교과 내용을 학습하고 활용하는 기회를 가질 수 있어야

한다는 것을 말한다. 학생들은 자신에게 의미가 있는 맥락, 즉 삶의 맥락 속에 있을 때 자신이 학습하고 있는 내용을 자신과 타인에게 의미 있는 방식으로 소통하고 이해할 수 있으며, 학습 내용이 학교 밖에서도 가치를 가질 수 있게 된다. 탈맥락적인 상황에서는 학생들이 교과 내용을 삶으로 전이 가능한 형태로 학습하기가 어렵다. 2022 개정 교육과정이 삶의 맥락이나 실생활 문제를 통한 학습을 강조하는 것은 깊이 있는 학습을 위해 학생들을 집중시키고 몰입하게 하기 위한 것이기도 하다. 또한, 학습한 것이 삶으로의 전이로 이어져 학생들이 삶에서 부딪치는 여러 문제에 주도적이고 적극적으로 대응하며 해결해 나가기를 기대하는 것이다.

마지막으로, '학습 과정에 대한 성찰'은 학생이 학습하면서 자신이 어떻게 배우고 문제를 해결하는지, 자신의 학습 과정을 돌아보며 점검하고 개선할 수 있도록 하는 것이다. 자기주도적인 학습자는 새롭게 주어진 정보가 자신이 이미 알고 있는 것과 같은지, 선지식과 새로운 지식을 어떤 방식으로 적용할 때 학습이 일어날지를 생각하는 내적 대화의 형태로 메타인지 전략을 구사하게 된다. 이러한 학습 과정에 대한 성찰은 학습자의 역량 계발에 핵심적인 역할을 하기 때문에 중요하다.

이 외에도 2022 개정 교육과정은 교수·학습과 관련하여 학생들의 능동적 '참여'를 이끌어내는 수업 설계를 강조한다. 학생이 자신의 선경험과 선개념을 바탕으로 지식을 스스로 구성하기 위해서는 학습 활동에 적극적으로 참여해야 한다. 그러나 학습을 학생이 자신과 사회에 대한 의미를 구성하는 과정이라고 볼 때, 2022 개정 교육과정에서 강조하는 '학생의 능동적 참여'는 단순히 수업에 출석하거나 활발히 활동하는 수준을 넘어, 학생이 학습 내용에 관심과 호기심을 갖고 생각이 참여하는 것, 즉 사고하게 하는 것을 의미한다(교육부, 2024). 이를 위해서는 학생들의 삶과 연결된 적절한 탐구 질문으로 학생들의 호기심을 끌어내는 것이 매우 중요하다. 학습의 즐거움은 단순한 흥미나 동기 부여가 아니라 탐구 질문을 통해서 학습 내용에 대한 관심을 갖고 스스로 문제를 해결하는 경험을 통해서 이루어져야 한다는 것이다. 학생의 역량과 주도성을 함양하기 위해서는 높은 수준의 사고와 탐구를 통해 지식을 구성하는 수업이 이루어져야 한다. 학생의 능동적 참여에 대해 수업 방법적 측면을 지나치게 강조하여 흥미 위주의 단순한 활동 중심 수업이나 체험 중심 수업으로 오인해서는 안 될 것이다.

3) 2022 개정 교육과정에 따른 평가의 방향[3]

- 학생의 학습 향상과 성장을 지원하는 평가
- 학습의 과정을 중시하는 평가
- 수행평가의 내실화와 학생 맞춤형 평가의 활성화

　2022 개정 교육과정에서 평가는 학생이 학습의 과정에서 부족한 부분을 보충할 수 있도록 지원하고, 교수·학습의 질을 개선하는 데 중점이 놓인다(교육부, 2022c). 즉, 평가의 주된 목적은 학생의 학습 향상과 성장을 지원하는 데 있다. 교사는 학생이 현재 어느 정도로 학습을 해나가고 있는지를 파악하고, 학생들에게 평가 결과에 대한 적절한 정보를 제공함으로써 학생이 자신의 학습을 지속해서 성찰하고 부족한 부분을 보충 및 개선할 수 있도록 지원해야 한다. 또한, 교사는 모든 학생이 교육 목표에 성공적으로 도달할 수 있도록 수업의 질을 개선해 나가야 한다.

　특히, 2022 개정 교육과정은 교사가 학생의 학습 과정을 관찰하여 평가하고, 평가 결과를 기록으로 남기는 것에 그치는 것이 아닌, 학생이 사고하는 과정과 문제를 해결하는 과정을 살펴서 무엇을 보충해 주어야 하는지를 확인하는 것을 강조하였다. 이를 위해서는 평가 결과가 환류(feedback)되도록 하는 것이 중요하다. 피드백을 통한 학생의 학습을 지원하는 평가와 함께 학생의 자기 평가와 성찰의 중요성 역시 강조된다. 학생은 자신의 학습을 성찰하는 과정에서 자신의 학습에 주인이 될 뿐만 아니라 메타인지를 계발하게 되고 학습 내용을 자신의 이해로 구성할 수 있게 하므로, 성찰은 '깊이 있는 학습'의 중요한 부분이 된다. 또한, 학습을 계속해 나가는 힘을 함양할 수 있게 된다.

　2022 개정 교육과정은 2015 개정 교육과정에서 도입된 '학습의 과정을 중시하는 평가'의 의미를 명료화하였다(교육부, 2024). 학교 현장에서는 교육과정 총론에 진술된 '학습의 과정을 중시하는 평가'를 '과정중심평가'로 일컫고 있다. 이때 '과

---

3) 이 부분은 「박찬솔, 임유나(2023). 초등학교 프로젝트 수업의 과정중심평가 구현 양상 분석. 교육문화연구, 29(6), 494−516.」의 내용 중 일부를 바탕으로 작성한 것임.

정중심평가'는 특정한 교육 평가 유형을 지칭하는 학문적 용어라기보다는 정책적 용어이며, 2015 개정 교육과정이 적용되면서부터 사용하게 된 새로운 용어로 볼 수 있다(신혜진 외, 2017; 임은영, 2017). 2022 개정 교육과정 총론(교육부, 2022)에서 도 학습 결과에 이르기까지의 학습 과정을 확인하고 환류하는 것을 강조함에 따라 과정중심평가는 학교 현장에서 평가의 중요한 방법으로 자리매김하는 상황이 다. 일반적으로 학교 현장에서 평가는 '총괄평가'와 '형성평가' 혹은 '결과중심평가'와 '과정중심평가'로 이분하여 인식된다. 총괄평가나 결과중심평가는 수업을 마친 후 학생이 학습 목표에 도달했는지의 결과를 확인하는 데에, 형성평가나 과정중심평가는 수업과 학습의 과정에서 학생들을 평가하거나 모니터함으로써 미흡하거나 지원이 필요한 부분을 확인하고 지원하는 데 방점이 놓인다.

최근에는 평가의 목적, 시기, 주체, 내용, 방법에 따라 '학습에 대한 평가, 학습을 위한 평가, 학습으로서의 평가'로 평가 유형을 구분하기도 한다(Earl, 2012). 먼저, '학습에 대한 평가(assessment of learning)'는 주로 학습 후에 시행하는 평가이다. 이미 세워둔 기준점 또는 기대치에 따라 학생의 학습 성과에 대한 등급이나 석차, 점수를 부여함으로써 집단 내에서 학생의 수준과 위치를 나타내는 데 활용하고, 성적에 영향을 미치지 않는 선에서 평가 결과를 학생의 학습을 개선하는 자료로 활용하기도 한다. 이러한 평가는 결과중심평가로 볼 수 있다. 다음으로, '학습을 위한 평가(assessment for learning)'는 학생의 학습 과정으로부터 얻은 정보를 바탕으로 개별 학생에게 피드백을 제공하여 학습 목표에 도달하게 하는 것, 그리고 교사가 자신의 수업을 수정, 개선하게 하는 것이 평가의 목표가 된다. 평가의 주체는 교사가 되며 평가는 학생 학습의 전 과정에서 이루어질 수 있다. 따라서 학습을 위한 평가에서는 시간의 누적 속에서 평가를 기록하는 방법을 사용한다. 다만, 여기서 말하는 평가는 '학습에 대한 평가'의 관점으로 보는 것이 아니라 학생의 학습을 지원하고 교사의 수업을 개선하기 위한 형성적 관점에서 접근할 필요가 있다. 마지막으로, '학습으로서의 평가(assessment as learning)'는 학생이 학습의 과정에서 자신의 학습에 대해 메타인지를 활용해 스스로 점검 및 성찰하고, 부족하고 어려운 부분을 피드백 및 조정하며 학습을 지속해 나감으로써 학습하는 습관, 즉 평생 학습자로서의 역량을 기르도록 하는 데 목적이 있다.

과정중심평가는 Earl(2012)이 제시한 세 가지 평가 유형 중 교사가 주체가 되는

'학습을 위한 평가'와 학생이 주체가 되는 '학습으로서의 평가'의 속성을 모두 포함한다. 과정중심평가의 목적은 '학습을 위한 평가'와 더불어 그것을 뛰어넘는 '학습 과정으로서의 평가'를 하는 것이다. 즉, 교사가 평가를 통해 학생 개인에게 맞춤형 피드백을 제공하는 것을 넘어, 학생이 자기 성찰을 통해 주체적인 학습자로 성장할 수 있어야 한다. 과정중심평가는 시기적으로 학습의 전 과정에 일어나며, 특히 학생이 학습 목표에 도달할 수 있도록 학습의 중간, 중간에 학습의 과정을 점검하는 것에 집중한다. 이때 과정중심평가의 대상이 되는 것은 인지적 영역뿐만 아니라 정의적 영역도 포함될 수 있다.

다른 한편으로, 2022 개정 교육과정에서는 평가 활동이 학생의 사고 계발을 촉진하여 학습을 향상할 수 있도록 해야 한다는 점을 강조하였다. 특히, 학생의 역량을 함양하게 하는 평가를 위해서는 학생들이 수행을 통해 자신이 습득한 지식을 적용하고 고차원적 사고기능을 활용할 수 있도록 수행평가를 내실화해야 한다. 따라서 교사는 학습한 것의 기억이나 재생을 넘어서 다양한 맥락 속에서 다양한 해결책을 가능하게 하는 과제나 문제를 제시해야 한다. 이 외에도 2022 개정 교육과정은 지능정보기술 활용의 활성화를 통해 학습자 맞춤형 평가를 강화할 것을 안내하였다. 예컨대, 빅데이터를 이용한 학습 분석 기술 등을 활용한다면 학습자의 특성을 좀 더 정교하게 진단하고 학습자의 수준과 특성에 적합한 맞춤형 학습 경험을 처방하는 '맞춤형 진단평가 및 처방'을 제공할 수 있다.

2. 2022 개정 교육과정에 따른 수업 설계[4)]

가. 2022 개정 교육과정의 핵심 아이디어

1) 빅 아이디어의 개념

Erickson과 Lanning(2014)은 교과를 지식 기반 교과(예: 사회, 과학, 수학 등)와 과정 기반 교과(예: 영어, 미술, 음악 등)로 구분하고, 교과나 학문의 전체론적인 구

---

4) 이 부분은 「임유나(2023b). 2022 개정 교육과정의 '핵심 아이디어'에 대한 비판적 검토. 학습자중심교과교육연구, 23(18), 747－768.」의 내용을 바탕으로 작성한 것임.

조 속에서 지식의 층위(structure of knowledge)를 '사실-주제-개념-일반화-원리-이론', 과정의 층위(structure of process)를 '기능, 전략, 과정-개념-일반화-원리-이론'으로 제시하였다. 그리고 학생들의 배움이 사실적 지식 수준을 넘어 개념적 수준으로 나아갈 때 전이 가능한 이해, 즉 '개념적 이해(conceptual understanding)'를 형성할 수 있을 것으로 보았다. 이때 개념적 이해는 '두 개 이상 개념 간의 관계 진술'로 정의되는 일반화 수준의 이해이며, 이는 곧 빅 아이디어에 대한 이해에 해당한다(Erickson et al., 2017; Stern at al., 2018). 예컨대, <표 3-5>의 사례를 보면 교과의 개념은 일반화 진술의 기반이 되며, 일반화, 즉 이해의 대상으로서의 빅 아이디어는 개념과 개념 간의 관계 진술을 포함하는 문장으로 제시된다.

표 3-5 교과의 개념과 일반화 사례

교과	개념		일반화(이해의 대상으로서의 빅 아이디어)
과학	에너지, 입자, 전이, 변화, 구성, 물질	⇨	• 에너지의 전이는 공간의 입자 배열을 변화시킨다. • 물질은 구성에 변화를 일으키지 않는 물리적 변화를 겪는다.
영어	읽기, 텍스트, 정보, 중심 생각, 이해	⇨	• 독자는 읽기를 통해 텍스트에 대해 배우고 새로운 정보를 발견하며 이해를 형성해 나간다. • 독자는 키워드를 식별함으로써 중심 생각을 이해하고 다른 사람과 정보를 공유한다.
미술	강조, 변화, 색상, 메시지, 사고방식	⇨	• 예술가들은 관중의 사고방식이나 행동을 변화하도록 설득하는 메시지를 창조할 수 있다. • 예술가들은 관중의 관심을 집중시키고 메시지를 강조하기 위해 대담한 색상을 사용한다.

출처: Marschall & French, 2018. pp. 19, 21-22. 참고하여 재구성.

그러나 빅 아이디어 관련 선행연구들을 보면, 연구자에 따라 빅 아이디어의 용례를 달리 사용하는 모습도 나타난다. 먼저, 단어 형태로 표현되는 '개념'을 빅 아이디어로 보는 경우이다. 김창원(2014)의 연구에서는 빅 아이디어를 여러 영역을 가로지르며 통합의 토대가 될 수 있는 아이디어로 보아 '연결 개념' 혹은 '관통 개념'으로 번역하였고, Murphy(2017)는 '변화'라는 개념과 같이 여러 교과의 개념들 (예: 사회과의 '문명', 과학과의 '생애주기', 수학과의 '패턴')을 아우를 수 있는 큰 개념이 빅 아이디어가 될 것으로 보았다. Drake(2012) 역시 '패턴, 원인과 결과, 체제와 구조, 기능, 변화, 지속성'과 같은 간학문적 개념(cross-cutting or interdisciplinary concepts)을 빅 아이디어로 사용하였다. Drake는 특정 교과의 개념(subject-specific concepts)도 빅 아이디어가 될 수 있을 것으로 보았는데, 교과의 빅 아이디어로 예시한 개념들을 보면 그 자체도 특정 교과에 국한되기보다는 간학문적 성격을 띠는 것들이 주를 이룬다.5) Drake의 경우 진술로 표현되는 일반화 문장을 '영속적 이해(enduring understanding)'로 칭하고, 영속적 이해는 두 개 이상의 개념이나 빅 아이디어를 연결하는 진술로 설명하였다(Drake, 2012).

한편, Wiggins와 McTighe(2005)는 빅 아이디어를 '여러 독립된 개념들을 서로 연결하여 다양한 현상을 설명할 수 있게 하는 개념·원리·모델'이자 '여러 학문의 기저가 될 수 있는 아이디어'로 정의하여 개념과 원리 모두를 빅 아이디어로 보는 관점을 나타냈다. 서영진(2019) 역시 교과를 가르치고 배워야 하는 근본적인 이유와 교과의 존재 가치에 대한 물음의 답이 빅 아이디어가 되기도 하는데, 그 답은 개념의 형태가 될 수도 있고 명제적 진술문 형태가 될 수도 있을 것으로 보았다.

마지막으로, 빅 아이디어를 일반화된 진술문으로 보는 경우가 있다. Charles와 Carmel(2005), Alleman 등(2010)은 일반화 진술문으로서 빅 아이디어를 논하였다. Charles와 Carmel(2005)의 연구에서는 수학과의 빅 아이디어를 도출하기 위해 빅 아이디어의 개념과 특징을 우선 규정하였는데, 이들은 빅 아이디어를 "수학 학습의 중심이 되는 아이디어에 대한 '진술'이며, 수많은 수학적 이해를 일관된 전체로 연결하는 것"으로 정의하였다. 그리고 이와 같은 정의에는 세 가지 매우 중요한 요소가 포함되어야 할 것으로 보았다. 첫째, 빅 아이디어는 진술문(statement)

---

5) Drake(2021)는 Erickson(1995)이 제시한 교과별 핵심 개념을 교과의 빅 아이디어로 예시하였다.
   [과학] 원인/결과, 질서, 유기체, 인구, 시스템, 변화, 진화, 상호작용, 평형, 모델, 시간/공간, 사이클, 에너지 등.
   [사회] 원인/결과, 질서, 패턴, 인구, 체제, 변화/문화, 사이클, 상호작용, 혁신, 다양성, 이주, 갈등/협력, 진화 등.
   [문학] 원인/결과, 질서, 패턴, 캐릭터, 상호작용, 변화, 진화, 사이클, 상호연결, 증오, 사랑, 가족, 갈등/협력 등.
   [수학] 수, 비, 비율, 척도, 대칭, 확률, 패턴, 상호작용, 원인/결과, 질서, 시스템, 이론, 기울기, 모델 등.

이어야 한다. 이들은 빅 아이디어가 진술되기 이전에 단어(word)나 구(phrase)가 우선 제시되지만, 이 단어나 구는 빅 아이디어를 대표하는 이름(개념)이지 아이디어 그 자체는 아닌 것으로 보았다. 빅 아이디어를 '단어'가 아닌 '진술'로 표현했을 때 그 아이디어의 본질적인 의미를 파악할 수 있기 때문이다. 예컨대, "모든 수, 척도, 수식, 대수식 또는 방정식은 동일한 값을 갖는 무한한 수의 방식으로 표현될 수 있다."라는 빅 아이디어에는 '수, 척도, 수식, 대수식, 방정식, 무한대' 등과 같은 개념을 포함하고 있지만, 이들 개념 각각이 관계적인 의미를 안내하지는 못한다. 이러한 관점은 '개념과 개념 간의 관계 진술'이라는 개념기반 교육과정에서의 빅 아이디어에 대한 정의와도 상통한다(Erickson et al., 2017).

둘째, 빅 아이디어는 교과 학습에 있어 핵심이 되는 아이디어여야 한다. 예를 들어, 교과에는 교과의 특성을 담는 많은 개념과 과정(process)의 요소들이 존재하는데, 빅 아이디어는 교과의 개념과 과정을 통해 '궁극적으로 이해해야 할 핵심 대상'으로 작동한다. 예를 들어, '수, 등식, 계산' 등과 같은 개념이나 '역연산 및 등식의 속성을 사용하여 선형 방정식 풀기'와 같은 과정과 관련하여 "수, 식, 방정식과 같은 수학적 대상은 값이나 해법을 변경하지 않더라도 등가의 방식을 통해 다르게 나타낼 수 있다."나 "동일한 값이나 해법을 유지하는 표현을 변경하는 방법을 아는 것은 강력한 문제 해결 도구이다."라는 진술이 이해의 대상인 빅 아이디어가 되는 것이다.

셋째, 빅 아이디어는 교과 학습을 통한 수많은 이해를 일관된 전체로 '연결'해야 한다. 예컨대, '5+6', '6×7'과 같은 기본적인 숫자의 조합을 파악하기 위한 전략에는 "'5+6'은 '5+5'에 1을 더하는 것과 같다(5+6=5×2+1)."와 같이 2배수를 생각하는 방법이 있고, "'6×7'은 '5×7'에 7을 더하는 것과 같다(6×7=5×7+7)."와 같이 5를 단위로 생각하는 방법이 있다. 이러한 전략들은 알려진 사실을 새로운 등가 표현으로 계산을 분리하는 것으로, '등가성'이라는 개념을 통해 연결된다. 빅 아이디어 기반의 좋은 수업은 학생들이 학습한 내용 간의 연결을 형성하고 이해하도록 하는 수업이다.

그간의 선행연구들이 논하고 있는 빅 아이디어의 용례를 보면, 단어로 표현되는 '개념'이나 '일반화 진술' 모두 빅 아이디어로 칭할 수 있을 것으로 보인다. 그러나 미시적인 수준의 교과 관련 개념(micro concepts)과 여러 교과를 아우르고 연결할 수 있는 수준의 큰 개념(macro concepts)을 구분하여 이해할 필요가 있다. 물론 교과의 개념을 교과 내 빅 아이디어로 칭할 수도 있겠지만, 일반적으로 빅 아이디어로서 '개념'은 특정 교과에 한정된 수준의 개념이라기보다는 교과 간 경계를 넘나드는 간학문적 성격을 띠는 개념으로 보는 것이 적절할 것이다. Wiggins와 McTighe(2005)의 경우에도 빅 아이디어가 될 수 있는 개념을 구분하여 특정한 교과에 얽매이지 않고 교과 간 경계를 넘나드는 간학문적 성격을 띠는 개념이 빅 아이디어가 될 것으로 보았다.

2015 개정 교과 교육과정에서 '핵심 개념'은 "교과가 기반하는 학문의 가장 기초적인 개념이나 원리를 포함하는 교과의 근본적인 아이디어"이자 "교과를 가장 잘 대표하면서 교과의 큰 그림을 볼 수 있도록 돕는 빅 아이디어의 성격"을 가지고 도입된 것이었으며(교육부, 2016; 서영진, 2019; 이경건, 홍훈기, 2017), 핵심 개념을 도입한 취지 중 하나는 학습 내용의 연결성 있는 이해와 학생의 융합적 사고를 돕기 위한 것이었다(온정덕 외, 2021). 그러나 그 의도와는 다르게 핵심 개념으로서의 타당성에 대한 문제(서영진, 2019; 이광우, 정영근, 2017; 임유나, 홍후조, 2016 등)가 지적된 이유 중 하나는 2015 개정 교육과정의 '핵심 개념'의 층위나 내용이 특정 교과나 영역의 개념 또는 주제나 소재에 해당하는 것이기 때문에 사실상 교과를 연계·통합하고 교과 간 전이를 이끄는 빅 아이디어의 기능을 하기는 어려웠기 때문이다. 반면, IB PYP(IBO, 2018)가 제시한 핵심 개념(형태, 기능, 원인, 변화, 연결, 관점, 책임)은 빅 아이디어가 될 수 있다. 이러한 큰 개념이 Erickson 등(2017)이 말하는 교과를 아울러보거나 특정 교과를 보는 '개념적 렌즈(conceptual lens)'의 역할을 할 수 있는 것이다.

2) 빅 아이디어의 특징

빅 아이디어가 일반화 진술문이라고 하였을 때, 빅 아이디어는 하나의 층위로만 제시되는 것은 아니며 다층적인 특징을 보인다(Alleman et al., 2010). 먼저, 가장 거시적인 층위에는 범교과적인 빅 아이디어나 연간 교육내용을 아우르는 빅 아이디어가 존재한다. 이 수준의 빅 아이디어는 단원 및 수업을 설계하고 구현하는 동안 자주 작동하는 아이디어임에도 교사에게 인식되지 못한 채 존재하기도 한다. 다음으로, 빅 아이디어는 단원 수준에서 존재할 수 있다. '영역별 빅 아이디어'로서 설정된 2022 개정 교육과정의 핵심 아이디어도 단원 수준의 층위에 해당한다고 볼 수 있다. 단원 수준의 빅 아이디어는 단원 설계와 구현에 큰 영향을 미치게 되는데, 단원 수준의 빅 아이디어가 설정되지 못하는 경우에는 주로 활동에 초점을 둔 단절된 차시 수업의 연속으로 수업이 이루어지게 된다. 마지막으로, 차시 수업 수준의 빅 아이디어 진술에는 교과의 개념과 관련한 구체적인 수업 내용이 포함되게 된다. 이 수준의 빅 아이디어는 수업 중의 활동과 평가에 대한 교사의 의사 결정에 영향을 미칠 수 있다.

표 3-6 **빅 아이디어 진술 층위**

수준	특징	예
거시적 수준의 빅 아이디어 (The most macro layer)	• 교과들을 아우르는 빅 아이디어나 연간 교육내용을 포괄하는 빅 아이디어 • 거시적 수준의 빅 아이디어는 단원 및 수업을 계획하고 구현하는 동안 자주 나타남. • 그러나 이 수준의 빅 아이디어는 교사가 자신의 수업에서 이러한 빅 아이디어가 어떤 영향을 미치는지 인식하지 못한 채 존재하기도 함.	• 새롭거나 독특한 것을 만났을 때 바로 가치 판단을 하지 않고 열린 마음을 유지하면 가능성의 영역을 확장하고 호기심을 키울 수 있다. • 논리는 세상과 세상이 작동하는 방식을 이해하기 위한 강력한 도구이다.
단원 수준의 빅 아이디어 (throughout a unit of instruction)	• 단원 수업 전체에 적용되는 빅 아이디어 • 단원 수준의 빅 아이디어는 단원의 구조와 단원 계획 수립에 영향을 미침. • 단원 수준의 빅 아이디어가 없으면 주로 활동에 초점을 맞춘 단절된 차시 수업의 세트로 수업이 이어질 수 있음.	• 사람들은 개인적 선호도, 경제적 자원, 잠재적인 옵션의 지역 가용성, 기후 등에 따라 선택한다.
차시 수준의 빅 아이디어 (involves specific lessons)	• 최종 단계의 빅 아이디어에는 구체적인 수업 내용이 포함됨. • 차시 수업 수준의 빅 아이디어는 수업 중의 담론/담화와 관련된 수업 활동 및 평가에 대한 교사의 결정을 안내함.	• 거래는 필요하거나 원하는 것을 얻는 한 가지 방법이며, 누군가가 다른 사람이 원하는 것을 가지고 있을 때 가장 잘 이루어진다.

출처: Alleman et al., 2010. 번역하여 표 정리.

요컨대, 교육과정에서 빅 아이디어를 제시하는 것은 초점이 놓여야 할 중요한 학문적 아이디어를 명확하게 안내하는 것이자 교육과정 내용 구성에 방향성과 일관성을 제공하는 것이다. 학습자에게 있어서는 빅 아이디어가 많은 다른 아이디어나 지식과의 '연결'을 형성하는 구심점 역할을 하기 때문에 학생들이 빅 아이디어를 이해했을 때, 즉 개념적 이해를 형성했을 때 각 학문이나 교과는 분절된 개념이나 사실, 기능 등으로만 인식되지 않을 수 있다. 학생들이 빅 아이디어를 이해한다는 것은 특정 지식이나 기능을 교과나 학문의 전체적인 구조 속에서 바라볼 수 있다는 것이며, 이는 학습한 것의 전이 가능성을 높이게 되는 것이다. 또한, 빅 아이디어 기반의 깊이 있는 이해를 위한 학습은 기억해야 할 지식의 양을 줄이는 동시에 학습한 것을 더 잘 기억하게 하고, 학생의 학습에 대한 주도성을 강화하여 더 많은 이해를 촉진하게 된다(임유나, 2022; Charles & Carmel, 2005). 교사가 단원 및 수업을 설계하고 운영, 평가할 때 위 세 가지 수준의 빅 아이디어를 모두 염두에 두는 것은 결코 쉽지 않다. 그러나 그렇게 하는 경우 가용 가능한 시간 내에 가장 강력한(powerful) 교육을 받게 하여 효율적이며 수업의 의의를 높일 수 있다(Alleman et al., 2010).

3) 핵심 아이디어(빅 아이디어)와 깊이 있는 학습

2022 개정 교육과정의 핵심 아이디어가 학교 현장에서 기능하기 위해서는 핵심 아이디어가 수업에서 어떻게 적용되고, 어떻게 깊이 있는 학습의 기반으로 작동하기를 기대하는지 이해할 필요가 있다. 그간의 우리나라 교육과정 성취기준은 사실적 지식이나 소재, 주제 중심으로 구성된 '내용 요소'에 '기능 동사'가 합쳐진 2차원적 형태로 진술되었다. 예컨대, 2022 개정 과학과 교육과정의 '동물의 생활'과 '식물의 생활' 단원의 성취기준은 "여러 가지 동물을 특징에 따라 분류한다.", "다양한 환경에 서식하는 동물을 조사한다."와 같이 내용 지식 요소에 기능 동사가 합쳐진 2차원적 형태로 진술되고 있으며([그림 3-4] 참고), 이는 모든 교과가 거의 동일하게 나타난다. 국가 교육과정 개정 시 안내되는 '성취기준 진술'을 위한 지침 자체도 내용 체계의 내용 요소와 기능 동사를 결합하여 진술하도록 하고 있다(교육부, 2022; 이광우 외, 2015).[6]

---

6) 2015 개정 교육과정에서 성취기준은 내용 체계표의 학년(군)별 내용과 기능을 정합한 문장 형태로 진술하도록 하였고(이광우 외, 2015), 2022 개정 교육과정에서는 내용 체계표의 지식·이해, 과정·기능, 가치·태도의 세 가지 범주 중 두 가지 이상의 범주를 정합하

그림 3-4 **핵심 아이디어와 성취기준(과학과 사례)**

영역
생물

핵심 아이디어

· 생물은 세포로 이루어져 있고, 여러 구성 단계가 유기적으로 연관되어 있으며, 조화로운 작용을 통해 건강한 몸을 유지한다.
· 식물은 광합성으로 양분을 만들며, 생물은 호흡을 통해 생명 활동에 필요한 에너지를 얻는다.
· 동물은 다양한 감각 기관을 통해 자극을 받아들이고, 신경계와 호르몬의 작용을 통해 반응한다.
· 생물은 생식을 통해 자손을 생산하고, 생물의 형질은 유전자에 의해 자손에게 전달되며, 생물의 유전 현상은 사람의 가계에서도 관찰된다.
· 우리 주변의 다양한 생물은 환경과 영향을 주고받으며 밀접한 관계를 맺고 있으며, 생물다양성은 생태계와 인간의 삶과도 밀접하게 관련되어 있다.

'(2) 동물의 생활' 성취기준	'(3) 식물의 생활' 성취기준
[4과02-01] 여러 가지 동물을 관찰하여 특징에 따라 동물을 분류할 수 있다. [4과02-02] 다양한 환경에 서식하는 동물을 조사하여 동물의 생김새와 생활 방식이 환경과 관련되어 있음을 설명할 수 있다. [4과02-03] 동물의 특징을 이용하여 일상생활에서 활용할 수 있는 생활용품을 설계하여 협력적으로 소통할 수 있다.	[4과03-01] 여러 가지 식물을 관찰하여 특징에 따라 식물을 분류할 수 있다. [4과03-02] 다양한 환경에 서식하는 식물을 조사하여 식물의 생김새와 생활 방식이 환경과 관련되어 있음을 설명할 수 있다. [4과03-03] 식물의 특징을 이용하여 일상생활에서 활용할 수 있는 생활용품을 설계하여 협력적으로 소통할 수 있다.

출처: 교육부, 2022b. 일부 내용을 발췌하여 조직.

한편, 2022 개정 교육과정의 핵심 아이디어와 성취기준을 3차원적 관점에서 이해해 보면, 핵심 아이디어는 교과 수업과 학습에서 초점을 두어야 할 궁극적인 방향이 어디에 놓이는지를 안내하는 역할을 한다. 예컨대, [그림 3-4]의 사례에서 "여러 가지 동물을 특징에 따라 분류한다.", "다양한 환경에 서식하는 동물을 조사한다." 등의 성취기준은 학생들이 해당 성취기준을 다루면서 궁극적으로 "우리 주변의 다양한 생물은 환경과 영향을 주고받으며 밀접한 관계를 맺고 있다."나

는 방식으로 기술하도록 하였다(교육부, 2022).

"생물다양성은 생태계와 인간의 삶과도 밀접하게 관련되어 있다."라는 핵심 아이디어에 대한 이해를 형성하는 것에 초점을 두어야 한다는 것이다. 이렇게 교육과정 문서에 핵심 아이디어(빅 아이디어)를 포함함으로써 교사가 교육과정을 3차원적으로 바라볼 수 있게 된다면, 왜 교실에서 그러한 성취기준을 다루어야 하는지, 학생들이 깊이 있는 학습을 통해 형성해야 할 이해가 어디에 놓이는지를 알 수 있게 된다.

'빅 아이디어에 초점을 두는 수업'과 '특정 사실이나 기능에 초점을 두는 수업'은 수업 운영의 모습도 다르게 나타난다(Erickson, 2002). 예컨대, 역사 수업에서 특정한 역사적 사실들 그 자체에 초점을 두는 경우 역사적 사실을 알게 하고 암기하는 형태의 수업이 이루어질 가능성이 크다. 그리고 그러한 수업은 심층적이거나 전이 가능한 학습을 만들어내기 어렵다. 반면, 역사적 사실이 내포하고 있는 개념(예: 자유, 독립, 정의 등)이나 빅 아이디어의 이해에 초점을 두는 수업에서는 학생들이 빅 아이디어와 관련된 주제, 사실, 기능과 같은 내용을 학습의 소재로 하여 탐구하고 토의·토론하는 등 사고(thinking)하는 경험을 통해 관련된 개념이나 아이디어에 대한 이해를 귀납적 방식으로 형성하게 한다. 즉, 빅 아이디어나 2022 개정 교육과정의 핵심 아이디어는 '깊이 있는 학습'의 기반으로 작동하게 되는 것이다.

나. 핵심 아이디어에 기반한 수업 설계 방향

오늘날 학교 교육 방향으로 미래 사회가 필요로 하는 학생 역량 함양 교육이 타당성을 얻고 빅 아이디어 기반의 교육과정 설계 및 구현이 주목받는 것은 핵심적인 지식이 분리되어 다루어지지 못하는 초점 없는 활동 중심 수업이나 상황 맥락 중심 수업으로는 역량과 사고하는 힘의 바탕인 인지적 구조를 형성시키기 어렵다는 우려, 그리고 그에 따른 새로운 인식론에 기반하는 것이다(Papert, 2000). 2022 개정 교육과정에서 핵심 아이디어의 도입도 마찬가지이다. 그간 학교에서 중요하게 다루어 오던 사실적 지식의 습득과 기능의 숙달, 학생 활동 중심 수업 자체가 학교 교육의 목적이나 지향이 아니라, 지식과 기능이 내재하고 있는 개념과 아이디어에 대한 초점 있는 이해를 형성하도록 하는 것이 변화하는 패러다임에서 추구하는 수업과 학습의 본질이라는 것을 명심할 필요가 있다.

역량 함양 교육을 위해서는 교과 교육의 가치를 역량이라는 새로운 목표에 비추어 재해석할 필요가 있고, 교육의 실제에서는 교육내용에 대한 학생의 주도적인 탐구를 바탕으로 교과의 개념과 원리를 구성하고, 자신이 형성한 앎을 일상생활에 적용하는 경험을 통해 역량을 함양할 수 있도록 해야 한다. 2022 개정 교과 교육과정을 통해 기르고자 하는 역량은 교과의 지식·이해, 과정·기능, 가치·태도의 내용 요소와 성취기준을 다루되, 핵심 아이디어를 중심으로 한 깊이 있는 학습을 통해 함양될 수 있다. 또한, 핵심 아이디어는 낱낱의 사실이나 정보를 암기하던 표면적이고 피상적인 학습에서 벗어나, 학생이 지닌 선지식과 선경험을 바탕으로 새로운 지식이나 맥락 간의 개념적이고 구조적인 유사성을 인식하고 규칙성을 발견하도록 함으로써 다른 상황이나 맥락으로 전이할 수 있게 하는 교육으로의 전환을 도모하는 것이다.

성취기준만을 중심으로 설계되는 수업은 개별 차시에 대한 계획으로 나타나는 경향이 있지만, 핵심 아이디어와 같이 이해의 대상으로서의 큰 아이디어, 즉 일반화 진술에 초점을 두고 접근하게 되면 그러한 일반화를 이해하기 위한 질문을 생성하고, 학생 주도의 탐구를 통해 질문에 대한 답을 찾아가는 깊이 있는 학습을 위한 단원 수업의 설계가 가능해지게 된다. 학생들의 깊이 있는 이해와 수행은 단순히 지식의 전달이 아닌, 학생의 경험과 인지적 활동을 통한 내면적 구성을 통해 가능하므로, 수업 설계 시에는 사고하는 경험과 탐구하는 경험을 제공할 필요가 있다. 마찬가지로 2022 개정 교육과정에서 교과 고유의 사고나 탐구 과정의 경험을 강조하는 것은 교과 학습을 통한 지식 또는 의미 생성 방식을 경험하도록 하기 위한 것이다.

깊이 있는 학습을 위한 수업 설계를 위해서는 내용 체계의 내용 요소와 성취기준으로부터 개념을 추출해 보고, 영역별 핵심 아이디어를 기반으로 해당 학년과 단원에 적합한 수준의 빅 아이디어를 도출할 필요가 있다(임유나, 2023a). 보통 국가나 주 수준 교육과정에서는 교과나 영역 수준과 같이 큰 범주 내에서 소수의 빅 아이디어를 제시하는데, 이러한 경우 빅 아이디어 자체가 너무 상위차원이거나 포괄성이 커져 교실 수업의 구현 단위인 단원이나 차시 수준에서의 유용성은 떨어지게 된다. 따라서 깊이 있는 이해를 위한 수업을 구현하기 위해서는 교사가 해당 교과의 빅 아이디어를 식별하여 학생들이 진정으로 이해하기를 원하는 바가 무엇인지를 알고, 국가 교육과정이 제시한 빅 아이디어 바탕으로 단원이나 수업 수준의 빅 아이디어로 재구성하거나 도출할 필요가 있다(임유나, 2023b). 더욱이 2022 개정 교육과정은 핵심 아이디어를 구성하는 '개념'을 제시하고 있지 않다. 그래서 개념과 핵심 아이디어를 중심으로 교과 간, 교과 내 내용을 연결하고 통합하여 깊이 있는 학습을 하는 교수·학습을 구성하기 어렵다. 따라서 교사는 학습자의 구체적인 맥락과 전이 가능성을 고려하여 개념과 핵심 아이디어를 재구성하여 탐구 단원을 개발해야 한다.

표 3-7 **핵심 아이디어 도출 방식의 예**

- 2022 개정 교육과정의 내용 체계(핵심 아이디어, 내용 요소)와 성취기준을 분석해서 학생들이 이해해야 할 개념(개념적 지식), 알아야 할 사실(사실적 지식), 할 수 있어야 할 기능, 전략, 과정, 수업 소재나 주제 등을 추출한다.
- 추출한 개념, 사실, 기능, 전략, 과정 등에서 학습자의 맥락에서 탐구할 만한 더 큰 개념을 끌어낸다.
- 학습자가 학습을 통해 이해해야 할 단원 수준의 핵심 아이디어를 진술한다.
- 학습자가 교과 간, 교과 내 내용을 연결하고 통합하여 깊이 있는 학습을 할 수 있는 개념과 핵심 아이디어인지 점검한다.

또한, 교사는 학생의 주도적인 탐구를 통한 발견과 깨달음이 빅 아이디어에 대한 이해로 연결될 수 있게 하는 수업을 구성할 수 있어야 한다. 즉, 개념적 이해를 향해 학습자가 귀납적으로 도달해 나갈 수 있게 하는 장치에 대한 고민이 필요하다. 학생의 탐구를 끌어내고 개념적 이해에 도달할 수 있게 지원하는 장치로 최근 '핵심 질문(탐구 질문)'이나 '안내 질문'의 필요성이 함께 부각하고 있으며, 단원의 핵심 아이디어 및 이를 구성하는 개념과 연계된 핵심적인 질문은 깊이 있는 학습을 위한 교수·학습의 설계에 매우 유용하게 작동할 수 있을 것이다.

2022 개정 교육과정은 수업에서 '탐구 질문'을 활용하여 학생의 능동적 참여를 유도하도록 하고 있다(교육부, 2024). 탐구 질문은 학생들이 단일하고 명료한 답변을 제시하게 하는 질문이 아니라, 학생들의 생각을 자극하고 문제 해결 및 토론을 촉진하기 위한 개방적인 질문이다. 탐구 질문은 학생들이 학습 내용에 대해 깊이 생각하고 탐구하도록 할 목적으로 제시된다. 더 나아가 학생들이 탐구한 내용을

빅 아이디어에 대한 이해, 즉 개념적 이해로 끌어 올려줄 수 있는 형태의 질문도 중요하다. 수업에서 활용하는 질문은 단순한 사실이나 정보의 암기가 아니라 능동적인 학습, 비판적 사고 및 주제에 대한 깊은 이해를 촉진한다는 점에서 깊이 있는 학습을 유도하는 데 중요한 역할을 담당할 수 있다.

　단원 설계에 있어서는 교육과정–수업–평가가 일관되게 설계 및 구현될 수 있도록 하기 위해서는 '목표 설정, 평가 설계, 수업 설계'의 과정으로 진행되는 백워드 설계 방식에 따라 구안하는 것이 좋다. 먼저, 목표 설정 단계에서는 '핵심 아이디어'와 '지식·이해, 과정·기능, 가치·태도'의 내용 요소, 성취기준을 바탕으로 학년과 단원의 수준에 적합한 형태로의 '핵심 아이디어'를 설정하고, 학생 탐구의 시작점으로 작동할 수 있는 '핵심 질문(탐구 질문)'을 설정하는 것이 필요하다. 평가 설계 단계에서는 탐구 과제이자 평가 과제의 기능을 하는 수행 과제 개발 및 평가의 관점을 제공하는 루브릭 등의 개발이 필요하며, 수업 설계 단계에서는 학생이 적극적인 탐구자, 주도적인 학습자의 역할을 하는 수업을 설계해야 한다.

표 3-8 　**수업 설계의 방향(백워드 설계)**

- 목표 설정 단계: '핵심 아이디어'와 '지식·이해, 과정·기능, 가치·태도'의 내용 요소, 성취기준을 바탕으로 학년과 단원의 수준에 적합한 형태로의 '빅 아이디어' 설정, 학생 탐구의 시작점이 되는 '핵심 질문(탐구 질문)' 등을 구성
- 평가 설계 단계: 탐구 과제이자 평가 과제의 기능을 하는 수행 과제 개발과 그에 대한 수행과 평가의 관점을 제공하는 루브릭 등을 설계
- 수업 설계 단계: 학생이 적극적인 탐구자, 주도적인 학습자의 역할을 할 수 있는 교수·학습을 설계

참고문헌

교육부(2015). 초·중등학교 교육과정 총론. 교육부 고시 제2015−74호 [별책 1].

교육부(2016). 2015 개정 교육과정 총론 해설: 초등학교. 세종: 교육부.

교육부(2021). 2022 개정 교육과정 총론 주요사항 발표. 교육부 보도자료(2021.11.24.).

교육부(2022a). 2022 개정 교과 교육과정 정책연구진 7차 합동 워크숍 자료집(2022.9.2.).

교육부(2022b). 과학과 교육과정. 교육부 고시 제2022−33호 [별책 9].

교육부(2022c). 초·중등학교 교육과정 총론. 교육부 고시 제2022−33호 [별책 1].

교육부(2024). 초·중등학교 교육과정 총론 해설서.

김창원(2014). 문·이과 통합형 교육과정 논의와 국어과 교육과정의 시계열적 구조화. **국어교육, 148**, 1−32.

박찬솔, 임유나(2023). 초등학교 프로젝트 수업의 과정중심평가 구현 양상 분석. **교육문화연구, 29(6)**, 494−516.

서영진(2019). 국어과 교육과정에서 '빅 아이디어' 활용 방안 탐색: 캐나다 BC주 자국어 교육과정에 대한 분석을 바탕으로. **국어교육학연구, 54(1)**, 71−105.

신혜진, 안소연, 김유원(2017). 과정 중심 평가 활용의 정책적 분석: 서울특별시 소재 중학교 교사의 수행평가 활용 사례를 중심으로. **교육과정평가연구, 20(2)**, 135−162.

온정덕, 김병연, 박상준, 방길환, 백남진, 이승미, ... 한혜정(2021). 2022 개정 교과 교육과정 개발 기준 마련 연구. 교육부, 경인교육대학교.

이경건, 홍훈기(2017), 2015 개정 교육과정에서 도입한 '핵심 개념'의 의미변화 과정 분석. **교육과정평가연구, 20(2)**, 1−30.

이광우, 정영근(2017). 2015 개정 교과 교육과정 내용 체계 구성의 반성적 고찰: 핵심개념, 일반화된 지식, 기능을 중심으로. **학습자중심교과교육연구, 17(16)**, 597−622.

이광우, 정영근, 서영진, 정창우, 최정순, 박문환, ... 김사훈(2014). 교과 교육과정 개발 방향 설정 연구. 한국교육과정평가원 연구보고 CRC 2014−7.

이광우, 정영근, 이근호, 백경선, 온정덕, 소경희, ... 임찬빈(2015). 2015 개정 교과 교육과정 시안 개발 연구Ⅰ: 국가교육과정 각론 조정 연구. 한국교육과정평가원 연구보고 CRC 2015−9.

임유나(2022). 교육과정 개발과 실행에서 개념적 접근의 교육적 의의와 과제. **교육학연구, 60(2)**, 31−61.

임유나(2023a). 2022 개정 교육과정의 이해: 깊이 있는 학습을 위한 교육과정, 수업, 평가. PPT 자료.

임유나(2023b). 2022 개정 교육과정의 '핵심 아이디어'에 대한 비판적 검토. **학습자중심교과교육연구**, 23(18), 747−768.

임유나, 홍후조(2016). 2015 개정 교육과정의 교과별 교육내용 제시 방식 검토: 내용 체계를 중심으로. **아시아교육연구**, 17(3), 277−302.

임은영, 김유향, 이인화, 심현표, 김성식(2017). 교사별 학생평가 실태 조사 및 현안 진단. **2017 KICE 이슈페이퍼**. 한국교육과정평가원 ORM 2017−66−24.

한혜정, 이광우, 민용성, 이주연, 전호재, 온정덕, ... 이영호(2022). 2022 개정 교육과정 각론 조정 연구(Ⅰ). 한국교육과정평가원 연구보고 CRC 2022−5.

황규호, 소경희, 백남진, 유영식, 손미현, 장은경, ... 신영준(2021). 2022 개정 교육과정 총론 주요 사항 설정 연구. 교육부, 이화여자대학교.

Alleman, J., Knighton, B., & Brophy, J. (2010). Structuring the curriculum around big ideas. Social Studies and the Young Learner, 23(2), 25−29.

Charles, R. I., & Carmel, C. A. (2005). Big ideas and understandings as the foundation for elementary and middle school mathematics. Journal of Mathematics Education Leadership, 7(3), 9−24.

Drake, S. M. (2012). Creating standards−based integrated curriculum: The Common Core State Standards edition. Thousand Oaks, CA: Corwin.

Earl, L. M. (2012). Assessment as learning: Using classroom assessment to maximize student learning. Corwin Press.

Erickson, H. L. (1995). Stirring the head, heart, and soul: Redefining curriculum and instruction(1st ed.). Thousand Oaks, CA: Corwin.

Erickson, H. L. (2002). Concept−based curriculum and instruction: Teaching beyond the facts. Thousand Oaks, CA: Corwin.

Erickson, H. L., & Lanning, L. A. (2014). Transitioning to concept−based curriculum and instruction: How to bring content and process together. Thousand Oaks, CA: Corwin.

Erickson, H. L., Lanning, L. A., & French, R. (2017). Concept−based curriculum and instruction for the thinking classroom(2nd ed.). Thousand Oaks, CA: Corwin.

International Baccalaureate Organization (2018). Learning and teaching. Cardiff: International Baccalaureate Organization.

Marschall, C. & French, R. (2018). Concept−based inquiry in action: Strategies to promote transferable understanding. Thousand Oaks, CA: Corwin.

Murphy, A. (2017). A quick guide to concept−based learning and curriculum. https://www.onatlas.com/blog/concept−based−learning−curriculum에서 2022년 2월 9일 인출.

OECD (2005). The definition and selection of key competencies: Executive summary.

OECD (2018). The future of education and skills Education 2030. OECD Publishing.

OECD (2019). Learning compass 2030: Conceptual learning framework. OECD Publishing, Paris.

OECD (2020). Curriculum overload: A way forward. OECD Publishing, Paris.

Papert, S. (2000). What's the big idea? Toward a pedagogy of idea power. IBM Systems Journal, 39(3.4). 720−729.

Rychen, D. S., & Salganik, L. H. (2003). A holistic model of competence. In D. S. Rychen & L. H. Salganik(Eds.), Key competencies for successful life and a well−functioning society(pp. 41−62). Cambridge, MA: Hogrefe & Huber.

Stern, J., Lauriault, N., & Ferraro, K. (2018). Tools for teaching conceptual understanding, elementary. Thousand Oaks, CA: Corwin.

Wiggins, G., & McTighe, J. (2005). Understanding by design. Alexandria, VA: ASCD.

4장

개념기반 탐구단계별
수업 활동의 실제

1. 관계맺기

[단원 설계 안내]

- 단원 개요: 본 단원은 2022 개정 국어과 교육과정 1~2학년군의 읽기, 쓰기, 문법 영역을 중심으로 설계하였다. 초등학교 1, 2학년에서 문장으로 의사소통하기 위한 기초적인 문식성을 기르고, 글자, 단어, 문장의 개념을 익히기 위해 탐구하는 자세를 기르도록 단원을 구성한 것이다. 이에 단원명은 교육과정의 내용 체계표를 분석하여 '내 생각을 문장으로 표현해요'로 명명하였다. 범주 및 내용 체계는 2022 개정 교육과정의 지식·이해, 과정·기능, 가치·태도의 범주를 기준으로 하였으며, 읽기, 쓰기, 문법의 성취기준을 적용하였다.

- 개념: 본 단원 설계에서는 2022 개정 교육과정의 핵심 아이디어와 성취기준을 기준으로 단원 주요 개념인 '소리와 표기'를 개념적 렌즈로 포착하였다. '내 생각을 문장으로 표현해요' 단원에서 국어 교과의 기본 개념을 이해할 수 있는 소릿값, 자모를 단원의 관련 개념으로 설정하고 단원의 주요 개념으로 소리, 표기를 도출하였다.

- 단원 갈래: 본 단원은 문법 영역의 핵심 아이디어를 축으로 4개의 단원 갈래를 설정하였다. 이 단원의 갈래는 '글자의 모양과 소리', '낱말 읽고 쓰기', '문장 표현', '목소리 연극'이다. 단원 갈래는 글자의 짜임과 원리상 순차적으로 수업을 계획하는 것이 좋으며, 앞 차시의 과제가 뒤 차시의 학습에 개념적 기초가 되도록 구성하였다. 본 단원인 '내 생각을 문장으로 표현해요' 단원의 경우 글자, 낱말, 문장 등 기초 문식성의 기본 개념을 바탕으로 구성하였다.

- 핵심 아이디어 구체화: 본 단원 설계에서는 2022 개정 국어과 교육과정 내용 체계 '읽기', '쓰기', '문법' 영역의 핵심 아이디어 중에서 '읽기는 독자가 자신의 배경지식이나 경험을 활용하여 언어를 비롯한 다양한 기호나 매체로 표현된 글의 의미를 능동적으로 구성하는 행위이다.', '쓰기는 언어를 비롯한 다양

한 기호나 매체를 활용하여 인간의 생각과 감정을 글로 표현함으로써 의미를 구성하는 행위이다.', '문법은 국어의 형식과 내용을 이루는 틀로써 규칙과 원리로 구성·운영되며, 문법 탐구는 문법에 대해 사고하는 활동으로 국어에 대한 총체적 앎을 이끈다.'를 선정하였다. 이와 같은 2022 개정 교육과정의 내용 체계의 핵심 아이디어를 1~2학년군 '내 생각을 문장으로 표현해요'에 초점화한 단원 설계를 위하여 교육과정에 제시되어 있는 핵심 아이디어를 구체화하였다.

• 안내 질문: 각 단원 갈래마다 사실적 질문, 개념적 질문, 논쟁적 질문을 포함하여 저학년 학생들이지만 학생들이 깊이 있는 이해로 나아갈 수 있도록 하였다. 교육과정의 범주 및 내용 체계의 내용들을 바탕으로 하여 단원의 갈래로 글자의 모양과 소리, 낱말 읽고 쓰기, 문장 표현, 목소리 연극을 이해하고 실행할 수 있는 탐구 과정을 구체화하기 위한 질문들을 도출하였다.

[개념기반 수업 설계 및 실행]

1. 교육과정 재구성

단원 설계 의도	이 단원은 한글의 기초 교육으로서 단어의 소릿값을 알고 정확하게 발음할 수 있고 단어를 바르게 읽고 쓸 수 있도록 설계한다. 여러 가지 단어를 실생활과 관련된 맥락에서 찾아볼 수 있으며, 문법에 맞게 단어를 사용하고 문장 부호를 바르게 사용할 수 있도록 한다.	
핵심 아이디어	• 읽기는 독자가 자신의 배경지식이나 경험을 활용하여 언어를 비롯한 다양한 기호나 매체로 표현된 글의 의미를 능동적으로 구성하는 행위이다. • 쓰기는 언어를 비롯한 다양한 기호나 매체를 활용하여 인간의 생각과 감정을 글로 표현함으로써 의미를 구성하는 행위이다. • 문법은 국어의 형식과 내용을 이루는 틀로서 규칙과 원리로 구성·운영되며, 문법 탐구는 문법에 대해 사고하는 활동으로 국어에 대한 총체적 앎을 이끈다.	

범주 및 내용 체계	**지식·이해**	• 글자·단어·문장 • 한글 자모의 이름과 소리 • 단어의 발음과 표기 • 문장과 문장 부호
	과정·기능	• 언어 단위 관찰하기 • 소리와 표기의 차이 인식하기
	가치·태도	• 한글에 대한 호기심

성취기준	[2국02-01] 글자, 단어, 문장, 짧은 글을 정확하게 소리내어 읽는다. [2국03-01] 글자와 단어를 바르게 쓴다. [2국04-01] 한글 자모의 이름과 소릿값을 알고 정확하게 발음하고 쓴다. [2국04-02] 소리와 표기가 다를 수 있음을 알고 단어를 바르게 읽고 쓴다. [2국04-03] 문장과 문장 부호를 알맞게 쓰고 한글에 호기심을 가진다.

주요 개념 (macro concept)	글자, 단어, 문장, 소리, 표기	**개념적 렌즈**	소리와 표기
관련 개념 (micro concept)	한글의 자모, 소릿값		

핵심 아이디어 구체화	• 읽기와 쓰기는 다양한 기호나 매체로 표현된 글의 의미를 능동적으로 파악하고 구성하는 행위다. • 한글의 자모와 소릿값을 이해하는 것은 단어의 읽기, 쓰기와 문장으로 표현하는데 도움이 된다.

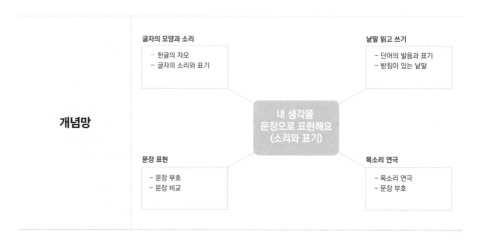

개념망

글자의 모양과 소리
- 한글의 자모
- 글자의 소리와 표기

낱말 읽고 쓰기
- 단어의 발음과 표기
- 받침이 있는 낱말

내 생각을
문장으로 표현해요
(소리와 표기)

문장 표현
- 문장 부호
- 문장 비교

목소리 연극
- 목소리 연극
- 문장 부호

2. 평가 계획

가. 평가 과제 개발

핵심 아이디어(C)	• 읽기와 쓰기는 다양한 기호나 매체로 표현된 글의 의미를 능동적으로 파악하고 구성하는 행위다. • 한글의 자모와 소릿값을 이해하는 것은 단어의 읽기, 쓰기와 문장으로 표현하는데 도움이 된다.
목표(G)	글자에 대한 이해를 바탕으로 바른 문장 표현으로 그림책을 만들고 소개한다.
역할(R)	그림책 작가
청중(A)	독자
상황(S)	그림책 작가는 독자들에게 소개하기 위하여 자기가 만든 미니 그림책을 만들어 독자들과 함께 책을 읽는 자리를 마련하였다.
수행(P)	그림책 작가는 미니북에 간단한 이미지를 활용하여 간단하고 쉬운 단어를 활용하여 문장을 바르게 쓴다. 또한 자신의 생각을 표현한 문장을 독자들과 함께 또박또박 읽으며 잘된 점과 잘못된 점을 파악한다.
기준(S)	그림책을 만들고 소개할 때는 다음의 내용이 포함되어야 한다. 1. 문맥에 알맞은 받침이 있는 낱말을 바르게 읽고 쓴다. 2. 소리와 표기가 다름을 알고 문장 부호를 활용하여 글을 쓴다. 3. 문장과 문장 부호를 알맞게 쓰고 한글에 호기심을 가진다.
최종 평가 과제	당신은 그림책 작가가 되어 자신의 생각을 간단한 문장으로 표현하고 문장 부호를 바르게 사용해야 한다. 한글의 소리와 표기가 다름을 알고 그림책을 독자들에게 소개할 때 목소리 연극으로 또박또박 바르게 읽어야 한다.

나. 평가 기준표

성취 수준 내용 요소	상	중	하
문장과 문장부호 (지식 · 이해)	그림책에 사용된 받침이 있는 낱말을 읽고 쓰며 문장 부호의 쓰임에 알맞은 문장을 완성한다.	그림책에 사용된 받침이 있는 낱말을 읽고 쓰며 문장 부호를 넣어 문장을 완성한다.	그림책에서 받침이 없는 단어를 읽을 수 있으며 여러 가지 문장 부호가 있음을 안다.
소리와 표기의 차이 인식하기 (과정 · 기능)	글자 및 단어의 표기와 소리가 다름을 알고 글자를 바르게 읽고 쓴다.	글자 및 단어의 표기와 소리가 다름을 알고 글자를 읽고 쓸 수 있다.	글자 및 단어의 표기와 소리가 다름을 알고 있다.
한글에 대한 호기심 (가치 · 태도)	자음과 모음에 따라 소리가 변함을 알고 다양한 어휘를 만든다.	자음과 모음에 따라 소리가 변함을 알고 어휘를 만들 수 있다.	자음과 모음에 따라 소리가 변함을 안다.

3. 단원의 구조

단원 갈래	하위 핵심 아이디어	안내 질문	범주 및 내용 체계		
			지식·이해	과정·기능	가치·태도
글자의 모양과 소리	• 글자의 짜임 알기 • 자음자 모음자 찾기	(사) 글자에서 자음과 모음을 분리할 수 있는가? (사) 같은 모음이 포함된 낱말을 찾을 수 있는가? (개) 낱말이 소리가 나려면 무엇과 무엇의 조합이어야 하는가?	• 글자·단어·문장 읽기 • 한글 자모의 이름과 소리	• 언어 단위 관찰하기	• 한글에 대한 호기심
낱말 읽고 쓰기	• 받침이 있는 글자 읽기 • 받침이 있는 글자 쓰기	(개) 글자에서 받침이 무엇인지 구별할 수 있는가? (사) 받침이 있는 글자를 읽을 수 있는가? (사) 받침이 있는 글자를 쓸 수 있는가?	• 친숙한 화제의 글 • 단어의 발음과 표기	• 글자 쓰기 • 소리와 표기의 차이 인식하기	• 읽기에 대한 흥미 • 쓰기에 대한 흥미
문장 표현	• 문장에 알맞은 말 넣기 • 문장 부호의 쓰임과 띄어쓰기	(사) 그림을 보고 빈칸에 알맞은 말을 넣을 수 있는가? (사) 문장에 알맞은 문장 부호를 찾을 수 있는가? (개) 문장 부호의 의미와 띄어쓰기에 따른 의미가 달라짐을 알고 있는가?	• 쉬운 운율 표현하는 글 • 문장과 문장 부호	• 문장 쓰기 • 언어 단위 관찰하기	• 쓰기에 대한 흥미
목소리 연극	• 목소리 연극 안내하기 • 문장 부호에 맞게 목소리 연극하기	(사) 장면에 맞게 문장 부호를 찾아 읽을 곳을 확인할 수 있는가? (사) 자신의 역할에 어울리는 목소리 연기으로 발표할 수 있는가? (개) 목소리 연극이 무엇인가요?	• 단어의 발음과 표기	• 소리와 표기의 차이 인식하기	• 한글에 대한 호기심

4. 단원의 탐구 단계 설계

　본 단원의 설계는 개념기반 탐구학습의 여섯 단계인 관계 맺기, 집중하기, 조사하기, 조직 및 정리하기, 일반화하기, 전이하기의 단계를 단원 갈래의 성격에 맞게 전체적인 흐름 속에서 순차적으로 적용하도록 설계하였다. 그러나 차시의 성격에 맞게 관계맺기와 집중하기를 중심으로 설계된 차시도 있으며, 일부 차시는 집중하기, 전이하기, 일반화하기를 중심으로 설계된 차시도 있다. 전체 탐구 과정은 탐구 단계를 순차적으로 구성하면서도 특히 '관계맺기'에 중점을 두어 구성하였다. 세 개의 단원 갈래에서 초기 탐구 단계로서 '관계맺기' 단계에서는 사전 지식이나 실생활과 관련된 활동으로 구성하였다. 관계맺기 단계는 학생의 사전 지식을 학습과 연결하는 특징이 있으므로 단원 갈래의 첫 부분에 구성하도록 하였다. '글자, 단어, 문장'에 대한 학생들의 흥미와 호기심을 불러일으키기 위하여 단원 갈래별로 첫 차시에는 가능한 한 '관계맺기' 단계로 시작하도록 구성하였다. 1학년 학생들에게 관계 맺기 탐구 단계는 어느 단계보다도 선행되어야 할 것으로 생각되어 중점을 두어 구성하였다 1~2학년 국어 교과서에서 한 단원이 9~10차시 내외로 구성되는 것을 기준으로 하여 본 단원은 9차시로 구성하였다.

차시	단원 갈래	탐구단계	학습 활동
1	글자의 모양과 소리	관계맺기	• 글자 퍼즐 맞추기 놀이 • 노랫말을 듣고 몸짓으로 나타내기
		집중하기	• 글자의 짜임을 생각하며 읽기
		조직 및 정리하기	• 그림 낱말 카드를 보고 글자 완성하기
2		관계맺기	• 그림을 보고 이상한 점 말하기 • '리' 자로 끝나는 말 노래 부르기
		집중하기	• 낱말 떠올리기 놀이하기 • 낱자 카드로 글자 만들기
		조직 및 정리하기	• 그림 낱말 카드를 보고 낱말 말하기
3	낱말 읽고 쓰기	관계맺기	• 신체 부위의 이름 찾기 • 낱말 찾아 알아맞히기
		집중하기	• 이야기를 듣고 낱말 읽기 • 이야기를 읽고 내용 파악하기
		조직 및 정리하기	• 그림을 보고 낱말 읽고 쓰기
4		관계맺기	• 시나 노래 속의 낱말 찾아보기 • 받침이 있는 글자로 낱말 만들기
		집중하기	• 낱말 떠올리고 놀이하기 • 시나 노래에 나오는 낱말 읽고 쓰기

		관계맺기	• 그림을 보고 문장 말하기 • 말을 넣어 문장 완성하기
5		집중하기	• 이야기 속의 대화에서 문장 부호 찾기 • 수수께끼를 활용한 문장 부호 놀이
6	**문장 표현**	집중하기	• 문장 비교하기 • 문장 만들기 놀이하기
		조직 및 정리하기	• 문장 부호 쓰임에 맞게 읽고 쓰기
7		집중하기	• 그림이나 사진과 어울리는 문장 만들기
		조직 및 정리하기	• 생각을 문장으로 쓰기 • 알맞은 문장 부호 찾아 넣기 표현하기
8~9	**목소리 연극**	조직 및 정리하기	• 역할극 경험 나누기 • 목소리 연극 준비하기
		일반화하기	• 목소리 연극 연습하기 • 문장 및 부호에 맞게 목소리 연극하기
		전이하기	• 목소리 연극하기 • 목소리 연극 평가하기

5. 탐구단계별 활동 소개(관계 맺기)

- 관계 맺기는 배움의 시작을 설정하고 앞으로 이어질 학습의 범위를 정한다. 이 단계에서는 탐구의 기초로써 학생들이 배우고자 하는 주제에 관심을 가지게 하고 사전 지식을 배우는 주제와 연결하도록 한다.
- 관계 맺기 단계에서는 학습의 주제와 단원의 개념이 학생의 관심을 불러일으킬 수 있도록 제시되며, 학생들이 지적, 정서적으로 이 과제의 탐구를 깊이 해보고 싶다는 마음을 가지게 한다. 학생들의 사전 지식을 이끌어내어 배우는 주제 또는 개념과 연결성을 갖게 한다. 이러한

출처: Marschall & French, 2018.

학습 경험은 교사가 학생들을 관찰하고 가치 있는 평가 자료를 수집할 수 있는 기회를 제공한다.
- 이 단계에서는 학생들이 정서적 · 지적으로 단원과 관계를 맺도록 하며, 학생들의 사전 지식을 활성화할 수 있도록 전략을 사용한다. 사전 지식에는 학생들의 경험, 주제

나 아이디어에 얼마나 노출되었는지도 포함된다. 학생들이 이미 알고 있을 수 있는 내용을 숙고하도록 격려하는 것은 스키마의 수정 또는 성장을 지원하는 데 중요하다.

- 사전 지식을 활성화하는 것은 학생들의 단원 개념에 대한 생각과 오해를 평가할 수 있는 기회가 될 수 있으며, 학생들의 이론을 이끌어냄으로써 개념적 이해의 발달을 지원하는 방법을 식별할 수 있게 된다.
- 관계 맺기를 지원하는 다른 방법은 단원과 관련된 질문을 하도록 하는 것이다. 학생들이 제한된 경험을 가지고 있다면 질문이 피상적이고 단순할 수밖에 없다. 교사는 학생들에게 질문을 하도록 초대하는 시기와 방법을 숙고해야 한다.

단원	단어의 소리	차시	1/9
관련 개념	한글의 자모, 소릿값	개념적 렌즈	소리와 표기
학습목표	글자에서 자음자와 모음자를 찾을 수 있다.		

단계	학습활동	자료재/유의점유
도입	생각-퍼즐-탐구(Think-Puzzle-Explore) 전략 ■ 관계 맺기 활동명 1: 글자 퍼즐 맞추기 놀이 • 우리가 알고 있는 소리 중에서 한 글자로 되어 있는 것들을 찾아봅시다. 　- 소, 사, 고, 우 등 　- 짝과 함께 한 글자로 된 낱말을 함께 찾아봅시다. 　- 'ㅅ'과 'ㅜ'가 만나면 어떤 글자가 될까요? 　- 자음카드와 모음 카드로 글자를 만들어봅시다. ■ 관계 맺기 활동명 1: 노랫말을 듣고 몸짓으로 나타내기 • '우리 모두 다같이 손뼉을' 노래를 들려준다. 　- 리듬감을 살려 노랫말을 천천히 들어봅시다. 　- 선생님이 한 소절씩 읽으면 학생들이 듣고 따라 읽는다. 　- '우리', '모두'라는 부분에서 손과 발을 이용하여 몸짓으로 표현해봅시다. 　- 노래를 듣고 따라 불러봅시다.	재 자음카드, 모음카드, 글자카드, 그림카드, 노래 동영상 유 짝활동이나 모둠 활동을 통하여 사전 지식을 수집하도록 한다.
전개	■ 글자의 짜임을 생각하며 다시 읽기 • '우리 모두 다같이 손뼉을' 천천히 읽어봅시다. 　- 이 노래에 자주 등장하는 낱말을 찾아봅시다. 　- '우리', '모두'라는 낱말을 자음자와 모음자로 분리해볼까요?	재 자음카드, 모음카드, 낱말카드, PPT
정리	■ 그림 낱말 카드를 보고 글자를 완성하기 • 동물 그림이 그려진 그림 카드를 보고 자음자와 모음자를 골라서 글자를 만들어봅시다. 　- 글자의 소리는 무엇과 무엇으로 이루어져 있을까요? 　- 글자의 소리는 자음자와 모음자로 이루어져 있습니다.	재 그림카드, 자음카드, 모음카드 유 자음과 모음의 조합인 받침이 없는 글자로 범위를 정하도록 한다.

1. '생각-퍼즐-탐구' 전략의 이해

이 전략은 '아는 것-알고 싶은 것-배운 것'과 같이 사실적 지식에서 확장하여 질문하는 과정으로 나아간다. 학생들에게 '여러분은 무엇을 알고 있다고 생각하나요?'를 질문함으로써, 학생들의 아이디어를 잠재적 지식, 부분적 지식, 탐구될 수 있는 지식으로 아이디어를 분류한다. 학생들에게 '이 주제의 어떤 점이 여러분을 혼란스럽게 하나요?'라는 질문으로 탐구 측면에서 좀 더 폭넓게 사고하도록 독려한다. 교사는 학생들이 사전 지식과 현재의 학습 경험을 연결하여 개인 탐구나 그룹별 탐구가 가능하도록 계획한다.

2. '생각-퍼즐-탐구' 전략의 실제

가. 글자 퍼즐 맞추기

실천 전략

생활 속에서 익힌 통문자로 익힌 글자를 모음과 자음으로 구분하여 각각의 낱자로 인식함으로써 각각의 모음과 자음을 합하여 글자가 이루어진다는 원리를 이해하도록 한다. 학생들이 사전 지식을 활성화하여 학생들이 이미 알고 있는 낱말을 중심으로 퍼즐을 만들고 이를 게임 형식으로 진행하여 학생들의 학습 동기를 불러일으킬 수 있다. 생각-퍼즐-탐구 전략을 사용함으로써 학생들의 짝 활동이나 모둠 활동으로 학생들이 이미 소리로 알고 있는 글자를 자음과 모음으로 조합하는 것을 어려워하거나, 학생들이 궁금해하는 알고 싶어하는 글자 중심으로 학습의 출발점으로 시작하는 하나의 전략이다. 교사는 학생들의 탐구를 지도하고 학습으로 이끌어내는데 초기 질문을 제공할 수 있다.

활용 예시

① 짝 활동이나 모둠 활동을 통해 학생들이 알고 있는 한 글자 낱말을 수집한다.
② 칠판에 '소'라고 쓰인 낱말 카드를 붙인다. 학생들과 낱말 카드를 함께 읽어 본 뒤 'ㅅ'이 적힌 퍼즐 조각을 왼쪽에 붙인다. 오른쪽에는 'ㄱ', 'ㅗ', 'ㅜ'가 적힌 퍼즐 조각을 붙인다.

③ '소'를 만들려면 'ㅅ'과 만나야 하는 짝을 찾도록 한다.

④ 'ㅅ'과 'ㄱ'이 만나면 어떤 글자가 되는지 이야기하도록 한다.
⑤ 'ㅅ'과 'ㅜ'가 만나면 어떤 글자가 되는지 이야기하도록 한다.
⑥ 소리를 낼 수 있는 글자의 짜임과 소리를 내기 어려운 글자의 짜임에는 어떤 것이 있는지 찾아보도록 한다.

나. 노랫말을 듣고 몸짓으로 나타내기

실천 전략

이 전략은 학생들에게 친숙한 노래로 탐구를 시작함으로써 학생들의 학습 동기를 부여하는데 도움이 된다. 예를 들어, '우리 모두 다같이'와 같이 반복되는 낱말, 글자가 들어있는 노래를 선택함으로써 학생들의 몰입도를 높이고 학생들의 사전 지식을 활용할 수 있다. 학생들이 배우는 학습 경험이 학생의 개인적인 경험과 쉽게 연결될 수 있도록 한다. 학생들이 미리 알고 있을 내용과 관련지어 숙고하도록 하는 것은 스키마와 스키마를 연결하여 다음 단계의 학습을 자극하는 역할을 한다.

활용 예시

① 노래 동영상을 보며 '우리 모두 다 같이' 노래를 듣는다.
② 노랫말을 듣고 선생님이 한 소절씩 읽어주면 학생들이 듣고 따라 읽는다.
③ 한 소절씩 노래를 들으며 따라 부른다.
④ 노래에 맞추어 '손뼉을' 다음 부분에서 손뼉을 친다.
⑤ 이 노래에서 받침이 없는 낱말 중 반복되는 낱말을 찾도록 한다.
⑥ 노래의 일부분에서 '손뼉을' 대신에 '다리를' 또는 '빨꿈치를'로 노래 가사를 바꾸어 노래 부르며 활동에 흥미를 느끼고 반복되는 낱말에 익숙해지도록 한다.

우리 모두 다 같이

작사/작곡 미상

우 리 모 두 다 같 이 손 뼉 을 (짝 짝)
우 리 모 두 다 같 이 손 뼉 을 (짝 짝)
우 리 모 두 다 같 이 즐 거 움 게 노 래해
우 리 모 두 다 같 이 손 뼉 을 (짝 짝)

단원	글자의 모양과 소리	차시	2/9
관련 개념	한글 자모의 이름과 소리	개념적 렌즈	소리와 표기
학습목표	글자에서 자음자와 모음자가 있는 곳을 찾을 수 있다.		

단계	학습활동	자료제/유의점유
도입	Creative Questions Start 전략 ■ **관계 맺기 활동명 1: 그림을 보고 이상한 점 말하기** • 옷과 몸의 위치가 맞지 않은 옷을 입은 어린이의 모습을 보여준다. 　- 그림을 보고 이상한 부분을 찾아봅시다. 　- 그림이 왜 이상하게 보이는가? 어떤 점에서 이상하게 보이는가? 　- 그림에서 수정하고 싶은 부분이 있는가? 　- 그림을 왜 수정해야 한다고 생각하는가? 　- 옷과 몸이 맞지 않으면 매우 불편할 것이다. ■ **관계 맺기 활동명 2: '리'자로 끝나는 말** • 그림을 보고 동물의 이름을 말해봅시다. 　- 개나리, 너구리, 병아리, 잠자리, 오리 등 　- 동물의 이름 중에서 공통점이 있는 글자를 찾아볼까요? 　- '리'자입니다.	제 PPT, 그림, 모음카드, 노래 동영상 유 학생들이 자음과 모음의 결합 원리는 탐구할 수 있도록 안내 질문을 한다.
전개	■ **낱말 떠올리기** • 노랫말을 노래에 맞추어 노랫말을 바꾸어봅시다. 　- '리'자로 끝나는 말 노래를 '나'자로 시작되는 말로 만들어볼까요? 　- 나무, 나비, 나사, 나라 등이 있습니다. 　- 다음에는 어떤 낱말로 끝나는 말이나 시작되는 낱말을 찾아볼까요? ■ **낱말 카드로 글자 만들기** • 자음자와 모음자를 골라서 글자를 만들어봅시다. 　- 글자의 소리는 무엇과 무엇으로 이루어져 있나요? 　- 'ㄱㄴㄷ…'과 'ㅏㅑㅓㅕ…'로 합쳐져서 소리가 납니다.	제 자음카드, 모음카드, 낱말카드, PPT, 그림카드 유 학생들이 쉽게 떠올릴 수 있도록 그림카드를 함께 제시할 수도 있다.
정리	■ **그림 낱말 카드를 보고 낱말 말하기** • 동물 그림이 그려져 그림 카드를 보고 자음자와 모음자를 골라서 글자를 만들어봅시다. 　- 글자의 소리는 무엇과 무엇의 결합으로 이루어져 있나요? 　- 자음과 모음으로 이루어져 있습니다.	제 그림카드, 자음카드, 모음카드 유 자음, 모음의 용어보다 소리나 표기에 대하여 정확히 파악하도록 한다.

1. '창의적 질문으로 시작하기' 전략의 이해

이 전략은 사고와 탐구가 일어날 수 있도록 질문으로 시작한다. 브레인스토밍 전략으로써 주제의 복잡성이나 깊이 및 다양한 측면을 탐구해보도록 한다. 학생들의 사고를 확장, 심화시키고 탐구 동기와 학습에 대한 호기심을 불러일으킬 수 있다. 학생들이 좋은 질문으로 탐구를 시작하도록 안내하며, 초기 단계에서는 전체 그룹에게 질문을 하는 것이 좋으며, 이 과정이 익숙해지면 그룹 또는 개별적으로 질문하도록 한다. '왜, 무엇 때문에, 무엇이 어떻게 다른지, 무엇을 가정한다면, 이것을 변화시킨다면?' 등과 같이 주제에 대한 질문 리스트를 활용하여 학생들에게 질문을 한다.

2. '창의적 질문으로 시작하기' 전략의 실제

가. 그림을 보고 이상한 점 찾기

실천 전략

일상적으로 볼 수 있는 그림 중에서 앞뒤, 위아래가 맞지 않거나 짝이 맞지 않은 그림이나 사진 속을 보여주며 질문을 하도록 한다. '이 그림에서 어떤 점을 바꿀 수 있는가?' 또는 '왜 그림이 이상하게 보이는가? 등 학생들이 창의적으로 생각할 수 있는 질문을 하도록 한다. 이러한 질문을 통해 물건이 제자리를 찾아가듯이 글자에서 자음자와 모음자의 위치에 따라 소릿값이 다르며 글자의 짜임도 다르다는 것을 생각할 수 있도록 기회를 제공한다. 교사는 학습 동기를 불러일으킬 수 있는 적절한 그림을 선정하여 자음과 모음의 개념을 알도록 한다.

활용 예시

① 옷과 몸의 위치가 맞지 않는 그림을 보여준다.
② 아이의 모습에서 무엇이 잘못되었는지 찾아보도록 한다.
③ 장갑, 신발 등을 알맞은 자리에 놓게 한다.
④ 알맞지 않은 자리에 물건을 두면 제대로 사용할 수 없듯이, 글자에서도 모음자가 쓰이는 알맞은 자리를 이해할 수 있도록 한다.
⑤ 이 원리를 이용하여 자음과 모음이 위치를 알게 하고 우리 신체와 관련지어 생각할 수 있도록 한다.

나. '리'자로 끝나는 말

실천 전략

이 전략은 동요 중에서 모음이 많이 들어있는 노래로 모음자의 소리와 위치를 익히도록 하는 전략이다. 학생들이 경험과 사전 지식을 학습주제와 관련지을 수 있도록 한다. 이 전략은 학생들이 익숙한 노래 속에서 누구나 쉽게 할 수 있는 질문으로 시작한다. '이 노래가 왜 재미있게 느껴지는지?', '노래에 공통으로 들어가 있는 낱말이나 글자를 찾을 수 있는가?' 등을 질문함으로써 학생들이 알아야 하는 모음이나 자음의 소리와 위치를 학습하도록 그들의 배경지식을 활용할 수 있는 전략이다.

활용 예시

> ♫ '리'자로 끝나는 말
> 리 리 리자로 끝나는 말은
> 개구리 너구리 병아리 잠자리
> 오리 한 마리

① 노랫말을 보고 이야기해봅시다.
② 그림을 보고 동물의 이름을 말해봅시다.
② 말한 이름의 공통점을 찾아봅시다.
③ 「리'자로 끝나는 말」의 노래를 불러봅시다.
④ 자신이 좋아하는 동물의 이름을 써봅시다.
⑤ 그 동물의 이름 중 공통되는 글자로 노랫말을 만들어 봅시다.

TIP 자신이 친숙한 동물 이름으로 노랫말을 만들어보게 함으로써 학생들의 사전 지식을 활성화하여 학습의 개념과 연결짓는다. '리'자로 끝나는 말 이외에 '가'로 끝나는 말 등으로 노래 가사를 바꾸어가면서 공통적으로 들어가는 글자를 자연스럽게 익힐 수 있도록 한다.

단원	낱말 읽고 쓰기	차시	3/9
관련 개념	단어의 소릿값, 표기	개념적 렌즈	소리와 표기
학습목표	이야기를 듣고 낱말을 읽고 쓸 수 있다.		

단계	학습활동	자료재/유의점유
도입	보기-생각하기-궁금해하기(See-Think-Wonder) 전략 ■ **관계 맺기 활동명 1: 신체 부위의 이름 찾기** • 몸의 각 부분이 그려진 그림을 보고 말해봅시다. - 이 단어들의 공통점을 찾아봅시다. - 우리 몸의 각 부분을 가리키며 이름을 말해봅시다. - □은/는 어디 있나 놀이하기 ■ **관계 맺기 활동명 2: 낱말 찾아 알아 맞히기** • 글자판에 흩어진 글자를 보고 낱말을 찾아봅시다. - 글자판에 어떤 글자가 보이나요? - 팔, 다리, 어깨, 무릎 등의 낱말을 찾아 읽는다.	재 PPT, 낱말 카드 유 짝활동이나 모둠 활동을 통하여 학생들이 알고 있는 낱말을 수집하도록 한다.
전개	■ **이야기를 듣고 낱말 읽기** • 선생님이 읽어주는 '이가 아파서 치과에 가요'를 들어봅시다. - 어디가 아파서 병원에 간 적이 있나요? - 글과 그림을 보고 내가 아는 낱말을 찾아 읽어봅시다. ■ **이야기를 읽고 내용 파악하기** • 이야기의 내용을 생각하며 이야기를 다시 들어봅시다. 내가 찾은 낱말이 어떻게 들리는지 알아봅시다. '이가 아파서 치과에 가요'를 들어봅시다. - 어떤 낱말이 들리나요? - 들은 낱말을 모둠 친구들과 함께 종이에 적어봅시다. • 이야기를 들으며 내가 아는 낱말을 정확히 들어봅시다. - 잘 들리는 낱말에는 어떤 것이 있나요? - 칠판에 제시되는 낱말 카드를 보고 모둠 친구들과 돌아가며 읽어볼까요? - 이야기의 주인공은 누구인가요?	재 이야기 PPT, 낱말 카드 유 모둠별 활동을 통하여 학생들이 가능한 한 많은 낱말을 수집하여 눈에 익히도록 한다.
정리	■ **그림을 보고 낱말 읽고 쓰기** • 다음 그림을 보고 뽀로로가 만나는 동물의 이름 또는 신체 부분의 일부가 확대된 그림을 보고 이름을 읽고 써봅시다. - 뽀로로가 만난 동물은 누구인가요? - 여우, 노루, 자라, 토끼 등입니다. - 뽀로로가 만난 동물의 이름을 써봅시다.	재 그림카드, 자음카드, 모음카드 유 이 시간에는 받침이 있는 낱말까지 확장되지 않도록 한다.

1. '보기-생각하기-궁금해하기' 전략의 이해

이 전략은 교실 안팎에서 학생들의 관심과 사고를 촉발하는 다양한 대상과 자극을 자세히 관찰하는 능력을 학습의 기본 요소로 활용한다. 이 과정은 보다 깊은 통찰과 근거 있는 해석, 증거에 기반한 이론 구축, 광범위한 호기심을 토대로 학생들이 자세하고 열정적으로 관찰하도록 설계한다. 이 전략은 학생들의 사전 지식을 활용하고 미래의 탐구로 이끄는 질문을 할 수 있기 때문에 단원의 시작 단계인 관계맺기에서 유용하게 사용할 수 있다.

2. '보기-생각하기-궁금해하기' 전략의 실제

가. 신체 부위의 이름 찾기

실천 전략

이 전략은 학생들이 자신의 신체를 관찰하고, 각 부위의 이름을 이야기하도록 한다. 평소에 알고 있던 내용이라 할 지라도 좀 더 자세히 보고 글자와 연관지어 보려는 노력을 통해 자신이 알고 있던 글자의 소리와 표기가 어떻게 일치되는지 알도록 한다. 교사는 이 전략을 통해 학생들이 글자와 소리를 매칭하는 활동에 즐겁게 참여할 수 있도록 익숙한 노래를 활용하거나 그림카드를 활용할 수 있다.

활용 예시

① 전체 그림 중에서 신체의 일부분이 확대된 그림을 보여준다.
② 학생들이 각 부분의 이름을 말하도록 한다.
③ 낱말 카드를 제시하며 '□ 어디 있나 요기' 놀이를 한다.
④ 우리가 알고 있는 신체 부위의 이름을 소리와 표기로 일치시킴으로써 글자에 대한 호기심을 불러 일으킨다.

눈은 어디 있나 요기
코는 어디 있나 요기
귀는 어디 있나 요기
입은 어디 있나 요기
□은/는 어디 있나 요기
□은/는 어디 있나 요기
□은/는 어디 있나 요기
□은/는 어디 있을까 요기

<낱말 카드>

머리	이마	허리	이
손	어깨	다리	발

TIP 낱말 카드에서 제시된 것 이외에도 신체와 관련된 다양한 낱말을 학생들이 찾아서 적용해볼 수 있도록
하여 어휘를 확장한다.

나. '낱말 찾아 알아맞히기' 전략의 이해

실천 전략

이 전략은 보기-생각하기-궁금해하기로써 텍스트가 있는 글, 즉 동화나 이야기를 통해 듣
거나 읽은 낱글자의 조합으로 낱말을 찾아보는 활동이다. 교사는 학생들이 익히 알고 있
을 것 같은 낱말의 낱글자를 글자판에 흩어 놓고 글자를 조합하여 낱말을 만들도록 한
다. 학생들이 생활 속 경험이나 텍스트나 미디어를 통해 알게 된 낱말, 즉 사전 지식을
활용하여 본 차시에서 학습하게 될 텍스트의 낱말이나 어구와 관련지을 수 있도록 한다.
학생들은 낱말 찾아 알아맞히기 활동을 통해 본 차시 학습에 호기심을 불러일으킬 수
있고, 교사는 교과서 텍스트나 본 차시에 활용하는 텍스트의 낱말을 읽고 쓰기 지도를
하는데 출발점으로 삼을 수 있다.

활용 예시

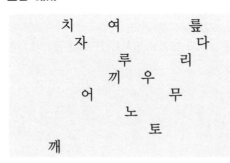

① 여러 글자가 흩어져 있는 글자판
을 보여준다.
② 글자판에 어떤 글자가 보이는지
다함께 읽어봅시다.
③ 이 글자를 이용하여 만들 수 있
는 낱말을 이야기해봅시다.
④ 노루, 어깨, 무릎, 토끼 등의 낱말을
학생들이 스스로 찾아보게 한다.

TIP 학생들이 이미 알고 있을 만한 낱말을 사용함으로써 학습활동에 흥미있게 참여하고 낱글자의 합으로 이
루어지는 낱말의 소리와 표기의 차이를 인식하도록 한다.

단원	낱말 읽고 쓰기	차시	4/9
관련 개념	시, 노래, 낱말, 받침	개념적 렌즈	소리와 표기
학습목표	이야기를 듣고 받침이 있는 낱말을 읽고 쓸 수 있다.		

단계	학습활동	자료㉄/유의점㉨
도입	생각-퍼즐-탐구(Think-Puzzle-Explore) 전략 ■ **관계 맺기 활동명 1: 시나 노래 속의 낱말 찾아보기** • '다섯 글자 예쁜 말' 노래 가사에 나오는 글자를 찾아 읽어봅시다. - 노랫말에 나왔던 글자를 빨간색으로 동그라미 해볼까요? - 글자표의 가로와 세로 부분을 다 함께 읽어봅시다. - 글자표의 각 글자에 'ㅇ'을 넣어 읽어봅시다. ■ **관계 맺기 활동명 2: 받침이 있는 글자로 낱말 만들기** • 시 속에 나오는 받침이 있는 두 글자를 활용하여 새로운 낱말을 만들어 봅시다. - '씨'라는 시에서 받침이 있는 글자를 찾아봅시다. - 이 시에서 받침이 있는 글자는 어떤 글자인가요? - '솔, 각, 면' 등이 있습니다. - 이 글자를 이용하여 받침이 있는 낱말을 만들어봅시다.	㉄ PPT, 자음카드, 모음카드, 글자표, 노래 영상, 나는 나는 1학년 시집 https://www.youtube.com/watch?v=mhNH_FZPneo ㉨ 짝활동이나 모둠 활동을 통하여 협동하여 낱말을 찾도록 한다.
전개	■ **낱말 떠올려 놀이하기** • 시나 노래 속에 나오는 받침이 있는 두 글자를 떠올려봅시다. - 어떤 낱말이 떠오르나요? - 짝과 가위바위보를 하고 이긴 사람 먼저 낱말을 차례대로 이야기하여 봅시다. - 짝과 함께 만든 낱말을 학습지 빈칸에 적어봅시다.	㉄ 노래 영상, 시집, 그림카드, 낱말 카드, PPT, 학습지 ㉨ 그림카드를 활용하여 낱말 만들기에 어려움을 느끼는 학생들에게 힌트를 줄 수 있다.
정리	■ **시와 노래에 나오는 낱말 읽고 쓰기** • '다섯 글자 예쁜 말'과 '씨'라는 시에 나온 글자를 이용하여 만든 낱말을 발표해 봅시다. - 낱말을 함께 읽어볼까요? - 새롭게 알게 된 낱말에는 어떤 것들이 있나요? - 발음하기 어려운 낱말에는 어떤 것이 있나요?	㉄ 노래 동영상, 시집 ㉨ 간단한 어구로 문장 만들기를 할 수도 있다.

관계맺기 4: 생각-퍼즐-탐구(Think-Puzzle-Explore)

1. '생각-퍼즐-탐구' 전략의 이해

이 전략은 '아는 것-알고 싶은 것-배운 것'의 사실 중심에서 확장하여 질문하는 과정을 지향한다. 학생들에게 '여러분은 무엇을 알고 있다고 생각하나요?'를 질문함으로써, 학생들의 아이디어를 잠재적 지식, 부분적 지식, 탐구될 수 있는 지식으로 아이디어를 분류한다. '이 주제의 어떤 점이 여러분을 혼란스럽게 하나요?'라는 질문으로 탐구 측면에서 좀 더 폭넓게 사고하도록 독려한다. 교사는 학생들이 사전 지식과 연결하고 개인 탐구나 그룹별 탐구가 가능하도록 계획한다.

2. '생각-퍼즐-탐구' 전략의 실제

가. 글자표에서 낱말 찾기

실천 전략

이 전략은 학생들이 평소에 좋아하는 노랫말 속에서 익힐 수 있는 낱말을 읽고 쓸 수 있도록 하는 것이다. 학생들의 사전 지식과 연결하고 호기심을 가지고 글자의 원리를 이해하도록 한다.
이 전략으로 자음자와 모음자, 받침으로써의 자음자의 음가를 알게 하며, 자모의 결합인 받침없는 낱말 뿐만 아니라 다소 어렵더라도 생활 속에서 친숙한 어휘로 단어의 소리와 표기 방식을 지도할 수 있다.
학생들이 스스로 생각하고 탐구함으로써 받침으로 쓰이는 다양한 자음자의 음가를 알 수 있게 하고, 한글의 글자를 만드는 원리를 이해하고 낱말을 읽고 쓸 수 있도록 한다. 교사는 학생들에게 글자표를 통해 자모의 결합원리, 받침으로 쓰이는 자음자의 소리와 표기를 읽고 쓰고 탐구할 수 있도록 한다.

활용 예시

① '다섯 글자 예쁜 말' 노랫말을 떠올려보고 다음의 표를 보고 노랫말 가사에 나오는 글자를 찾아봅시다.
② 글자표의 가로 부분과 세로 부분을 함께 읽어보고, 받침 'ㅇ'을 넣어 읽어봅시다.
③ 노랫말에 나오는 글자를 표 안에서 찾아 동그라미 해 봅시다.
④ 자음자 'ㄹ'과 모음자 'ㅏ'가 만나면 '라'가 되고 받침 'ㅇ'을 넣으면 어떤 글자가 되는지 생각해보게 한다.
⑤ 글자표에서 노랫말에 나오는 글자를 찾아보게 한다. 받침이 있는 낱말은 어떻게 만들 수 있는지 생각해보게 한다.

사랑합니다.
고맙습니다.
감사합니다.
안녕하세요.

아름다워요.
노력할게요.
마음의 약속
꼭 지켜 볼래요.

아름다운 말
정겨운 말
한 손만으로도
세어 볼수 있는
다섯 글자의 예쁜말

나. 받침이 있는 글자로 낱말 만들기

실천 전략

이 전략은 학생들이 지은 시나 좋아하는 시에서 받침이 있는 글자를 찾아보게 함으로 써 글자나 낱말에 친숙하게 하여 새로운 낱말 만들기까지 확장하여 '학생들이 무엇을 알고 싶은지 어떤 점이 혼란스러운지'를 살펴보게 함으로써 사고의 깊이를 더해가도록 탐구하도록 한다. 교사는 학생들이 친구들이 쓴 시나 학생들의 수준에서 쉽게 읽을 수 있는 시 속에서 글자와 낱말을 익히게 함으로써 사전 지식과 현재의 학습을 연결하고 호기심을 갖도록 촉진할 수 있다.

활용 예시

① '씨'라는 시를 읽고 여기에 나오는 글자를 활용하여 받침이 있는 낱말을 만들어봅시다.
② 모둠 친구들과 받침이 있는 글자를 선택하여 낱말을 만들어보게 한다.
③ 모둠 친구들과 같이 만들어본 낱말을 돌려가며 읽고 쓰기를 해본다.

씨

빈 화분에
솔솔 꽃씨를 뿌리면
새싹이
쏙쏙 돋아나요

빈칸에
사각사각 글씨를 쓰면
새 낱말이
또박또박 돋아나요

출처: ⟨나는 나는 1학년⟩

솔밭

각설탕

분필

면봉

TIP 학생들은 시 속에 등장하는 낱말을 가지고 문장만들기 놀이로 확장하여 친숙하게 접할 수 있는 텍스트에
서 낱말을 익히도록 한다.

단원	문장 표현	차시	5/9
관련 개념	문장 부호, 문장 비교, 표현	개념적 렌즈	소리와 표기
학습목표	문장 부호를 생각하며 문장 만들기를 할 수 있다.		

단계	학습활동	자료짜/유의점㋡
도입	**분필 대화(Chalk-Talk) 전략** ■ **관계 맺기 활동명 1: 그림 보고 문장 말하기** • 가족이 함께 모여 놀이하는 사진을 보여준다. - 그림 속에 어린이는 무엇을 하고 있나요? - 문장으로 말해 볼까요? **확대해서 보기(Zoom-In) 전략** ■ **관계 맺기 활동명 2: 말을 넣어 문장 완성하기** • 운동회가 있었던 날의 사진이나 그림을 자세히 관찰해 봅시다. - 어디인가요? 언제인가요? 아이들이 무엇을 하고 있나요? - 아이들이 줄다리기를 하고 있습니다. - 아이들이 바구니에 공 넣기를 하고 있습니다.	짜 가족사진 또는 그림, A4 용지, 사인펜 또는 색연필 ㋡ 짝활동이나 모둠 활동을 통하여 사전 지식을 수집하도록 한다.
전개	■ **문장 만들기 놀이하기** • 모둠 친구들과 낱말 카드를 보고 문장을 만들어봅시다. - 제시어는 '운동장'입니다. - 예) 친구들이 운동장에서 뛰고 있습니다. <놀이 방법> ㉠ 모둠별로 그림 카드 8장을 주고 그림에 알맞은 문장을 만들면 1장당 2점씩 주도록 한다. ㉡ 그림 카드 8장을 엎어놓고 가위바위보를 한다. ㉢ 이긴 사람이 먼저 카드를 뒤집어보고 문장을 만들면 2점을 받는다. ㉣ 그 다음은 이긴 사람의 오른쪽에 앉아 있는 친구부터 시작한다. ㉤ 그림 카드에 알맞은 문장을 완성하지 못하면 카드를 내려 놓는다. ㉥ 그림 카드로 알맞은 문장을 제일 많이 만든 모둠이 이긴다. ㉦ 문장 만들기를 어려워하는 친구는 '친구 찬스' 또는 '선생님 찬스'를 한 번 사용할 수 있다.	짜 PPT, 그림카드, 낱말 카드 ㋡ 문장 만들기를 어려워하는 학생도 게임 속에서 교사나 친구의 도움을 받아 어렵지 않게 접근할 수 있도록 한다.
정리	■ **그림 카드로 자신의 생각 표현하기** • 한 문장을 만들어 발표해봅시다. - 모둠 활동에 사용한 그림 카드 중에서 친구들이 만들었거나 내가 만든 문장 중에서 마음에 드는 문장을 읽어봅시다. - 자신이 그 문장을 선택한 이유를 말해봅시다.	짜 그림카드, 문장 카드 ㋡ 다른 친구들이 만든 문장 읽기를 통해 학생들의 사고를 확장한다.

관계맺기 5-1: 분필 대화(Chalk Talk)

1. '분필 대화(연필 대화)' 전략의 이해

이 전략은 생활 속에서 친숙한 그림이나 사진을 보고 학생들이 사전 지식을 자유롭게 발상할 수 있는 기회를 제공한다. 이 전략은 아이디어에 대한 비선형적 탐구를 촉진하여 문제를 해결하는 것이다. 이 활동은 종이 위에서 하는 개방형 토론이며, 모두에게 자유롭게 말할 기회를 보장하고 생각할 시간을 준다. 분필 대화의 과정은 아이디어를 제시하고, 서로 질문하며, 아이디어를 한층 더 발전시키는 것을 통해 협업 방식으로 개념을 형성한다.

2. '분필 대화(연필 대화)' 전략의 실제

가. 그림 보고 문장 만들기

실천 전략

학생들이 아이디어를 활성화하고 학생 상호간 질문과 대답을 통해 그림과 관련된 낱말이나 문장을 만들어보는 기초적인 활동을 해보는 전략이다. 교사는 학생들이 연필 대화로 사전 지식을 활용하여 자유롭게 문장을 만들어보게 하는 활동을 진행할 수 있도록 한다. 또한 이 활동을 본 차시 학습 경험과 관련시키며 또래 간 학습활동을 통하여 학생들의 깊이있는 사고를 이끌어낼 수 있다.

활용 예시

① 교사는 그룹별로 4절지 한 장씩 나누어 주도록 한다.
② 학생들은 그림 속의 인물이 누구누구인지, 그림 속의 가족들은 무슨 일을 하고 있는지 자유롭게 이야기한다.
③ 짝 활동이나 모둠 활동으로 빈 종이에 떠오르는 낱말을 적도록 한다.
④ 빈 종이에 쓰여진 낱말을 활용하여 간단한 문장을 만든다.

TIP 글의 형식이나 완전한 문장을 만드는 것에 주목하기보다는 자유롭게 머릿속에 떠오르는 낱말을 적도록 한다. 학생들이 표현하기 어려워하는 낱말이나 문장을 쓰기 원한다면 교사가 도움을 줄 수도 있다.

관계맺기 5-2: 확대해서 보기(Zoom in)

1. '확대해서 보기' 전략의 이해

이 전략은 그림이나 사진의 전체 장면보다 부분적인 장면을 확대(Zoom-in)하여 그 장면에서 눈에 띄는 모습이나 활동을 묘사해보도록 하는 것이다. 확대해서 보기는 '보기-생각하기-궁금해하기(See-Think-Wonder)'처럼 관찰하고 해석하는 것에 초점을 맞추고 있다. 학생들은 새로운 시각적 정보가 제공되면 다시 한 번 그림을 자세히 관찰한 뒤 초기 해석을 재평가한다. 그림의 일부만 공개함으로써 전체 그림을 한꺼번에 보지 않는 방식으로 학생들이 원자료를 추측하거나 관찰하는데 좀 더 관심을 가지고 참여할 수 있도록 촉진할 수 있다.

2. '확대해서 보기' 전략의 실제

가. 말을 넣어 문장 완성하기

실천 전략

학생들이 친숙하면서도 여러 사람이 등장하거나 여러 동물들이 등장하는 그림을 제시함으로써 학생들이 각 부분의 그림에 관심을 가지고 문장을 만들어보도록 한다. 초등학교 저학년 학생들에게 이 전략을 문장 만들기 활동에 사용하기 위해서는 주어, 목적어, 서술어가 들어있는 완전한 문장을 한 번에 만들도록 하기보다 문장의 부분을 괄호로 제시하여 문장 만들기의 기초 단계를 어렵지 않게 시작할 수 있다. 이 전략의 핵심 사고 활동도 묘사하기, 해석하기, 궁금해하기다. 교사는 친숙한 그림 또는 학생들이 좋아하는 그림과 구체적인 질문을 통해 학생들의 핵심사고 활동인 묘사하기를 이끌어낼 수 있다.

활용 예시

출처: https://kr.freepik.com

① 학생들에게 운동회 사진이나 그림의 일부를 보여준다.
② 그림의 한 부분을 크게 확대해서 보여주면서 질문을 좀 더 구체적으로 한다.
   ㉮ 누가 무엇을 하고 있나요?
   ㉯ 이 아이들이 잡고 있는 것은 무엇인가요?
   ㉰ 아이는 어떤 옷을 입고 있나요?
   ㉱ 아이들은 무엇을 하는 것인가요?
   ㉲ 아이들의 표정은 어떠한가요?

아이들은 (줄)을 잡고 있습니다.
남자 아이들은 바지를 (입고 있습니다.)
아이들은 (줄다리기를 합니다.)

③ 학생들은 그림 속의 한 장면에 대하여 괄호 안에 낱말이나 어구를 쓰도록 한다.

TIP 학생들이 제시된 낱말과 어구를 눈으로 익혀 문장을 쓸 수 있는 기초를 마련하도록 한다.

참고문헌

신형건(2023). 나는 나는 1학년. 끝없는 이야기.
Ron Ritchhart, Mark Church, Karin Morrison(2023). 생각이 보이는 교실. 최재경
　　(역). 사회평론아카데미.
놀이동산 그림자료(https://kr.freepik.com) https://zrr.kr/OPPY
운동회 그림자료(https://kr.freepik.com) https://zrr.kr/azBQ

2. 집중하기

[단원 설계 안내]

• 단원 개요: 2학년 수학과와 통합교과를 연계한 개념기반 수업의 단원명은 '변화 속에 질서가 있어요'이다. 본 단원은 2022 개정교육과정 2학년 수학과의 내용 체계 (2) 변화와 관계에서 '변화하는 현상에 반복적인 요소로 들어있는 규칙은 수나 식으로 표현될 수 있으며, 규칙을 탐구하는 것은 수학적으로 추측하고 일반화하는 데 기반이 된다.'는 핵심아디이어를 재진술하고, 수학과는 수학의 개념, 원리, 법칙을 이해하는 것과 주변의 여러 가지 현상을 수학적으로 관찰하는 것을 포함하기에 타 교과 성취기준 중 '변화'라는 개념을 담고 있는 성취 기준을 찾고, 통합교과와 연계하여 단원을 설계하였다.

• 개념: 본 단원 설계에서 주요 개념은 '변화'이며 개념적 렌즈는 '규칙', 관련 개념은 형태 변화, 시간의 흐름, 규칙, 배열, 규칙의 표현과 활용이다. '변화'라는 개념 형성을 위해 변화인 것과 변화가 아닌 것을 살펴보며 '변화'의 개념에 접근하되 생활 가운데 다양한 물건과 상황, 사람들의 모습, 주변을 잘 관찰하고 눈여겨 볼 수 있도록 중점을 두었다. '규칙' 개념 또한 핵심 아이디어를 염두에 두고, 반복적인 요소로 들어 있는 규칙을 찾는 수준이 아니라 규칙에 대한 깊은 탐구가 될 것을 염두에 두었다. 개념과 핵심 아이디어는 분리되는 것이 아니라 깊이 연결되어 단원 전체 설계에 잘 녹아들어 가도록 유의하였다.

• 단원 갈래: 단원 갈래는 총 네 개로 변하는 것과 변하지 않는 것, 변화 속 일정한 규칙, 다음 규칙 찾기, 규칙의 다양한 표현과 활용이다. '변하는 것과 변하지 않는 것'의 탐색을 통해 변화하는 현상들을 찾아보고 변화의 특성을 살펴본다. '변화 속 일정한 규칙'에서는 변화하는 현상 중 규칙적으로 변하는 사례들을 살펴 보고, 규칙에 대한 개념을 형성하도록 한다. '다음 규칙 찾기'에서는 규칙의 속성, 기준에 대한 이해를 바탕으로 규칙을 통해 예측이 가능

한 것을 경험하며, 마지막으로 자신이 만들거나 다른 사람이 만든 규칙을 누리고, 표현하며 생활 중 규칙을 적용하여 전이할 수 있는 기회를 가지도록 설계하였다.

- 핵심 아이디어 구체화: 본 단원의 핵심 아이디어는 '변화하는 현상에는 반복적인 요소로 들어있는 규칙이 있으며, 사람들은 규칙을 표현하고 활용한다.'로 변화라는 주요 개념과 변화와 현상, 규칙과 배열, 규칙의 표현과 활용이라는 관련 개념 간 관계를 진술하는 과정으로 구체화하였다.

- 안내 질문: 본 단원의 안내 질문은 개념 형성을 위한 깊이 있는 사고를 할 수 있는 열린 질문이 되도록 질문 생성에 유의하였다. 하위 핵심아이디어를 중심으로 사실적 질문은 사실을 파악할 수 있도록 하되 학습자 수준을 고려하여 친근하고 이해하기 쉽고 사고를 지원하는 친근한 형태의 질문이 되도록 하였다. 교수·학습과정에서도 비판적, 창의적, 유연한 사고를 지원하는 질문이 되도록 여러 차례 수정하며 도출하였다.

[개념기반 수업 설계 및 실행]

1. 교육과정 재구성

단원 설계 의도	이 단원은 2학년 수학과에서 여러 규칙을 탐구하고 다양하게 표현해 보는 내용과 '변화'를 주요 개념으로 생활 중 변화의 모습 탐구하는 내용을 연계하여 일정한 변화의 양상을 탐구해 보도록 설계하였다. 변화의 개념 형성을 위해 변하는 것과 변하지 않는 것의 속성을 이해할 수 있도록 하고, 여러 배열에서의 규칙은 생활 중 볼 수 있는 다양한 규칙적 변화를 살펴봄으로써 규칙적 변화의 특성을 파악하도록 하였다. 단순하고 반복적으로 규칙을 찾아내는 것에 머물지 않고, 생활과 연계하여 변화 속 일정한 규칙을 찾아보며 변화를 탐구하는 학습자로 자랄 수 있도록 지원하고자 한다.
핵심 아이디어	변화하는 현상에는 반복적인 요소로 들어있는 규칙이 있으며, 사람들은 규칙을 표현하고 활용한다.

범주 및 내용 체계	지식 · 이해	• 규칙
	과정 · 기능	• 물체, 무늬, 수, 계산식의 배열에서 규칙을 탐구하기 • 규칙을 찾아 여러 가지 방법으로 표현하기
	가치 · 태도	• 규칙, 동치 관계 탐구에 대한 흥미

성취기준	[2수02-01] 물체, 무늬, 수 등의 배열에서 규칙을 찾아 여러 가지 방법으로 표현할 수 있다. [2수02-02] 자신이 정한 규칙에 따라 물체, 무늬, 수 등을 배열할 수 있다. [2슬01-04] 사람과 자연, 동식물이 어우러져 사는 생태를 탐구한다. [2슬03-01] 하루의 변화와 사람들이 살아가는 모습을 탐색한다. [2슬04-02] 자유롭게 상상하며 놀이한다.

주요 개념 (macro concept)	변화	개념적 렌즈	규칙
관련 개념 (micro concept)	형태 변화, 시간의 흐름, 규칙, 배열, 규칙의 표현과 활용		

핵심 아이디어 구체화	• 세상에는 변하는 것과 변하지 않는 것이 있다. • 변화하는 현상에는 규칙적인 것들이 있다. • 규칙의 탐구로 다음에 대한 예측이 가능할 수 있다. • 사람들은 규칙을 다양하게 표현하고 활용한다.

개념망

변하는 것과 변하지 않는 것
- 형태 변화
- 시간의 흐름

변화 속 일정한 규칙
- 반복적 규칙

변화 속에
질서가 있어요.
(규칙)

다음 규칙 찾기
- 배열
- 규칙의 특성

규칙의 다양한 표현과 활용
- 패턴
- 규칙의 활용

2. 평가 계획

가. 평가 과제 개발

핵심 아이디어(C)	변화하는 현상에는 반복적인 요소로 들어있는 규칙이 있으며, 사람들은 규칙을 표현하고 활용한다.
목표(G)	규칙 나라에서 규칙적 배열이 아닌 것을 찾아내어 규칙이 있도록 수정한다.
역할(R)	규칙 나라 만능 수리 요원
청중(A)	규칙적 배열을 좋아하는 규칙 나라 사람들
상황(S)	규칙 나라 사람 중 규칙이 없는 물건이나 장소를 발견한 사람들의 요청으로 그 물건이나 장소를 규칙이 있는 것으로 바꾸는 일을 해야 함.
수행(P)	불규칙이 있는 장소에서 규칙으로 바꿀 방법을 찾아 규칙으로 바꾸기
기준(S)	① 규칙이 없는 물건이나 장소 발견하기, ② 발견한 물건이나 장소를 규칙이 있도록 바꾸기, ③ 어떤 규칙으로 바꾸었는지 설명하기
최종 평가 과제	규칙 나라 사람들은 규칙이 있는 물건과 장소를 좋아합니다. 규칙이 없는 물건이나 장소를 신고한 사람들의 요청으로 현장에 출동하여 그 물건이나 장소에 규칙이 있도록 바꾸어야 합니다. 평가에는 세 가지 기준이 있습니다. ① 규칙이 없는 물건이나 장소 발견하기 ② 발견한 물건이나 장소를 규칙이 있도록 바꾸기 ③ 어떤 규칙으로 바꾸었는지 설명하기를 지켜 규칙 나라 만능 수리 요원으로 임무를 수행하기를 바랍니다.

나. 평가 기준표

성취 수준 내용 요소	상	중	하
규칙적인 것과 불규칙한 것 구별하기 (지식 · 이해)	규칙의 의미를 알고 규칙적인 것과 불규칙한 것을 구별하고 그 이유를 설명할 수 있다.	규칙의 의미를 알고 규칙적인 것과 불규칙한 것을 구별할 수 있다.	규칙적인 것과 불규칙한 것을 구별할 수 있다.
변화하는 현상에서의 규칙 설명하기 (과정 · 기능)	변화하는 현상에서 규칙을 탐구하고 찾으며, 어떤 규칙인지 설명할 수 있다.	변화하는 현상에서 규칙을 탐구하고 찾을 수 있다.	변화하는 현상에서 간단한 규칙을 찾을 수 있다.
여러 가지 방법으로 규칙 표현하기 (가치 · 태도)	규칙을 찾아 여러 가지 방법으로 즐겁게 탐구하며 표현한다.	규칙을 찾아 여러 가지 방법으로 표현한다.	도움을 받아 규칙을 찾고, 간단한 규칙을 표현한다.

3. 단원의 구조

단원 갈래	하위 핵심 아이디어	안내 질문	범주 및 내용 체계		
			지식 · 이해	과정 · 기능	가치 · 태도
변하는 것과 변하지 않는 것	세상에는 변하는 것과 변하지 않는 것이 있다.	(사) 세상에서 변하는 것은 어떤 것이 있을까요? (개) 변하는 것과 변하지 않는 것은 어떤 차이가 있나요? (느) 변하는 것은 꼭 필요한 것일까요?	• 변화 • 변하는 것 • 변하지 않는 것	• 주변 생태 관찰하기 • 변화의 의미 설명하기	• 변화를 탐구하는 자세
변화 속 일정한 규칙	변화하는 현상에는 규칙적인 것들이 있다.	(사) 일정하게 반복되는 것을 무엇이라 할까요? (개) 자연과 인간 생활 속 규칙은 어떤 것이 있나요? (개) 규칙의 기준은 무엇일까요? (느) 변화하는 현상에는 다 규칙이 있을까요? (느) 규칙은 꼭 필요한 것일까요?	• 규칙 • 불규칙 • 규칙을 만드는 요소	• 규칙이 성립되는 요건, 이유 설명하기 • 규칙의 특직 정리하기	• 변화하는 현상 중 규칙을 찾는 즐거움 찾기 • 규칙의 조건 탐구하기
다음 규칙 찾기	규칙은 탐구로 다음에 대한 예측이 가능할 수 있다.	(사) 규칙을 발견하면 그 다음에 무엇이 올지 알 수 있나요? (개) 다음 규칙은 어떻게 알 수 있나요? (개) 변화하는 현상에서 규칙을 알고 있으면 어떤 점이 좋은가요? (느) 한 번 정한 규칙은 깨버릴 수 없나요?	• 반복 • 패턴 • 규칙으로 예측할 수 있는 것	• 다양한 규칙이 적용되는 경우 조사하기 • 규칙으로 예측할 수 있는 점 논의하기	• 규칙으로 생활의 이로움을 주는 경우 생각하기 • 규칙으로 더욱 안전한 세상을 만들 수 있는 아이디어 생각하기
규칙의 다양한 표현과 활용	사람들은 규칙을 다양하게 표현하고 활용한다.	(사) 규칙이 활용되는 경우는 언제일까요? (사) 규칙을 활용한 도구나 생활의 발전 모습은 어떤가요? (개) 사람들은 왜 규칙을 표현할까요? (개) 규칙을 표현하는 것은 왜 중요할까요?	• 규칙의 표현 • 디자인 • 규칙의 활용 • 생활 도구	• 규칙을 활용한 다양한 사례 조사하기 • 규칙을 활용한 도구나 생활의 발전 탐구하기	• 다양한 규칙을 표현하는 즐거움 느끼기 • 규칙을 적용한 다양한 놀이하기

4. 단원의 탐구 단계 설계

  본 단원의 탐구 단계는 개념기반 탐구학습의 여섯 단계를 큰 흐름에서는 관계 맺기, 집중하기, 조사하기, 조직 및 정리하기, 일반화하기, 전이하기로 나아가도록 설계하였다. 하지만 차시별로 모든 단계가 순차적이지는 않고 12차시 중 2개의 단원갈래에서 관계맺기와 집중하기를 중심으로 활동한다. 단원 갈래의 주제에 따라 '규칙'이라는 개념 형성을 위해 때로는 조사하기를 실시한 후 다시 개념에 대한 이해를 확인하는 집중하기 활동을 하기도 한다. 세 번째 단원 갈래 이후에는 더욱 왕성한 조사하기와 조직 및 정리하기 활동을 통해 일반화에 이를 수 있도록 구성하였다. '집중하기' 단계는 변화에 대한 개념 형성을 위해 1~2차시 중, 그리고 변화 속 규칙 찾기 단원 갈래에서 3~4차시 중 활동으로 구성하였다. 7차시와 8차시 다음 규칙 찾기 단원 갈래에서는 규칙이 들어 있는 다양한 자료들을 살펴보고 조사하여 이제까지 학습을 통해 형성한 '규칙'에 대한 개념 이해를 확인하고 피드백을 줄 수 있도록 다음 규칙을 찾고 설명하는 활동을 한다. 학생들은 마지막 단원 갈래에서 규칙의 다양한 표현과 활용을 주제로 일반화와 전이하기 활동을 할 수 있도록 하였다.

차시	단원 갈래	탐구단계	학습 활동
1~2	변하는 것과 변하지 않는 것	관계맺기	• 변하는 것에 관해 들었던 경험 말해보기 • 변한다는 것은 어떤 것인지 이야기하기 • 변하지 않은 것은 무엇인지 짝과 이야기하기
		집중하기	• 변하는 것에 대한 침묵브레인스토밍하기 • 변하는 것과 변하지 않는 것 그래픽 조직자 활동 • 내가 발견한 변화 연관 단어 그림맵 그리기 • 궁금한 점 꼼꼼질문, 상상질문하기
3~4	변화 속 일정한 규칙	관계맺기	• 변하는 것 중 일정한 규칙을 가진 물건이나 경우를 본 것 이야기하기 • 규칙이 있는 경우를 사람들이 어떻게 활용하는지 살펴보기
		조사하기	• 돋보기 사진사! 학교 내 형태 찾기 활동을 통해 규칙이 있는 것과 없다고 생각하는 것을 찾아 사진 찍기 • 모둠별 형태가 반복되는 자료 발표하기
5~6		집중하기	• 정례/부정례 그래픽 조직자 활동하기 • 조각-전체 한 눈에 보기로 규칙, 불규칙 변화 특징 살펴보기 • 연필 대화로 규칙적 배열 연습하기

		조사하기	• 가정이나 마을에서 볼 수 있는 규칙을 찾아보기 • 인터넷이나 책, 자료를 이용하여 규칙이 있는 경우 찾아보기
		조직 및 정리하기	• 사람들의 생활 모습 중 규칙이 있는 경우 분류하기 • 사는 모습과 눈으로 보이는 규칙 사이의 공통점과 차이점 찾고 정리하기
7~8	다음 규칙 찾기	조사하기	• 규칙을 파악하여 다음 규칙 찾아보기 • 시간의 변화 중 규칙을 예상함으로 인해 생활 중 얻는 이로움 생각해 보기
		조직 및 정리하기	• 조사 내용을 생각 갈래로 정리하고 발표하기
9~12	규칙의 다양한 표현과 활용	조사하기	• 다양한 규칙을 활용한 생활용품이나 미술 작품 조사하기 • 규칙이 있는 것과 없는 것의 차이 살펴보기
		일반화하기	• 변화 속 규칙에 대한 나의 의미 한 문장 쓰기 • 내가 표현하고 싶은 규칙 정하기 • 다양한 방법과 재료로 즐겁게 표현하기 • 규칙이 주는 이미지 헤드라인 쓰기
		조직 및 정리하기	• 변하는 것과 변하지 않는 것 중 규칙성을 가진 내용들의 공통점 정리하기 • 사람들이 왜 규칙이 있는 것을 표현하는지 생각하기
		전이하기	• 규칙을 적용한 창의적인 도구 발명하기 • 규칙을 활용한 다양한 놀이 창작하기

5. 탐구 단계별 활동 소개(집중하기)

• 집중하기 단계는 개념 형성에 초점을 두고 개념적 렌즈나 주도적 개념에 대한 공유된 이해를 발전시키는 단계이다.

• 집중하기 단계에서 다룬 사실적 관련 사례들을 소개하여 조사하기 단계에서 더욱 심층적으로 조사를 할 수 있도록 명확한 개념을 형성하도록 한다.

• 실생활 중 여러 사례나 자료를 조사하기 전 형성한 개념은 조사 활동을 명확하게 하고 집중하게 한다.

출처: Marschall & French, 2018.

- 집중하기 단계에서는 학생들이 개념 수준에서 연결을 쉽게 할 수 있도록 다양한 사고 기능과 정확한 개념을 형성하도록 사고를 촉진하는 질문이 중요하다. 교사가 제시하거나 학생 스스로 질문을 하거나 이해한 사고를 표현하고 점검하며 피드백을 해 나가는 과정을 반복하며, 개념을 형성할 수 있도록 한다.
- 개념 형성을 위해서는 개념도를 활용하거나 마인드맵 등의 다양한 시각적 도식화를 활용할 수 있다. 생각을 표현하여 교사와 학생이 함께 눈으로 확인하는 일은 학습자의 개념에 대한 이해와 형성 및 학습에 중요하다.

집중하기 활동의 실제 1

단원	변화 속에 질서가 있어요	차시	1~2/12
관련 개념	형태 변화, 시간의 흐름	개념적 렌즈	규칙
학습목표	변화의 다양한 종류를 알고, 변화의 의미를 말이나 그림으로 표현할 수 있다.		

단계	교수 · 학습 활동	자료짜/유의점윤
도입	■ **관계 맺기: 변화, 넌 무엇이니?** ■ **상자 안 물건 만져 보기** - 두 상자 안의 물건을 만져 보고 공부할 내용이 무엇인지 예상해 보기 - 한 상자에는 슬라임, 다른 상자에는 플라스틱 주사위를 넣어 두고 만져 본다. - 하나는 물컹거리고, 다른 하나는 딱딱해요. - 어떤 차이가 있다고 생각하나요? - 하나는 모양이 마음대로 변할 수 있는데, 다른 것 그렇게 못해요. 하나는 물건을 넣을 수 없는데, 다른 건 넣을 수 있어요. ■ **모양이 변할 수 있는 것과 변할 수 없는 것을 말하는 군요. 또 다른 변화가 있을까요?**	짜 상자 2개, 슬라임, 플라스틱 주사위 윤 슬라임은 만지기 전에 전혀 위험한 것이 아니라는 것을 알려 주어 안심하고 활동할 수 있게 한다.
전개	 집중하기 1: 침묵 브레인스토밍(NGT) ■ **개념 진단하기: 선지식 확인하기** ■ **변하는 것에는 어떤 것이 있나요?** - 생활 중 변하는 것이라고 생각하는 것을 생각해봅시다. - 2분 동안 아무 말을 하지 않고 침묵하며 생각하세요. - 개인 미니 보드에 떠오르는 것을 그림이나 글로 표현해요. 집중하기 2: 속성열거 그래픽 조직자 ■ **개념 생성하기: 변화의 다른 영역 탐색하기** - 예시와 비예시 또는 사례와 반대되는 사례 등을 2학년 학생의 수준에 맞게 변하는 것을 탐색하되 어떤 변화로 나누어질 수 있을지 나누어 보기 - 사실이 바뀌는 것이나 모양이 달라지는 것 등 다양한 변화를 구분해보기 집중하기 3: 연관 단어 그림맵 ■ **개념을 시각적으로 나타내기** - 변하는 것에 대한 이해를 그림으로 표현해 보기 - 변화는 것 중 하나의 주제를 정하고 자신이 이해한 변화에 대해 그림으로 그려보기 - 다른 친구들에게 어떤 변화를 나타낸 것인지 소개하기	윤 자유롭게 이야기를 하며 교사가 칠판을 둘로 나누어 적거나 학생들이 포스트잇에 쓰고 붙이는 활동으로 할 수도 있다. 짜 변하는 것과 변하지 않는 것을 나타내는 그림, 글 카드 자료 윤 변화와 유사한 개념도 다양하게 얘기할 수 있도록 한다. 짜 개별 포스트잇 또는 빈 그림카드

	집중하기 4: 꼼꼼질문, 상상질문 Wonder Ticket ■ **개념 형성 확장하기** - 오늘 공부를 마치며 더 궁금해진 내용들을 질문 카드에 쓰기 - 사고 기능 신장 질문으로 변화에 대한 기준이나 이유 확인하기 - 교사 질문 예시 보기: 변하는 것이란 어떤 것일까요? 변한다고 말한 이유는 무엇일까요? 변하는 것에는 어떤 특징이 있나요? - 궁금한 것을 써서 게시하고 공유하기	🖥 어떤 변화가 가장 마음에 와 닿는지 하나를 정하고 변화와 연관된 단어나 그림으로 표현하도록 한다. 🗂 포스트잇 🖥 학습 후 궁금해진 것에 대한 자유로운 질문이 되도록 하고 창문이나 벽에 붙이도록 한다.
정리	■ **개념 정리하기** - 변한다는 것은 모양이 바뀌거나 시간이 지나면서 달라지는 것이 있다. 세상에는 변하는 것도 있고 변하지 않는 것도 있다. 변하는 것이 더 많은 것 같다. 등 오늘 배운 것에 대한 자신의 정의를 말해보기	🖥 변화에 대한 이해를 확인하고 개별 피드백을 할 수 있다.

집중하기 1: 침묵 브레인스토밍

- 침묵 브레인스토밍은 브레인스토밍을 하되 일정 시간 침묵을 유지하여 생각하는 시간을 확보하게 하는 기법이다. 새로운 아이디어가 필요하거나 생각을 표현할 때 이야기를 먼저 할 경우 다른 사람의 생각에 쏠려 가거나 창의적인 사고가 제한되는 것을 방지하기 위해 침묵 속에 생각하도록 하는 방법이다. 학생들은 여러 가지 그림 자료를 살펴보며 어떻게 무리 지을 수 있을지 일정 시간을 가지고 생각하는 시간을 확보한다.

- 학생들이 진실로 마음에 생각하고 있는 것을 그대로 나타내어 다양한 생각들을 모을 수 있기에 어떤 개념에 대한 선지식을 진단하고 살펴보는 데 도움이 된다. 변하는 것은 무엇이 있는지 변하지 않은 것은 무엇이 있는지 생각해보고 단어나 그림으로 간단하게 표현해 보도록 한다.

- 초등학교 2학년의 학생 수준을 감안하여 개인 미니보드와 마커를 제공하고 자유롭게 그리거나 글로 쓰도록 안내한다. 또한 글로 쓸 경우도 간단한 그림을 이모티콘 형식으로 그려도 좋다고 안내한다. 변하는 것에 대한 브레인스

토밍은 다양하게 나올 수 있다. 학생들이 어느 정도까지 변하는 것에 대해 인식하고 사고할 수 있는지 확인하는 목적과 의미가 크다.

TIP 그리기에 너무 치중하지 않도록 하고 몇 가지 이상 생각해 보기로 최소 기준을 정해 준다. "변화 찾기 탐정이 되어볼까요?" 등의 동기를 부여하는 표현을 사용한다. 미니 보드를 돌려 가며 보거나 개별 포스트잇에 적고 모둠 활동 보드에 붙일 수도 있다. 활동 보드 제목은 "변하는 것을 찾아 보아요." 또는 "○○반의 변화 브레인스토밍"으로 할 수 있다.

집중하기 단계의 실제 활용 예

침묵 브레인스토밍

- 개별 미니보드에 '변하는 것' 또는 '○○의 변하는 것 찾기'를 쓴다.
- 2분 또는 3분 동안 말하지 않고 변하는 것이 무엇이 있을지 생각해 보고 보드에 그림이나 글자, 또는 그림과 글 등으로 표현한다.
- 교사는 침묵이 해제되었음을 알린다.
- 1차 옆 짝과 결과물을 나눠 본다.
- 2차 모둠 친구들과 결과에 대해 이야기해 보며 나와 같은 생각이 있는지 다른 친구는 어떤 것을 생각했는지 공유한다.
- 교사는 전체 모임을 통하여 학생들이 변하는 것에 대해 가진 다양한 의견을 이야기한다. 학생들이 변하는 것에 대한 선지식을 확인하며 변하지 않는 것에 대해서도 생각해 보도록 사고 기능을 신장할 수 있다.

침묵 브레인스토밍 활동 후 대화 예시

- ■ 여러분이 생각한 변하는 것이 어떤 것들이 있었나요?
  - 아기가 커서 어른이 되는 것을 이야기했어요.
  - 매일 아침, 점심, 저녁이 되는 것도 변하는 거예요.
  - 우유를 오래 두면 상해서 못 먹는데, 우유가 변했다고 해요.
  - 곤충이 애벌레에서 나비로 변해요.
  - 친구의 마음이 변해요. 우리 엄마 기분이 자주 변해요. 저의 마음도 변해요.
- ■ 변한다는 것은 어떤 것일까요?
  - 처음 모습과 조금은 달라지는 거예요.
  - 처음에는 깨끗했는데 나중에 더러워지거나 낡게 되는 것이요.
  - 계속 바뀌는 거예요.
  - 물이 얼음이 되고 얼음이 녹고, 물이 끓으면 수증기가 되는 것처럼 되는 거예요.
- ■ 변하지 않는다고 생각하는 것은 어떤 것이 있나요?
  - 나의 이름이요. 잘 바뀌진 않아요. 우리 가족이요. 지구와 우주, 행성의 배열이요. 우리 집 가구 위치요. 학교 이름, 물건은 그냥 변하지 않는 것 같아요. 등...

침묵 브레인스토밍(NGT) 학생 활동 예시: 개인 미니보드 활용

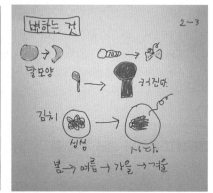

'변하는 것에는 어떤 것이 있나요?'

명목집단법(Normal Group Technique, NGT)의 효과적 활용

명목집단법은 브레인스토밍의 절차를 따르되 토론을 하기 전에 주어진 토의 주제에 대해 모두 침묵함으로써 자기의 생각을 정리할 수 있도록 해야 한다. 절차를 모두 동의하여 따를 것이 중요하다. 집단지성 같은 아이디어가 필요한 경우 각자의 아이디어를 먼저 생각하고 참석자들이 돌아가며 발표하는데 이때 다른 사람들은 조용히 들어야 한다.

- 진행 절차는
  1. 회의 주제에 대하여 자유롭게 발언하도록 요청하기(10분 이내)
  2. 논의 내용과 각자의 생각을 정리하여 포스트잇에 5개 이상 아이디어 적기
  3. 종료 1분 전 알리기
  4. '종료'를 알리고 아이디어를 적은 포스트잇을 벽에 붙여진 전지에 붙이기(3분)
  5. 참석자들 모두 함께 아이디어를 눈으로 읽어 내려가다가, 추가적인 설명이 필요한 아이디어에 대해서는 아이디어를 적은 사람에게 추가적 설명을 요청하기, 참고가 되는 단어를 다른 색깔로 포스트잇에 기입하기(5분)
  6. 붙여진 아이디어를 유사한 내용끼리 재배치하고, 분류 위에 공통 제목 쓰기(5분)

- NGT의 효과는 1. 정제된 단어와 문장 사용을 통한 토론시간 절약함. 2. 모든 구성원의 적극적 참가를 유도할 수 있음. 3. 타인의 의견을 미리 파악이 가능함.

출처: 소통과상생연구소, https://url.kr/6p17rq

- 그래픽 조직자는 학생이 알고 있는 지식을 시각적으로 표현하거나 정보를 구조화시키는 방법이다. 개념의 구조를 속성 모형, 원형 모형, 전범모형, 이론 기반 모형으로 개념 구조론을 밝히고 이와 연계하여 개념 구조에 따른 그래픽 조직자를 속성열거를 통한 개념 지도에 적합한 그래픽 조직자, 원형 형성을 통한 개념 지도에 적합한 그래픽 조직자, 전범 형성을 통한 개념 지도에 적합한 그래픽 조직자, 개념 간의 관계를 지도할 때 적합한 그래픽 조직자, 정례/부정례 제시를 통한 개념 지도에 적합한 그래픽 조직자를 제시하였다 (이유진, 강이철(2010)). 본 집중하기 활동에서는 '변화'라는 속성에 대한 개념을 살펴볼 수 있도록 속성열거 그래픽 조직자를 활용한다.

- 개념 형성을 위해서는 다양한 시각적 자료의 활용이 필요하다. 그래프, 다이어그램, 사진, 도표 등의 시각적 자료를 사용하여 개념을 시각화하고 이해할 수 있도록 도와 줄 수 있다. 속성열거 그래픽 조직자 활동을 위해 변하는 것의 다양한 사진을 활용하여 학생들이 어떻게 두 그룹 또는 스스로 생각하는 속성대로 분류할 수 있는지 관찰한다. 묶음 및 조직을 통해 개념 간의 구조와 관계를 명시화하는 데 적절한 활동이다.

TIP 속성열거 그래픽 조직자 예시를 주지만 세 가지로 분류하기를 원한다면 더 이상 많이 분류할 수 있음을 알려준다. 그래프 조직자의 제목은 모둠별 스스로 만들어 적어 보도록 할 수 있으나 예시를 주어서 어렵지 않게 접근하도록 한다. 그래프 제목은 변화의 두 속성에 따른 내용으로 형태, 모양, 외형이 변하는 것들과 시간이 지남에 따라 변화되는 것으로 묶어 볼 수 있으나 학생들의 다양한 활동 결과를 수렴하고 파악하도록 한다. 활동 후에는 전체 의견 공유 및 토론과 교사 피드백으로 개념으로 연결하는 과정을 가지도록 한다.

집중하기 단계의 실제 활용 예

속성열거 그래픽 조직자

- 모둠별 한 묶음의 그림 자료를 제시한다.
- 변하는 것들의 예시를 비슷하다고 생각되는 내용으로 분류해 본다.
- 자료들을 정리해 본 후 속성열거 그래픽 조직자로 제시한다.
- 학생 수준에 따라 그림 자료를 올리고 설명하거나 글로 정리한다.
- 그래픽 조직자 틀과 제목은 모둠원이 함께 결정할 수 있으며 교사가 틀을 디자인하여 제시할 수 있다.

속성열거 그래픽 조직자 활동 예시

변하는 것(원래대로 돌아갈 수 있는 것)	자라서 변하는 것	변하지 않는 것

생각한 점: 사람, 나무, 달걀, 꽃은 자라는 것이고 달은 모양이 변한다. 가족이나 나는 잘 변하지 않는다고 생각한다. 로봇이나 컴퓨터는 모양이 변하지는 않는다.

그림 출처: 미리캔버스

• 활동 후 교사 피드백 예시: 로봇과 컴퓨터는 한 번 정해진 모양이 쉽게 변하지 않는다고 생각했군요. 시간이 지나고 가족의 사랑이나 항상 멋진 나는 '변함이 없다'라는 말을 많이 쓰죠. 그렇게 변하지 않는 것을 파악했군요. 로봇이나 컴퓨터도 시간이 지나면 오래되어 낡는다는 면에서는 변하는 것이라고 생각할 수 있을까요?

집중하기 3: 연관 단어 그림맵

• 학생들이 특정 단어나 개념에 대해 연상되는 이미지나 관련 단어를 그림으로 표현하는 창의적이고 상호작용적인 활동이다. 이 활동은 특히 개념기반 탐구 학습에서 다양한 자료를 탐색하고 자신이 이해한 개념을 시각적으로 표현해 봄으로써 다른 친구들이 가지고 있는 개념에 대한 이해를 비교할 수 있고, 교사에게는 학생의 이해 정도를 파악하는 유용한 자료로 활용될 수 있으며, 초등학생들의 창의력과 사고력을 촉진하는 데 도움이 된다.

• 이 활동은 학생들이 개념을 다각도에서 사고하고, 창의적으로 표현하는 능력을 개발하는 데 목적이 있다. 또한, 개념에 대한 이해를 깊이 있게 하고, 동시에 학생들 간의 상호작용과 소통을 촉진한다.

• 교사는 학습 주제와 관련된 중요한 단어나 개념을 선정한다. 학생들에게 그 단어나 개념에 대해 떠오르는 이미지나 연관 단어를 생각하게 하고, 이를 그림으로 표현하도록 한다. 학생들은 자신의 그림을 동료들과 공유하고, 왜 그

런 그림을 그렸는지 설명한다. 이 과정에서 학생들은 서로의 생각을 듣고, 개념에 대한 다양한 해석을 공유한다. 마지막으로, 교사는 학생들의 그림과 설명을 통해 나타난 아이디어를 학습 주제와 연결시키고, 개념에 대한 더 깊은 이해를 돕는다.

TIP 변하는 것에 대한 개념을 형성하고 있는 과정에서 주요 개념 '변화'라는 단어를 제시할 수 있다. 전 활동을 통해 '~ 변화'로 변하는 것의 구체적 예시를 명명하게 되면 변화에 대한 개념을 가깝게 느낄 수 있다. 본 활동에서 연관 단어는 '~의 변화', '~이 변하는 모습', '변화가 일어나는 것' 등 학생들이 스스로 명명할 수 있도록 한다.

집중하기 단계의 실제 활용 예

연관 단어 그림맵

- 단어 선정하여 제시하기: 변하는 것에 대해 생각나는 것
- 그림 그리기: 내가 생각하는 변화에 대해 그림으로 그려보기
- 공유 및 토론하기: 난 기분이 변하는 것을 그려 보았어. 기분은 시시때때로 막 변하는 것 같아. / 나는 애벌레가 나비로 변하는 것인데 이건 좀 정해져 있는 것 같아. / 아침, 점심, 저녁, 밤도 되풀이되는 것 같아. 그래서 또 아침, 점심, 저녁, 밤이 오잖아.
- 개념 연결하기: 변하는 것에는 일정하게 변하는 것도 있고, 일정하지 않게 변하는 것이 있다. 늘 되풀이되어 돌아오는 것에는 계절이나 하루의 변화, 달의 모양 변화, 사람이 자라는 것, 알에서 애벌레가 되었다가 나비가 되는 것 같은 것이 있다. 변화하는 현상 속에는 규칙이 있다.

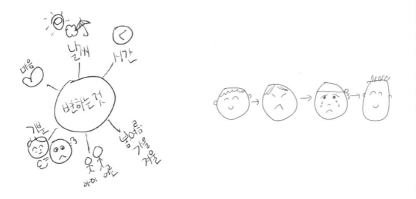

<변하는 것에 대한 연관 단어 그림 예시>   <기분의 변화 연관 그림 예시>

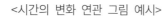

<시간의 변화 연관 그림 예시>　　　　<나비의 변화 연관 그림 예시>

집중하기 4: 꼼꼼질문, 상상질문 Wonder Ticket

- 개념기반 탐구 단계에서 집중하기 단계의 개념 형성 전략은 크게 분류 전략, 명명 전략, 순위 전략을 활용할 수 있다(신광미, 강현석 공역, 2021). 이 중 명명 전략은 사례 연구나 예를 이용하여 개념을 기술하거나 정의하는 활동으로 형용사로 개념 표현하기, 분류하기, 기술하기, 명명하기, 수수께끼 만들기, 결합하기 등이 있다. 집중하기 활동 예시 4로 제시하는 Wonder Ticket 활동은 학습의 마무리 단계에서 학생들이 개념 형성을 위한 활동 후 자신의 개념 이해를 확인하거나 더 깊은 사고 기능을 신장하기 위해 친구들이 궁금해하는 질문들을 살펴 봄으로써 개념 형성 전략을 지원하는 활동이다.

- 같은 개념 대상을 모둠별로 집중 조사하고 탐구하며, 새롭게 의미를 명명하는 활동을 통해 학생들이 필요에 따라 질문의 성격을 달리하여 지도할 수 있다. 다양한 질문의 형태 중 본 단계에서는 구체적으로 더 깊이 사고하여 질문을 만들고 답을 구하는 질문은 '꼼꼼질문', 개념에 대해 유추하여 질문하는 것은 '상상질문', 만약을 가정해 생각해 보며 개념의 의미를 더욱 확실하게 하도록 개념 형성을 심화시키는 ~라면 질문을 '라면질문'으로 명명하여 학생들이 질문을 깊이 할 수 있게 한다.

TIP 좋은 질문, 수준 높은 질문, 고차원적 질문 등 질문에 대한 분류가 많지만 사고 기능을 신장시키는 면에서는 동일한 목적을 가진다고 할 수 있다. 학생들이 처음부터 질문을 만들어 내기는 쉽지 않을 수 있다. 교사가 질문하는 것을 듣고, 생각하고, 답하는 교사의 모델링이 필요하다.

집중하기 단계의 실제 활용 예

꼼꼼질문, 상상질문 Wonder Ticket 예시

• 변하는 것과 변하지 않는 것에 대한 꼼꼼질문
  - 로봇이 변하지 않는다는 것은 정말 그럴까요? 시간이 오래되면 고장이 날 수 있고, 그러면 사람이 업그레이드 시킬 수 있으니까 변할 수 있는 것 아닌가요?
  - 컴퓨터도 계속 사양을 높여 갈 수 있으니까 고장나면 폐기처분되는데 그건 변하는 것이 아닌가?

• 변하는 것과 변하지 않는 것에 대한 상상질문
  - 가족의 사랑이 변하지 않는다고 했는데 이혼하면 가족의 사랑도 변하지 않나요?
  - 눈사람이 변한다고 하는데 북극이나 남극에 있는 눈사람은 안 변하지 않나요?
  - 만약 세상에 있는 것이 하나도 안 변하면 어떻게 될까요?
  - 시간이 멈춘다면 변하는 것이 없을까요?

도움이 되는 추가 자료

• 개념 형성을 돕기 위한 가장 기본적인 질문으로는 1. 그것이 무엇인가요? 2. 어떻게 생겼나요? 3. 어떻게 동작하나요? 4. 어떤 일이 일어날까요? 5. 어떻게 이해할 수 있나요? 등이 있다. 하지만 사실만을 확인하거나 얕은 지식으로 그치지 않도록 학생들이 답하는 것을 잘 듣고, 의도나 의미, 개념 형성에 대한 수준을 파악하여 더 깊이 사고를 이끌어 낼 수 있도록 지원하는 교사의 추가 질문이 매우 중요하다. "그렇게 생각했군요. 좋은 생각이에요. 잘 했어요."로 끝나지 않도록 학생들이 어떤 종류의 사고를 할 수 있기를 바라는지, 그것을 어떻게 지원할지 고민해야 한다. 교사는 피드백을 통하여 학생들의 사고를 진작할 수 있다.

교사의 피드백을 통한 사고 기능 신장 예시

상황: 곤경에 처한 난민의 상황을 강조한 사진을 보고 난민에 대해 이해한 학생들에게 교사가 피드백을 줌.

• "여러분이 이 사진을 보고 어떤 일이 벌어졌는지 제대로 설명하는 데 사전 지식과 이미 알고 있는 지식을 사용한 것이 마음에 들어요. 여러분은 정말 세밀하게 관찰했고, 추론을 뒷받침할 증거도 사용했군요."

- 이렇게 피드백하는 것은 학생들이 수행한 사고에 대한 명확한 그림과 다음 학습 때 참고할 수 있는 기준점을 제시해 준다.

교사의 질문하기 가이드라인

(1) 탐구 중인 아이디어에 대한 관심을 형성하는 질문 (2) 학생들의 이해 형성을 돕는 질문 (3) 학생들이 사고하도록 돕는 질문

출처: 론 리치하트 외(2023). pp. 54~56. 참조.

단원	변화 속에 질서가 있어요	차시	5/12
관련 개념	규칙, 배열, 반복적 규칙	개념적 렌즈	규칙
학습목표	주변에서 규칙적 배열의 예를 찾고, 규칙적인 것과 불규칙한 것에 대한 느낌을 표현할 수 있다.		

단계	교수 · 학습 활동	자료㉠/유의점㉡
도입	■ **확대해서 보기** - 편의점 냉장고에 병들이 나란히 있는 모습의 사진을 확대해서 보여주고 무슨 사진인지 알아맞혀 보기 - 물병들이 나란히 있는 모습이에요. - 우리집 냉장고 모습이에요. - 편의점에서 본 적이 있어요. - 물병이 언덕처럼 구불구불 보여요. ■ **편의점에서는 왜 물건을 매우 바르게 똑같이 규칙적으로 놓는 걸까요? 어떤 새로운 것이 보이나요?** - 사람들이 찾기 쉽게, 잘 보이라구요. - 물건을 더 많이 넣을 수 있으니까요. - 깨끗하게 해야 손님이 많이 오니까요. - 물건이 흐트러지지 않게 딱 맞게 넣는 칸이 만들어져 있어요. - 진열대가 살짝 기울어져 있어요. - 한 형이 음료수 병들의 끝을 맞추고 있어요.	㉠ 편의점 음료수 진열대를 정리하고 있는 학생의 모습 확대 그림 ㉡ 일정한 배열로 규칙성을 확보하는 사례(자전거 보관대, 차들이 나란히 주차한 모습 등)를 추가로 함께 이야기할 수 있다.
전개	**집중하기 1: 정례/부정례 그래픽 조직자** ■ **개념 형성하기: 일정한 규칙을 가진 배열의 예와 그렇지 않은 예 탐색하기** - 4차시에서 수집한 다양한 사진 자료 중 일부와 교사가 비예시가 되는 새로운 예의 사진을 추가하여 동시에 제시함. - 규칙이 있다고 생각하는 것, 그렇지 않은 것 또는 다른 속성으로 그룹핑하고 그룹핑한 것의 이름짓기 **집중하기 2: 조각-전체 한눈에 보기** ■ **개념 형성하기: 규칙적 변화와 불규칙적 변화의 특징 탐구하기** - 도시에서 볼 수 있는 규칙을 활용한 여러 사례 영상 보기 - 규칙적 배열인 패턴을 활용한 물건 자료 살펴보기 - 규칙적 배열에는 어떤 특징이 있는지 단어 또는 형용	㉠ 그림 또는 사진 자료, 보드 또는 그래픽 디자인 활동지, 모둠활동 게시판 ㉠ 규칙적 배열의 모습을 볼 수 있는 마을 모습 동영상 ㉡ 변화와 유사한 개념도 다양하게 얘기할 수 있도록 한다. ㉠ 도화지, 연필, 색연필 등의 채색도구

	사를 이용하여 적어 보기 - 불규칙적인 것들에는 어떤 특징이 있는지 생각 정리하기 집중하기 3: 연필 대화 ■ **개념 이해를 시각적으로 나타내기** - 글자와 숫자, 도형, 이모티콘, 픽토그램을 활용한 규칙적 배열 사례 살펴보기 - 개인 연필 대화하기, 짝과 함께 연필 대화하기, 모둠으로 연필 대화하기 - 규칙적인 것의 배열을 실제로 경험해 보며 오류를 수정하고 협력하기 - 우리 모둠의 연필 대화 발표하기	개인 활동-짝 활동-모둠 활동-전체활동으로 확장시킬 수 있다. 록하고 창문이나 벽에 붙이도록 한다.
정리	■ **집중하기 활동 성찰하기** - 규칙적인 배열과 불규칙한 것에 대한 학습 활동 후 가지게 된 느낌이나 생각을 학습하기 전 생각과 후 또는 헤드라인 활동으로 마무리하기	개인 메모지 정보를 조직하고 정리하는 단계에서 활용할 수 있다.

집중하기 1: 정례/부정례 그래픽 조직자

- 개념 형성을 위한 학습에서는 개념에 대한 특성 파악이 중요하다. 개념 자체는 추상적이며 분류의 기준이 되는 속성을 가지고 있다. 학생들이 속성을 바로 이해하기는 어렵지만 동일한 사례를 많이 보는 것, 그 사이에 그렇지 않은 예시를 제시했을 때 그 속성을 쉽게 파악할 수 있다. 예시인 것과 예시가 아닌 것을 생각해 보라고 하기 전에 시각적 자료의 제시로 파악하는 경험이 중요하다. 개념의 속성에 대한 용어는 알지 못하더라도 어린 학생이라도 어떤 다른 점이 있는지 차이는 알 수 있다. 구체적인 개념에 해당하는 예사를 '긍정적 예', 그와 반대되는 예시를 '부정적 예'라고 하기도 한다. 자료의 제시는 동시에 제시하는 것이 좋다.

- 그래픽 조직자는 교사가 직접 구안할 수도 있으며, 대표적으로 정례/부정례 제시를 통한 개념지도에 적합한 예는 두 칸으로 나누어 위에 '~인 것', '~가 아닌 것' 또는 '~에 속하는 것', '~에 속하지 않는 것', '~에 해당하는 것', '~에 해당하지 않는 것' 등으로 구분하며, 개념에 따라 다르게 명명할 수 있다.

TIP 교사가 제시하는 그림이나 사진, 영상 자료를 보고 학습한 후 예시인 것과 그렇지 않은 것에 대해 이야기를 만들거나 색깔로 구분하여 정리해 볼 수 있다. 일정한 규칙을 가진 배열뿐 아니라 규칙성이 있는 변화와 불규칙한 변화도 포함하여 지도할 수 있다. 처음 활동하는 경우는 제목을 제시해 주고, 반복적 활동을 해 가며 스스로 명명하기로 나아가도록 한다.

집중하기 단계의 실제 활용 예

정례/부정례 그래픽 조직자

- 자료 제시하기: 규칙적 배열이 있는 것과 그렇지 않은 것
- 이야기하며 살펴보기: 자료에 대한 서로의 생각을 이야기하기
- 그래픽 조직자 정리하기: 규칙적이라고 생각하는 것과 그렇지 않은 것으로 분류하기
- 설명하기: 셋 가고 하나 남기 활동, 또는 부스 활동, 모둠별 게시판에 게시하고 다른 모둠 친구들이 왔을 때 설명하는 방식 등 다양한 방법으로 설명하기

정례/부정례 그래픽 조직자 활동 예시 1

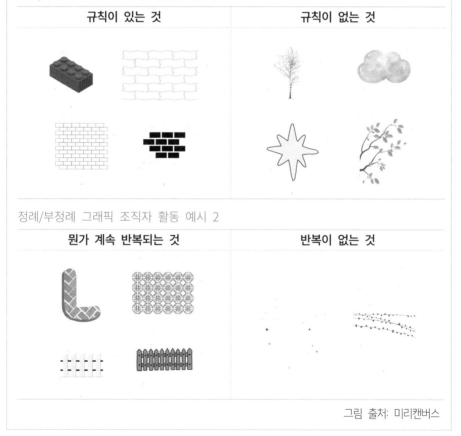

그림 출처: 미리캔버스

- 정례/부정례로 분류해 보는 활동을 하기 전 전체 학습으로 See-Think-Wonder 활동을 한 후 모둠 활동으로 진행할 수 있다. 제시된 자료들을 함께 살펴보는 시간을 갖는다. "벽돌이 계속 계속....." 또는 "계속 이어져 있어요.", "반복해서 나와요." 등 다양한 표현들을 수용하고, 격려한다. 떠오르는 생각들을 이야기해 본다. "집을 지을 때 저렇게 해야 집이 튼튼할 것 같아요.", "계속 반복해서 쌓으면 튼튼해요." 등 학생들은 알고 있는 수준에서 일정한 규칙을 가지고 배열하는 이유를 생각해 볼 수 있다.
- 프레이어 모델 활동

  프레이어 모델은 예시와 비예시를 생각해 보는 면에서는 정례/부정례 그래픽 조직자 활동과 동일하나 개념에 대한 정의와 특성을 함께 생각하고 사분면에 정리해 보는 점이 다르다. 이 활동은 초기 학생들이 가지고 있는 개념에 대한 수준을 알아보기 위해, 사고 기능을 신장하기 위해, 학습 마지막 단계에서 배운 개념에 대해 개별 또는 모둠으로 정리해 보는 활동으로 활용할 수 있다.
- 개념 맵 작성

  개념 맵 활동은 학생들에게 주어진 개념을 중심으로 연결되는 하위 개념이나 관련 용어를 작성하도록 하여 개념의 구조를 시각적으로 파악하고 개념 간의 관계를 이해하도록 하는 방법이다. 그래픽 조직자보다 형태적으로 덜 정형적이긴 하나 틀을 미리 정하지 않고 사고를 바로 시각적으로 표현할 수 있고, 개념을 깊이 이해하고 기억하는 데 도움을 줄 수 있다.
- 그래픽 조직자 직접 구안

개념 지도를 위해 그래픽 조직자를 활용할 경우에는 그래픽 조직자에 개념의 구조가 반영되어야 한다. 개발되어 있는 그래픽 조직자의 활용도 가능하나 그래픽 조직자는 교사가 직접 구안하여 활용할 수 있다. 때로는 학생들이 스스로 만든 그래픽 조직자가 학생의 개념에 대한 이해 정도를 더욱 잘 파악하는 도구가 되기도 한다. PPT의 탬플릿을 활용할 수 있다.

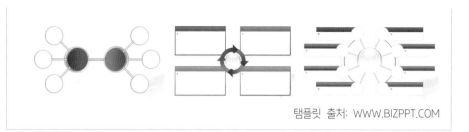

탬플릿 출처: WWW.BIZPPT.COM

집중하기 2: 조각-전체 한눈에 보기

- 조각−전체 그래픽 조직자는 4~6개 정도의 부분들이 모여 하나의 완전한 사물을 이루는 형태로 아이스크림이나 샌드위치, 햄버거 모양 등으로 전체를 부분으로 나누어 제시할 수 있다. 개념의 추상성으로 인해 어떤 개념 하면 바로 떠오르는 몇 가지들의 복합을 통하여 추상적인 개념을 쉽게 이해하는 활동이다. 개념의 형성 단계 또는 학습활동 후 개념의 이해를 파악하는 단계, 개념의 형성을 파악하는 모든 단계에서 활용이 가능하다.

집중하기 단계의 실제 활용 예

조각-전체 그래픽 조직자
- 의미 파악: 조각-전체 그래픽 조직자의 의미를 파악하기
- 조각 내용 선정: 개념에 대한 부분의 이해, 추상적 개념의 세부 속성 파악하기
- 조각의 위계나 순서 결정하기
- 조각-전체 그래픽 조직자 정리하기

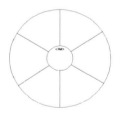

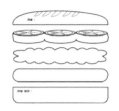

조각-전체 그래픽 조직자 활동 예시

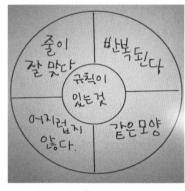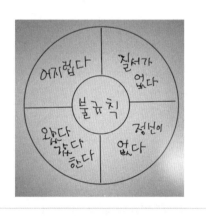

TIP 조각-전체 그래픽 디자인의 다른 형태로는 실제 피자 모양의 부정형 피자 모형으로 해도 좋다. 나비의 날개에 타원형 모양을 넣어 가운데 배 부분에 개념을 적고 활동할 수 있다. 다양한 곤충이나 산을 층고에 따라 나누어 제시, 서랍장, 칸이 나누어져 있는 도시락 등을 활용할 수 있다.

집중하기 3: 연필 대화

• 학생들의 의견을 종이 위에서 조용히 진행하는 '대화'로 다른 사람의 도움이나 말이 없이 종이 위에서 대화하는 방식이다. '분필 대화'에서 학생들에 의해 더욱 친근한 용어로 '연필 대화'로 바뀌었다. 본 수업에서 연필 대화는 그림으로 서로의 생각을 표현하는 방식이다. 규칙적 배열을 배운 후 실제로 적용해 보는 활동으로 모양이나, 숫자, 글자, 동물 이름, 그림 등 무엇이든 표현이 가능하다.

- 연필 대화를 처음에는 연필로 대화하고, 규칙을 배열하는 방법에는 색깔도 중요한 요소이기 때문에 색연필 대화, 또는 필기구 종류에 따라 싸인펜 대화 등 다양한 명명이 가능하다.

  사고 기능을 신장하고 개념을 형성하는 단계, 개념에 대한 이해를 확인하는 단계 등 추상적 개념에 대한 정의를 표현하는 다양한 주제로 접목이 가능하다.

TIP 본 활동은 규칙적 배열을 표현해 보는 활동이기에 처음에는 일정 시간 동안 개인 활동으로 해 보고, 차츰 짝 활동, 모둠 활동으로 확장할 수 있다. 색연필 대화로 나아갈 때는 서로의 의도를 잘 파악해야 하며 협업의 수준이 높아지기에 학생들이 단계마다 성공할 때 함께 축하하고 교사의 긍정적이고 적극적인 피드백이 필요하다.

집중하기 단계의 실제 활용 예

연필 대화

- 내용 선택하기: 여러 카테고리 중 도형, 글자, 동물 이름, 구체적인 사물의 모양 등 규칙적 배열이 가능한 요소 중 내용 정하기
- 시간 정하기: 교사가 제시 또는 학생들과 논의하여 정하기, 반복 활동으로 적정 시간 찾기
- 1차 1인 연필 대화로 한 줄에 규칙적 배열 표현하기

  2차 1인 색연필 대화로 규칙적 배열 표현하기

  3차 2인 짝 활동 연필 대화로 두 줄에 규칙적 배열 표현하기

  4차 2인 짝 활동 색연필 대화로 두 줄 또는 짝과 정한 줄 수에 규칙적 배열 표현하기
- 활동 성찰 기록하기: 스스로 또는 함께 한 짝에게 활동하며 생각한 점과 어려웠던 점, 질문하고 싶은 점 등 쓰기
- 공유하기: 연필 대화 내용을 발표하거나 조용히 돌려 보며 상호 검토하기, 어떤 질문과 어려움이 있었는지 확인하기

출처: 론 리치하트 외(2023). pp.113~121. 재구성.

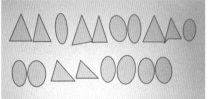
도움이 되는 추가 자료

- 픽토그램은 정보, 데이터, 개념 등을 간단하고 명확한 이미지나 상징으로 표현하는 시각적 도구이다. 이 방법은 복잡하거나 추상적인 정보를 학생들이 쉽게 이해할 수 있는 형태로 전달하는 데 특히 유용하다. 픽토그램을 사용함으로써, 초등학생들은 데이터를 시각적으로 해석하고, 정보를 쉽게 기억하며, 개념을 더 깊이 이해할 수 있다.

- 픽토그램의 목적은 정보를 더 알기 쉽고 접근하기 쉬운 형태로 제공하는 것이다. 이를 통해 학생들은 데이터와 개념을 더 빠르게 이해하고, 관련 정보를 효과적으로 소통할 수 있다.

- 픽토그램을 사용함으로써, 학생들은 시각적으로 데이터를 해석하고 조직하는 능력을 키울 수 있으며, 정보를 기억하는 데 도움이 된다. 창의적 사고를 촉진하고, 학생들이 복잡한 개념에 대해 더 깊이 생각해 볼 수 있는 기회를 제공한다.

픽토그램

- 주제 선정: 먼저, 픽토그램으로 표현할 주제 선정하기. 생태계, 날씨 변화, 동식물 종류 등이 될 수 있음.

- 픽토그램 디자인: 각 주제에 대한 정보를 표현할 픽토그램을 디자인하기
- 정보 표현: 픽토그램을 사용해 정보를 표현하기
- <예시> 동물원에 사는 동물의 수를 나타내기 위해 각 동물을 대표하는 픽토그램을 사용하기
- 분석 및 토론: 학생들은 픽토그램을 통해 제시된 정보를 분석하고, 이를 바탕으로 주제에 대해 토론하기

개념 형성 활동 참고 내용

이상 소개한 활동 이외에도 개념기반 수업에서 아이들이 개념을 이해하고 형성하는 데 도움을 주는 교수 전략으로 참고할 만한 내용으로는 다음과 같은 것이 있다.

- 비교 및 대조하기: 아이들에게 비슷하거나 대조되는 개념을 비교하게 하여 그 차이점을 발견하도록 한다.
- 분류하기: 다양한 예시를 주고 아이들이 공통된 특징을 바탕으로 분류하게 한다.
- 체험하기: 아이들에게 특정 개념에 관련된 명령을 수행하게 하여 개념을 실제 상황에 적용해 보도록 한다.
- 시각 자료 활용하기: 다이어그램, 차트, 사진 등을 사용하여 개념을 시각적으로 표현한다.
- 역할극: 특정 상황이나 역할을 맡아 개념을 체험하도록 한다.
- 이야기 만들기: 개념과 관련된 이야기를 만들게 하여 개념을 내재화하도록 한다.
- 실생활 연결하기: 개념을 아이들의 일상생활과 연결하여 실제 생활 속에서 개념을 찾아보고 적용해 보도록 한다.

출처: Bing Chat 활용, 저자의 프롬프트 입력으로 생성한 결과로 프롬프트는 다음과 같다.
프롬프트: 넌 초등학교 교사야. 초등 저학년 학생들의 개념 형성 활동을 돕기 위한 전략을 제시해줘.

참고문헌

Ron Ritchhart, Mark Church, Karin Morrison(2023). 생각이 보이는 교실. 최재경
　　　(역). 사회평론아카데미.

Marschall, C. & French, R.(2021). 생각하는 교육과정과 수업을 위한 개념 기반 탐
　　　구학습의 실천: 전이 가능한 이해의 촉진 전략. 신광미, 강현석(공역). 학지사.

이유진, 강이철(2010). 개념학습을 위한 그래픽 조직자 선정 전략. 교육공학연구
　　　26(4).

작은 그림 요소 출처: 미리캔버스 https://www.miricanvas.com/ko

3. 조사하기

[단원 설계 안내]

- 단원 개요: 본 단원은 2022 개정 교육과정 3~4학년군 사회과 '인문환경과 인간생활' 영역의 (4) 옛날과 오늘날의 생활 모습을 개념기반 탐구학습 모형으로 설계하였다. 단원은 2022 개정 교육과정 내용체계의 지식·이해, 과정·기능, 가치·태도를 기준으로 하였으며 단원 개발에 활용한 성취기준은 [4사04-02]와 [4사04-03]이다. 이에 내용 체계와 성취기준을 분석하여 단원명은 '교통, 통신과 생활의 변화'로 명명하였다.

- 개념: 주요 개념은 단원을 넘어서는 포괄적인 범위의 넓은 개념이며 관련 개념은 단원 수준의 개념으로 단원에 대한 깊이를 더해주는 역할을 한다. 본 단원의 설계에서는 2022 개정 교육과정에서 선정 및 구체화한 핵심 아이디어와 성취기준을 기준으로 단원의 주요 개념을 '변화', '관계'로 도출하였고 관련 개념을 '교통', '통신'으로 도출하였다.

- 단원 갈래: 본 단원은 네 개의 갈래로 설계하였다. 단원의 갈래는 '교통', '교통수단의 발달과 생활모습', '통신', '통신수단의 발달과 생활모습'이다. 단원의 각 갈래는 관련 개념을 중심으로 교통-교통수단의 발달과 생활모습-통신-통신수단과 생활모습처럼 순차적으로 차시별 설계가 가능하며 혹은 교통-통신-교통수단의 발달과 생활모습-통신수단과 생활모습 등으로 설계하는 것도 가능하다.

- 핵심 아이디어 구체화: 핵심 아이디어는 단원 학습을 통해 학생들이 구성해야 하는 일반화를 진술한 문장이다. 본 단원 설계에서는 2022 개정 사회과 교육과정 내용 체계 (3) 인문환경과 인간생활 영역의 핵심 아이디어 중에서 '교통과 통신은 시·공간적 제약을 감소시키고 지역을 변화시킨다.'를 선정하였다. 이러한 영역 수준의 핵심 아이디어를 본 단원과의 연계성을 높이기 위해 3~4학년 수준에서 '교통, 통신의 발달로 사람들의 생활 공간이 확대되고

생활 모습이 변화한다.'와 '교통, 통신의 발달은 사람들의 생활 모습에 긍정적 영향과 부정적 영향을 동시에 미친다.'로 구체화하였다.

- 안내 질문: 본 단원에서 활용할 수 있는 질문은 사실적 질문, 개념적 질문, 논쟁적 질문이 있다. 각 갈래마다 관련되는 안내질문을 유형별로 제시하였다. 이러한 질문은 수업 전반에 걸쳐 활용된다.

[개념기반 수업 설계 및 실행]

1. 교육과정 재구성

단원 설계 의도	이 단원은 인문환경이 인간의 생활에 미치는 영향과 상호작용을 파악하여 지속가능한 세계를 위해 노력하는 자질을 함양하기 위해 구성되었다. 옛날부터 오늘날까지의 교통과 통신의 변화상과 이러한 변화로 인해 달라진 사람들의 생활 모습을 공간적 변화(생활 공간의 확대)의 관점에서 탐구하는 데 중점을 둔다. 동시에 교통과 통신의 변화는 긍정적 측면과 부정적 측면이 공존함을 깨닫고 지속가능한 세계를 위해 교통과 통신의 활용 시, 바람직한 실천방안을 함께 모색해보고자 한다.	
핵심 아이디어	교통과 통신의 발달은 시·공간적 제약을 감소시키고 지역을 변화시킨다.	
범주 및 내용 체계	**지식·이해**	교통, 통신과 생활의 변화
	과정·기능	자료를 바탕으로 교통과 통신의 변화를 찾고, 생활 변화와의 관계 파악하기
	가치·태도	교통과 통신의 변화에 따른 미래 사회에 대한 호기심
성취기준	[4사04-02] 옛날부터 오늘날까지 교통의 변화에 따른 이동과 생활 모습의 변화를 이해한다. [4사04-03] 옛날부터 오늘날까지 통신수단의 변화에 따른 정보 교류와 의사소통 방식의 변화를 설명한다.	

주요 개념 (macro concept)	변화, 관계	**개념적 렌즈**	변화
관련 개념 (micro concept)	교통, 통신		

핵심 아이디어 구체화	• 교통, 통신의 발달로 사람들의 생활 공간이 확대되고 생활 모습이 변화한다. • 교통, 통신의 발달은 사람들의 생활 모습에 긍정적 영향과 부정적 영향을 동시에 미친다.
개념망	**교통** - 교통, 교통수단 - 교통수단의 종류와 특징 **교통수단의 발달과 생활 모습** - 옛날의 교통수단과 생활모습 - 오늘날의 교통수단과 생활모습 **교통, 통신과 생활의 변화 (변화)** **통신** - 통신, 통신수단 - 통신수단의 종류와 특징 **통신수단의 발달과 생활 모습** - 옛날의 통신수단과 생활모습 - 오늘날의 통신수단과 생활모습

2. 평가 계획

가. 평가 과제 개발

핵심 아이디어(C)	• 교통, 통신의 발달로 사람들의 생활 공간이 확대되고 생활 모습이 변화한다. • 교통, 통신의 발달은 사람들의 생활 모습에 긍정적 영향과 부정적 영향을 동시에 미친다.
목표(G)	교통과 통신의 발달이 우리 생활에 어떤 영향을 미치는지 신문기사를 작성하는 것이다.
역할(R)	학교 신문기자
청중(A)	학교 학생 및 신문 구독자
상황(S)	우리 학교는 매월 학교 신문을 발행하고 있다. 학교 신문에는 학교 소식과 특별 주제에 따른 기사들이 실린다. 이번 달에는 '교통과 통신'이라는 주제로 학교 신문 특집호를 발행하게 되었다.
수행(P)	교통(수단)과 통신(수단)의 변화를 조사하고 이러한 변화가 사람들의 생활 모습에 미치는 영향을 분석하여 신문기사를 작성해야 한다. 또한 교통과 통신 수단의 발달로 인한 미래사회의 모습을 예상해야 한다.
기준(S)	신문기사에는 다음이 포함되어야 한다. 1. 조사한 자료를 바탕으로 교통(수단)과 통신(수단)의 변화에 따른 생활 모습의 변화 2. 교통, 통신의 발달에 따른 미래 사회의 생활 모습 예측과 활용 방안
최종 평가 과제	당신은 학교 신문기자로서 다음 달에 발행될 신문기사를 작성해야 한다. 신문기사의 주제는 '교통과 통신'이며 교통(수단)과 통신(수단)의 변화를 조사하고 이러한 변화가 사람들의 생활 모습에 미치는 영향을 분석하여 신문기사를 작성해야 한다. 신문기사에는 이러한 교통과 통신의 변화상을 바탕으로 미래 사회 사람들의 생활 모습을 예측하는 내용과 교통과 통신의 바람직한 활용 방안이 포함되어야 한다.

나. 평가 기준표

성취 수준 내용 요소	상	중	하
교통의 발달에 따른 생활모습의 변화 (지식 · 이해)	교통의 변화가 생활에 미친 영향을 매우 타 당하게 추론하여 작성 한다.	교통의 변화가 생활에 미친 영향을 타당하게 추론하여 작성한다.	교통의 변화가 생활에 미친 영향을 일부 타당 하게 작성한다.
통신의 발달에 따른 생활모습의 변화 (지식 · 이해)	통신의 변화가 생활에 미친 영향을 매우 타 당하게 추론하여 작성 한다.	통신의 변화가 생활에 미친 영향을 타당하게 추론하여 작성한다.	통신의 변화가 생활에 미친 영향을 일부 타당 하게 작성한다.
자료 조사 (과정 · 기능)	자료를 조사하는 과정 이 매우 적절하다.	자료를 조사하는 과정 이 적절하다.	교사나 동료의 도움을 받아 자료를 조사한다.
교통, 통신의 발달에 따른 미래 사회에 대한 호기심 (가치 · 태도)	교통, 통신의 발달에 따 른 미래 사회의 모습에 관심을 보이며 다양하 게 예측한다.	교통, 통신의 발달에 따 른 미래 사회의 모습에 관심을 보이며 예측한다.	교통, 통신의 발달에 따른 미래 사회의 모 습에 약간의 관심을 보 인다.

3. 단원의 구조

단원 갈래	하위 핵심 아이디어	안내 질문	범주 및 내용 체계		
			지식·이해	과정·기능	가치·태도
교통	• 교통수단의 종류는 다양하며 각기 고유한 특징을 지닌다.	(사) 내가 이용해 본 교통수단에는 무엇이 있는가? (개) 교통은 무엇인가?	• 교통 • 교통수단	• 조사하기	• 교통수단에 대한 관심
교통수단의 발달과 생활모습	• 교통의 발달로 사람들의 생활 공간이 확대되고 생활 모습이 변화한다. • 교통의 발달은 사람들의 생활 모습에 긍정적 영향과 부정적 영향을 동시에 미친다.	(사) 교통수단은 어떤 순서로 발달하였는가? (개) 교통수단의 발달은 사람들에게 어떤 영향을 미쳤는가? (논) 미래의 교통수단은 어떤 모습일까?	• 교통수단의 발달과정 • 교통수단의 발달에 따른 생활 모습	• 분류하기 • 분석하기 • 해석하기	• 교통의 변화에 대한 관심 및 미래 사회에 대한 호기심
통신	• 통신수단의 종류는 다양하며 고유한 특징을 지닌다.	(사) 내가 사용해 본 통신수단에는 무엇이 있는가? (개) 통신은 무엇인가?	• 통신 • 통신수단	• 조사하기	• 통신수단에 대한 관심
통신수단의 발달과 생활 모습	• 통신의 발달로 사람들의 생활 공간이 확대되고 생활 모습이 변화한다. • 통신의 발달은 사람들의 생활 모습에 긍정적 영향과 부정적 영향을 동시에 미친다.	(사) 통신수단의 발달 순서는 어떠한가? (개) 통신수단의 발달은 사람들에게 어떤 영향을 미쳤는가? (논) 통신수단이 사라진다면 어떻게 될까?	• 통신수단의 발달과정 • 통신수단의 발달에 따른 생활 모습	• 분류하기 • 분석하기 • 해석하기	• 통신의 변화에 대한 관심 및 미래 사회에 대한 호기심

4. 단원의 탐구 단계 설계

본 단원은 교통, 교통수단의 발달과 생활 모습, 통신, 통신수단과 생활 모습의 네 가지 갈래로 구성되어 있다. 각 갈래는 관련 개념을 중심으로 교통-교통수단의 발달과 생활모습-통신-통신수단과 생활 모습처럼 순차적으로 차시별 설계가 가능하다. 하지만 본 단원에서는 교통, 통신의 갈래를 통합하여 1~3차시에 제시하였다. 이러한 방식은 학생들이 교통과 통신이라는 관련 개념을 더욱 정확하게 형성하여 이후 집중적인 탐구 과정으로 몰입할 수 있게 해 주는 역할을 하며 동시에 단원의 구조를 이해하도록 도와주는 역할을 한다.

본 단원은 2개의 탐구사이클로 구성되었으며 6단계의 수업 활동 중에서 '조사하기' 단계에 초점을 두고 설계되었다. 첫 탐구사이클은 교통과 관련되는 부분이며 두 번째 탐구사이클은 통신과 관련된다. 따라서 조사하기 단계에서도 첫 탐구사이클의 조사하기는 학급 전체가 함께 조사하기 과정을 활용하여 탐구해가는 방식으로 설계하여 학생들이 조사하기에 필요한 기능을 습득하도록 하였다. 이후 두 번째 탐구사이클의 조사하기는 학생들에게 조사하기 권한을 이양하여 학생 개별적으로 습득한 조사 방법을 활용 및 확대할 수 있도록 설계하였다. 조사 시 활용하는 자원 역시, 쉽게 접할 수 있는 출판자료, 인터넷 자료에서 인적자원까지 다양한 요소를 활용하여 생생한 자료를 수집할 수 있도록 설계하였다.

조사하기 단계에서 수집한 자료는 이후 조직 및 정리하기 단계에서 순서도, 차트, 그래픽 조직자 등을 활용하여 분석 및 해석하기 과정을 통해 일반화 도출로 이어질 수 있도록 하였다. 개념기반 수업에서 조사하기는 일반적으로 교사들이 수업에서 많이 활용하는 조사하기와는 차별화되는 부분이 있다. 조사하기는 조사하는 활동 그 자체가 중요한 것이 아니라 교과서에 제시된 사례 외 조사하기를 통해 수집한 다양한 사례들이 결국 단원의 개념과 닿아 있어야 하며 이는 개념과 개념의 관련성을 통해 일반화를 도출하는데 탄탄한 밑거름이 되도록 하는 것이 중요하다.

차시	단원 갈래	탐구단계	학습 활동
1	교통, 통신	관계맺기	• 내가 이용해본 교통수단과, 통신수단에 대해 이야기 나누기
2~3		집중하기	• 교통수단, 통신수단 이미지 자료 제공 • 교통수단과 통신수단 분류하기 • 프레이어 모델로 개념 형성 확인하기
4~6	교통수단의 발달과 생활 모습	조사하기	• 교통수단의 종류와 특징 조사하기 • 교통수단 발달에 따른 사람과 물자의 이동 현황 조사하기

			• 교통수단 발달에 따른 장점과 단점 조사하기
			  - 학급 유형 사례 연구방법 활용
			  - 출판자료, 인터넷 영상자료 활용하여 조사

7~8		조직 및 정리하기	• 교통수단의 발달과정과 생활 모습의 변화 를 순서도와 차트 활용하여 정리하기
		일반화하기	• 문장구조 전략 활용하여 교통수단과 생활 모습의 관계 일반화하기

9~11	통신수단의
	발달과
	생활 모습
		조사하기	• 통신수단의 종류와 특징 조사하기
			• 통신수단 발달에 따른 정보 교류와 의사소
			통 방식 변화 조사하기
			• 통신수단 발달에 따른 장점과 단점 조사하기
			  - 네트워크로 연결된 사례 연구방법 활용
			  - 인적자원, 인터넷 자료 활용 조사

12~13		조직 및 정리하기	• 통신수단의 발달과정과 생활모습의 변화를 그래픽 조직자 활용하여 정리하기
		일반화하기	• 연관성 찾기 전략 활용하여 통신수단과 생 활 모습의 관계 일반화하기
14	단원 마무리	단원 일반화 및 전이하기	• 미래 사회의 교통과 통신에 대해 예측하기 • 단원 전체에 대한 일반화 도출하기

5. 탐구단계별 활동 소개(조사하기)

• 조사하기는 학생들이 단원의 개념과 관련된 예시와 사례를 수집하고 탐구하도록 하는 단계이다. 조사하기는 집중하기와 조직 및 정리하기의 중간에 있는 과정으로 집중하기를 통해 단원의 개념을 학생들이 이해했다면 조사하기에서는 개념과 관련되는 사례를 충분히 탐구하게 된다. 즉, 조사하기 단계는 현재 학교에서 일반적으로 사용하는 조사하기 활동과 달리 학생들이 조사한 자료가 단원의 개념과 일치하는지, 타당한지 등 확인하는 역할을 하며 이는 개념에 초점을 두는 조사하기라는 특징을 지닌다. 이후 조직 및

출처: Marschall & French, 2018.

정리하기에서 수집한 사례들의 관련성을 연결할 수 있도록 조직자를 활용하여 정리하게 되며 이러한 과정은 최종적으로 일반화하기 단계에서 타당한 일반화를 구성하기 위한 토대가 된다.

- 조사하기 단계에서는 주체, 조사하기 유형, 조사 방법 등을 다양화할 수 있다. 첫째, 주체는 학생 개인, 짝, 4~6인의 모둠, 학급 전체가 될 수 있다. 둘째, 조사하기 유형은 조사 주체들이 모두 동일한 사례를 연구하는 방법, 전체가 한 가지 사례를 연구한 이후 개별 관련 사례를 추가 조사하는 방법, 개인이나 모둠별로 각각 다른 사례를 조사하는 방법 등 다양하다. 셋째, 조사 방법은 책, 인터넷, 현장체험, 면담 등의 자료를 활용할 수 있다.
- 조사하기 단계에서 단원의 개념과 관련되는 사례를 효율적이고 효과적으로 조사하기 위해서는 조사하기 기능을 학생들이 습득해야 한다. 따라서 조사하기를 위한 과정과 기능을 사전 혹은 학습 과정에 학생들이 습득하고 능숙하게 활용할 수 있도록 지도해야 한다.

단원	교통 · 통신의 발달과 생활 모습	차시	2~7/14
관련 개념	교통	개념적 렌즈	변화
학습목표	옛날과 오늘날 사람들이 교통수단을 이용한 모습을 조사할 수 있다.		

단계	학습활동	자료재/유의점유
집중하기	■ **사진 자료 분류하기** • 제시된 사진을 교통수단과 통신수단으로 분류하기 • 분류한 이유 설명하기 ■ **프레이어 모델로 정리하기** • 분류한 항목을 바탕으로 교통수단 프레이어 모델 작성하기 　- 교통: 사람이 이동하거나 물건을 실어 나르는 일 　- 교통수단: 사람이 이동하거나 짐을 옮기는 데 쓰는 수단 • 분류한 항목을 바탕으로 통신수단 프레이어 모델 작성하기 　- 통신: 소식이나 정보를 전달함 　- 통신수단: 소식이나 정보를 전달하는 데 이용되는 수단	재 다양한 교통수단, 통신수단 이미지 자료, 프레이어 모델 학습지 유 두 개의 프레이어 모델 작성 방법은 개인, 모둠, 학급 전체 등 상황에 따라 선택한다.
조사하기	■ **학습목표 확인하기** 옛날과 오늘날 사람들이 교통수단을 이용한 모습을 조사해 봅시다. ■ **조사과정 계획하기** • 조사과정을 계획한다. 　- 단원의 개념 확인하기: 학습목표에서 중요한 단어는 무엇인가요? 교통(수단) 　- 학습목표에서 조사 내용 도출하기: 옛날과 오늘날의 교통수단, 옛날과 오늘날 사람들이 교통수단을 이용한 모습 등 　- 조사 방법 결정하기: 교사가 제시한 사진자료를 활용한 조사 　- 더 궁금한 사항은 탭을 활용하여 인터넷 자료를 조사	재 학습목표를 확인하는 과정에서 이 단원의 개념을 학생들이 분명하게 인지하도록 한다.
	■ **See-Think-Wonder** • 조사 방법 안내 　- 여섯 장의 사진 자료 제시하기 　- 사진에서 보이는 것, 보이는 것과 관련한 생각, 궁금한 점을 포스트잇에 작성하여 사진에 붙이기 ■ **모둠별 자료 조사하기** 　- 한 장의 사진 자료를 선택 　- 사진에 기초하여 조사하기(보이는 것, 생각을 포스트잇에 작성) 　- 교통수단의 종류와 특징, 교통발달에 따른 장점과 단점 등 　- 추가로 알고 싶은 점 포스트잇에 작성하기	재 사람들이 교통수단을 활용하는 다양한 모습의 사진 자료 유 인터넷 연결이 가능한지 사전에 확인한다. 유 학급에 비치된 단원과 관련되는 도서를 활용하거나 도서

	- 인터넷이나 책을 통해 추가 자료 조사하기 ■ **조사 결과 확인하기** • 조사 자료에 개념과 관련되며 오류가 없는지 점검한다. • 모둠별로 조사한 자료를 발표 및 공유한다.	관을 이용할 수 있다.
조직 및 정리하기	■ **순서도를 활용하여 자료 조직 및 정리하기** • 조사하기 단계에서 탐구한 자료를 순서도를 활용하여 교통수단의 발달과정과 생활 모습의 변화 과정을 정리하기	

조사하기 활동명 1: 조사 계획하기

1. 조사 계획하기 전략의 이해

조사 계획하기는 조사하기 단계에서 가장 먼저 이루어지는 활동이다. 조사 계획이 제대로 이루어지지 않으면 이후 조사하기를 통해 수집한 자료와 탐구 결과는 단원의 개념을 확장하는데 활용하기 어려운 필요 없는 자료가 되어 조사하기의 과정이 무의미해질 수 있다. 따라서 무엇을 조사해야 하는지, 어떻게 조사해야 하는지에 대해 학생들이 분명하게 인지할 수 있도록 학생과 함께 계획하는 과정이 필요하다.

2. 조사 계획하기 전략의 실제

1) 학습목표 확인하기

• 옛날과 오늘날 사람들이 교통수단을 이용한 모습을 조사할 수 있다.

2) 단원의 개념 확인하기

• 학습목표에서 중요한 단어, 개념을 찾아보기
• 명사와 동사를 확인하기

옛날과 오늘날 사람들이 교통수단을 이용한 모습을 조사할 수 있다.

• 명사: 옛날, 오늘날, 교통수단
• 동사: 조사하기

3) 조사내용 도출하기

• 학습목표에 도출한 중요한 단어를 활용하기: 옛날, 오늘날, 교통수단
• 도출한 단어를 토대로 궁금한 점을 질문으로 브레인스토밍하기
• 질문을 분류하고 명확하고 초점이 분명한 질문을 선정하여 조사내용 도출하기

• 옛날에는 어떤 교통수단이 있었는가?
• 옛날 사람들은 어떤 교통수단을 이용했는가?
• 오늘날에는 어떤 교통수단이 있는가?
• 오늘날 사람들은 어떤 교통수단을 이용하는가?
• 옛날과 오늘날의 교통수단의 차이점은 무엇인가?
• 옛날과 오늘날 교통수단의 공통점은 무엇인가?
• 교통 발달에 따라 사람이나 물자의 이동은 어떻게 달라졌는가?

---

4) 조사방법 결정하기

• 다양한 조사방법과 특징 및 조사 자료별 유의점 확인하기
• 다양한 조사방법 중 조사내용의 성격, 학급의 상황, 학생들의 선호도 등을 고려하여 조사방법을 결정하기
• 여러 가지 조사방법을 통합하여 사용할 수도 있음

조사 자료	내용	유의점
출판자료	책, 신문, 잡지 등	학생의 독해 수준 고려한 자료 선택 필요
테크놀로지	인터넷 검색 엔진, 가상 및 증강현실	기기 확보, 학생의 기기 사용 능력
영상자료	동영상, 이미지	반복, 확대 가능
체험	현장체험학습, 실험	시간, 공간적 제약 확인
인적자원	화상회의, 인터뷰, 설문조사, 전화통화	타지역 인적자원과 교류 가능, 공간적 제약 없음

출처: 신광미, 강현석 공역(2021). p.163를 재구성하고 유의점을 추가함.

5) 조사유형 결정하기

• 다양한 조사유형의 방법과 내용 확인하기
• 아래의 다양한 조사유형 중 학급의 상황이나 조사 주제 등을 고려하여 조사

방법을 결정하기

• 교사의 수업 설계 의도에 따라 여러 가지 유형을 선정하여 활용할 수도 있음

유형	내용	정도	적용 학년
학급	학급 전체가 동일한 사례를 조사 연구함	구조화된 탐구	저
학급-개인(모둠)	학급에서 공통적 사례 조사 연구 후, 개인이나 모둠별 개별 사례 조사	구조화된 탐구 → 안내된 탐구	저, 중, 고
개인(모둠)	개인이나 모둠의 관심사에 따라 서로 다른 사례 조사 연구	안내된 탐구, 개방형 탐구	중, 고

출처: 신광미, 강현석 공역(2021). p.155를 재구성하고 정도와 적용 학년을 추가함.

조사하기 활동명 2: 보기-생각하기-궁금해하기(See-Think-Wonder)

1. See-Think-Wonder 전략의 이해

조사하기 단계에서는 학생들이 무엇을 조사해야 하는지, 그것을 왜 조사하는지에 대해 명확하게 인식하는 것이 가장 중요하다. 이러한 측면에서 이 전략은 교사가 제시하는 단원 개념과 관련되는 적합한 자료에서 출발한다는 점에서 학생들이 조사 목적에 맞게 조사하기 활동을 할 수 있도록 해 준다. 또한 교사가 제시하는 자료에 따라 학생들의 흥미를 유발하게 하고 더 나아가 자연스럽게 추가 궁금증을 유발하게 하며 이는 학생들이 추가 자료를 조사하게 하는 역할을 한다. 즉, 조사하기 단계에서는 단원의 개념과 관련되는 다양한 사례 조사를 통해 이후, 타당한 일반화를 구성하는 것이 중요하므로 이 전략은 무엇을 조사해야 하는지 결정하기 어려워하는 학생들에게 활용하기에 적합한 전략이다.

2. See-Think-Wonder 전략의 실제

1) 교사는 옛날 사람들이 교통수단을 이용하는 모습, 오늘날 사람들이 교통수단을 이용하는 모습, 장소(땅, 하늘, 물)에 따른 교통수단 등을 잘 드러나는 사진이나 그림 자료를 준비한다.

※ 단원의 주제나 학생의 발달단계에 따라 글이나 신문기사 등 다양한 자료를 제공할 수 있다.

2) 사진 자료를 살펴보고 보이는 것을 노란색 포스트잇에 작성하여 그림의 테두리에 붙인다.

- 사람이 말을 타고 간다.
- 사람이 비행기를 타고 간다.
- 배를 타고 강을 건넌다.

3) 사진 자료를 살펴보고 보이는 것과 관련되는 생각을 분홍색 포스트잇에 작성하여 그림의 테두리에 붙인다.

- 말이 교통수단이다.
- 비행기는 하늘에서 이용하는 교통수단이다.
- 배는 물에서 이용하는 교통수단이다.

4) 사진 자료를 살펴보고 궁금한 점을 파란색 포스트잇에 작성하여 그림의 테두리에 붙인다.

- 말처럼 사람을 태우는 교통수단이 된 다른 동물에는 어떤 것이 있을까?
- 사람이 말을 타고 대구에서 서울까지 가는데 얼마나 시간이 걸릴까?
- 기차를 타면 부산에서 서울까지 가는데 얼마나 시간이 걸릴까?
- 물에서 이용하는 교통수단에는 어떤 것이 있을까?

5) 추가로 궁금한 점은 인터넷 자료, 책 자료 등을 통해 조사하고 알게 된 점을 질문 아래에 작성하여 그림의 테두리에 붙인다.

- 말처럼 사람을 태우는 교통수단이 된 동물에는 당나귀, 낙타, 순록이 있다.
- 기차를 타면 부산에서 서울까지 2시간 40분 걸린다.
- 물에서 이용하는 교통수단은 뗏목, 요트가 있다.

> ※ 보이는 것, 생각한 것, 궁금한 것을 서로 다른 색의 포스트잇에 작성하도록 하면 한눈에 무엇에 대해 작성한 것인지 구분할 수 있어 효과적이다. 혹은, 동일한 자료를 활용하여 서로 다른 팀이 활동하게 될 경우에는 팀별로 포스트잇의 색을 다르게 할 수도 있다.
> ※ 학생들이 작성한 포스트잇을 그림의 관련되는 부분보다 테두리에 붙이도록 하는 것은 팀의 다른 학생들이 활동할 때 제공된 자료를 온전히 볼 수 있도록 하기 위함이다.

단원	교통 · 통신의 발달과 생활 모습	차시	9~11/14
관련 개념	통신	개념적 렌즈	변화
학습목표	옛날과 오늘날 사람들이 통신수단을 이용한 모습을 조사할 수 있다.		

단계	학습활동	자료짜/유의점㈜
도입	■ **전시학습 상기** • 집중하기 과정에서 작성한 프레이어 모델을 살펴보며 통신과 통신수단에 대해 설명한다. - 통신: 소식이나 정보를 전달함 - 통신수단: 소식이나 정보를 전달하는데 이용되는 수단 ■ **학습목표 확인하기** 옛날과 오늘날 사람들이 통신수단을 이용한 모습을 조사해 봅시다.	짜 프레이어 모델
전개	■ **조사과정 계획하기** • 조사 내용 결정하기 - 옛날의 통신수단, 옛날 사람들이 통신수단을 이용한 모습, 오늘날의 통신수단, 오늘날 사람들이 통신수단을 이용한 모습 등 • 조사 방법 결정하기 - 교사와 함께 봉수에 대한 사례 조사하기 - 개인별 관련 사례 조사하기: 옛날의 통신수단과 오늘날의 통신수단 중 선택하여 개별 사례 조사하기 • 조사 자료 결정하기 - 탭을 활용하여 인터넷 자료를 조사하기 ■ **조사기능 익히기** • 교사와 함께 학급 학생들 전체가 탭을 활용하여 조사하기 과정을 진행하며 조사하기 기능을 학습한다. - 탭 사용법 익히기 - 검색어 선정 방법 - 인터넷에서 주제와 관련되는 자료를 선택하는 방법 익히기 - 통신수단의 종류와 특징 조사하기 - 옛날과 오늘날의 통신수단의 발달과정 조사하기 - 옛날과 오늘날 통신수단의 이용 모습 조사하기 - 조사한 사례가 개념의 사례로 타당한지 점검하고 확인하기	㈜ 학생들이 조사 과정 계획에 적극적으로 참여하도록 한다. ㈜ 인터넷 연결이 가능한지 사전에 확인한다. 교사와 함께 조사하는 과정에서는 조사하기 기능의 습득에 초점을 둔다.

	■ 조사하기
	• 개인별로 선택한 통신수단에 대해 사례 조사를 진행한다.
	- 개인별로 다양한 통신수단의 사례 조사를 진행한다.
	- 인터넷 자료를 활용하여 조사하기
	- 인터넷 자료 외 다양한 조사 자료를 활용하여 추가 조사하기
	- 조사한 사례가 개념의 사례로 타당한지 점검하고 확인하기
정리	■ 정리하기
	• 조사 자료에 오류가 없는지 점검한다.
	- 통신 수단의 발달에 따른 정보 교류와 의사소통 방식의 변화에 대해 정리하기
	• 모둠별로 조사한 자료를 발표 및 공유한다.

조사하기 활동명 1: 조사하기 기능 익히기(인터넷 자료 조사)

1. 자료 조사 기능: 미디어 문해력

> 조사하기 단계에서 학생들은 다양한 미디어를 활용하게 된다. 학생들이 가장 쉽게 자료를 수집하기 위해 사용하는 미디어는 인터넷이다. 하지만 인터넷상의 수많은 자료 중에서 학생들이 단원의 주제에 알맞은 자료를 조사하는 일은 쉽지만은 않다. 따라서 조사하기 단계에서 학생들이 조사하기 위한 기능인 미디어 문해력을 갖출 수 있도록 지도해야 한다.

2. 인터넷 활용 자료 조사의 실제

1) 교사는 사전에 와이파이 연결상태 등 미디어 활용 환경 점검하기

2) 인터넷 활용이 가능한 컴퓨터나 탭 사용법 익히기

• 컴퓨터나 탭의 전원 켜고 끄기, 화면의 아이콘의 의미, 작동 방법 안내하기

> ※ 컴퓨터나 탭처럼 기기 사용이 익숙하지 않은 경우에는 반드시 기기 자체를 사용하는 방법을 습득할 수 있도록 해야 한다.

3) 자료 조사를 위한 검색어 찾기

- 학습목표를 분석하여 조사내용 도출하기
- 도출한 조사내용 중요한 단어 선택하기
  : 옛날, 통신, 통신수단, 오늘날, 이용 모습
- 단어를 연결하여 검색어 만들기: 옛날의 통신수단, 통신수단의 종류

> ※ 검색어를 정확하게 선정하면 정보검색의 효율성이 높아진다. 따라서 학생들은 정확한 키워드로 검색할 수 있도록 검색어를 만드는 방법에 대한 기능을 익혀야 한다.
> ※ 조사내용을 질문으로 구성한 경우, 학생들은 조사하기 위해 검색창에 질문의 형태를 그대로 입력하는 경우가 있다. 질문을 그대로 입력한다면 원하는 자료를 찾기 어렵기 때문에 정확한 자료 조사를 위한 검색어 작성 능력을 길러주어야 한다.

4) 인터넷 검색 엔진을 활용하여 검색하기

- 검색 엔진에 검색어를 입력하여 검색하기
- 검색되는 다양한 자료 중에서 스스로 읽고 이해할 수 있는 자료 선택하기
  (글, 동영상, 이미지 자료 등 다양한 자료를 허용)
- 정보의 정확성을 위해 인터넷 백과사전 등의 자료를 우선적으로 확인하기
- 하나의 자료에 의존하지 말고 여러 가지 자료를 찾아보고 공통되는 부분자료 선택하기
- 가급적 타인에 의해 가공된 2차 자료가 아닌 원래 데이터인 1차 자료를 선정하기
- 검색한 자료의 정확성과 타당성 판단하기
- 윤리적 사용을 위해 조사한 자료를 정리할 때는 출처를 반드시 확인하고 기록하기

> ※ 인터넷 자료에서는 타당한 자료를 선택하는 것이 중요하다. 따라서 다양한 검색 엔진, 여러 가지 자료들의 검토를 통해 단원에 알맞은 자료를 선택하도록 한다.
> 또한 사용자 한 사람의 답변 등 객관성이 확보되지 않은 자료를 선택하지 않도록 하며 모르는 단어의 경우, 인터넷 국어사전을 활용하여 단어의 뜻을 확인하도록 한다.
> ※ 저·중학년의 경우, 원활한 정보 검색을 위해 교사가 선정한 몇 개의 사이트를 사전

에 학생에게 안내하고 학생들은 해당 사이트에서 정보를 검색하는 방법을 활용할 수도 있다.

조사하기 활동명 2: 학급-개인 조사 유형

1. 학급-개인 조사 유형

조사하기 단계에 활용할 수 있는 유형 중, 학급-개인 조사 유형은 조사하기 기능에 익숙하지 않은 학생들이나 조사하기를 처음 접하는 학생들이 이 단계를 수행할 때 활용하기 적합한 방식이다. 학급-개인 조사 유형에서는 첫째, 학급 전체가 교사와 함께 구조화된 방식으로 한 가지 사례에 대해 조사하기를 진행한다. 이 과정을 통해 학생들은 조사하기의 과정, 기능, 유의점 등을 습득할 수 있다. 이후, 개인 조사를 진행할 때는 안내된 탐구의 방식으로 전환되며 학생들은 각자 추가 사례를 조사하여 개념과 관련된 배경지식을 확장시킬 수 있다.

2. 학급-개인 조사 유형의 실제

A학급은 통신의 발달로 사람들의 생활 공간이 확대되고 생활모습이 변화한다는 것을 학생들이 이해하기 위해 옛날과 오늘날 통신수단의 발달, 옛날과 오늘날 통신수단의 이용 모습에 대해 공부하고 있다. 학생들은 집중하기 단계에서 통신에 대한 개념을 형성하였고 교사와 함께 학급 전체가 봉수에 대해 설명하는 동영상 자료를 확인하고 봉수가 무엇인지, 어떻게 사용되었는지, 봉수를 통해 소식을 전하는 방법 등에 대해 조사·탐구하였다. 이후, 학생들은 안내된 탐구의 형태로 전환하여, 옛날의 통신수단이나 오늘날의 통신수단 중 한 가지를 선택하였다. B학생은 스마트폰에 대해 조사하기로 했다. B학생은 스마트폰이 무엇이며, 스마트폰으로 할 수 있는 일 등에 대해 사례 조사를 진행한다. 그 후, 조사한 내용을 봉수를 조사했을 때와 같은 형식으로 정리하고 정보의 타당성을 확인한다. 마지막으로 스마트폰에 대해 조사한 자료를 공유하여 학급 전체에서 통신의 발달과 사람들의 생활 모습의 관계를 일반화하기 위한 자료를 확보한다.

◆ 조사하기에 활용할 수 있는 다양한 자료

일반적으로 학교 교실에서 조사하기라고 한다면 인터넷을 활용하여 정보를 수집하는 것에 국한하여 생각하는 경우가 대부분이다. 물론, 인터넷에는 방대한 자료가 있으므로 인터넷이라는 테크놀로지를 활용한다면 동영상, 이미지, 텍스트 등 다양한 자료를 쉽게 얻을 수 있다. 하지만 수많은 자료들이 오히려 학습에 대한 초점을 흐리게 할 수도 있으므로 자료 선정에 유의해야 한다.

조사하기에 활용할 수 있는 자료는 아래의 예시처럼 매우 다양하다. 따라서 조사하기의 목적에 따라 가장 적합한 자료를 활용할 수 있도록 조사하기 과정을 교사가 설계한다면 학생들은 단원의 개념에 적합한 정보 수집이 용이하고 이를 통해 개념 관련 사례를 확장하여 탄탄한 일반화로 나아갈 수 있을 것이다.

1) 출판 자료

종류	특징
그림책	• 전 학년에 걸쳐 사용 가능함. • 그림책의 목적에 따라 정보 습득, 토론 등 다양하게 활용 가능함
책	• 학교 도서관을 이용하여 조사하기 목적과 학생의 독해 수준에 적합한 책을 선정하는 것이 용이함. • 사전, 만화책, 정보전달을 위한 책 등 다양한 형식이 있어 학생의 선호에 따라 선택이 가능함.
신문, 잡지	• 어린이 신문과 어린이 잡지를 활용하는 것이 좋음 • 독해력이 부족한 학생에게 유용함

2) 테크놀로지 활용

종류	특징
인터넷 검색	• 검색엔진을 활용하여 다양한 사례를 조사할 수 있음 • 인터넷 검색 기능을 습득해야 조사하기가 가능함 • 수많은 정보 중 필요한 정보를 선택하는 방법을 사전에 익혀야 함
가상 및 증강현실	• 생생한 경험을 통해 자료 수집이 용이함

3) 영상 자료

종류	특징
동영상	• 학생이 원하는 속도로 시청 가능함 • 다양한 유형의 동영상이 있어 목적에 맞는 동영상을 선택하여 활용 가능함
이미지	• 직접 경험하지 못한 것에 대한 생생한 자료를 제공함 • 이미지 확대 등을 통해 세부적인 것을 조사할 수 있음

4) 체험

종류	특징
실험	• 탐구질문에 대한 답을 찾기 위한 과정이 실험임 • 과학 실험 외 실과, 체육 등에서 효과적인 전략을 찾기 위한 시도들도 실험이 됨
현장체험학습	• 학습 주제와 관련한 장소에 직접 가서 체험해보는 것임 • 단순한 흥미 위주의 체험이 아니라 단원 학습의 매크로 및 마이크로 개념과 관련되는 체험활동을 해야 함

5) 인적 자원

종류	특징
면담	• 조사 주제와 관련한 학부모, 교사, 전문가 등을 만나 정보를 수집하는 활동임 • 출판 자료로 확인하기 어려운·세부적인 사항에 대한 정보를 수집할 수 있음. • 면담을 위한 준비과정(질문 작성, 사전 일정 약속)과 절차에 따라 진행해야 함.
화상회의	• 면담과 달리 시간 제약이 없으며 원거리에 있는 전문가와 만날 수 있음 • 학생들은 원격 수업 경험 등이 있으므로 화상회의에 익숙함 • 사전에 대상자를 섭외하는 것이 어려울 수 있음

◆ 조사하기 과정에서 활용할 수 있는 다양한 유형

1) 학급 유형

• 구조화된 탐구 방법임

• 학급의 모든 학생이 사례 연구를 같이 진행함

• 개념 이해와 직접적으로 관련된 사례 연구 대상을 교사가 사전에 선정함

• 조사를 위한 자료의 종류를 교사가 선정함

• 조사 자료를 통한 개념적 연결이 용이함

• 교사는 실행자의 역할을 함

2) 학급-개인(모둠) 유형

- 구조화된 탐구에서 안내된 탐구로 진행됨
- 학급에서 공통 사례 조사 연구를 진행 후, 개인(모둠)별로 개별 사례 조사 연구를 진행함
- 공통 사례 조사 연구는 교사가 계획하여 진행하며 단원의 개념 이해에 도움이 되는 기본 사례가 되도록 함
- 개인(모둠)은 기본 사례에서 확장하여 추가적인 자료를 조사함. 이 때 추가 자료는 단원의 개념 이해와 관련되어야 함.
- 교사는 실행자와 촉진자의 역할을 함

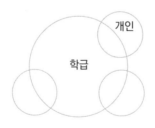

3) 개인(모둠) 유형

- 안내된 탐구, 개방형 탐구 방법임
- 교사가 사전에 설정한 주제 안에서 사례 연구를 진행함.
- 교사는 실행자와 촉진자의 역할을 함
- 개인(모둠)은 자신의 선택에 따라 사례 조사 연구를 진행함
- 개인(모둠)이 조사한 자료를 공유하는 기회 제공 필요

- 각 사례들이 연결되어 단원의 개념과 관련되도록 할 것
- 조사 경험이 풍부한 고학년에 적합함
- 조사 자료를 정리할 때 같은 형식으로 정리하여 학생들의 각 사례의 공통점과 차이점 등을 파악하기 편리하도록 하는 것이 좋음

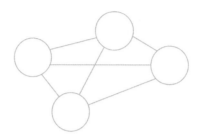

◈ 조사 내용 기록을 위한 조직자: Thinking map

조사하기를 통해 다양한 자료를 수집하고 난 이후, 이 자료를 기록하는 것이 필요하다. 자료의 성격에 따라 기록할 수 있는 적합한 양식이 있다면 학생들은 수집한 자료를 기록하면서 관련되는 추가 자료를 조사할 수 있을 것이다.
이러한 측면에서 조사 내용을 간단히 기록하기 위한 조직자로 Hyerle이 고안한 여덟 가지 유형의 시각적 조직자인 Thinking map을 활용할 수 있다.

1) 써클 맵(Circle map)

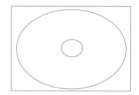

- 주제나 개념에 대해 정의 내리기
- 가운데 동그라미에는 주제나 개념을 쓰고 밖의 원에는 관련 내용이나 새롭게 알게 된 내용을 자유롭게 제시

2) 트리 맵(Tree map)

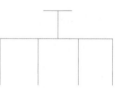

- 기준에 따라 분류하기
- 그룹 만들기
- 일반적인 개념과 아이디어는 트리의 윗부분에 작성하며 세부 내용은 가지 아래에 작성함.

3) 버블 맵(Bubble map)

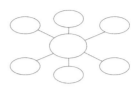

• 학습 주제나 개념에 자체에 대해 초점을 두고 묘사
  해보는 활동
• 가운데 동그라미에 주제를 쓰고 바깥쪽 동그라미에
  묘사할 여러 가지 정보를 작성
• 주별 버블에는 주로 형용사나 속성을 나타내는 말 사용

4) 더블 버블 맵(Double bubble map)

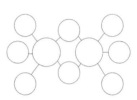

• 서로 다른 개념을 비교와 대조하기
• 개념을 비교하여 공통적 속성은 이어진 부분에 차
  별적 속성은 바깥쪽에 작성

5) 플로우 맵(Flow map)

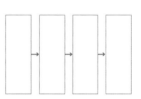

• 일정한 순서를 정해 규칙과 기준에 따라 작성하기
• 학습 순서, 주기, 단계, 방향성 등을 나타냄
• 상자의 개수는 생략 혹은 추가 가능함.

6) 멀티 플로우 맵(Multi flow map)

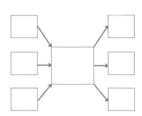

• 사건이나 현상에 대해 원인과 결과를 분석하여 인
  과관계를 찾아내는 경우 활용
• 어떤 일에 대한 영향과 효과를 나타낼 때 사용함.
• 왼쪽 상자가 오른쪽 상자의 원인이 됨

7) 브레이스 맵(Brace map)

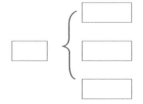

• 전체와 부분과의 관계를 파악하기 위한 경우 활용

8) 브릿지 맵(Bridge map)

- 한 가지 사실을 통해 다른 사실을 유추하는 경
  우 활용

◈ 조사 자료 점검 문항

  조사하기 단계의 목적은 조사하는 활동 자체가 아니라 조사한 자료를 통해 단원의 개념과 연결하고, 조사 자료 및 과정 속에서 학생들이 생성한 추가 질문에 대한 자료를 수집하여 단원 개념과 관련한 이해를 확장하는 데 목적이 있다. 이렇게 되었을 때 조사한 자료들은 추후 학생들이 최종적으로 일반화를 형성하기 위한 기초적인 토대가 된다. 따라서 조사하기 단계를 통해 조사한 자료를 점검하는 것은 유의미한 과정이다.

조사 자료를 점검할 수 있는 일반적인 문항은 다음과 같다.
- 조사 자료는 주제나 개념과 관련되는가?
- 단원의 개념을 잘 보여주는 자료인가?
- 조사 자료는 오류가 없는가? 정확한 데이터인가?
- 조사한 자료는 가공되지 않은 1차 자료인가?
- 주제나 개념에 대한 이해를 보완할 수 있는 근거가 되는 자료인가?

참고문헌

김민전(2021). 씽킹맵을 활용한 과학수업이 과학학업성취도 및 과학적 자기효능감에 미치는 효과. 부산교육대학교 교육대학원, 석사학위논문.
방소윤(2012). 사고력 향상을 위한 미술 감상 지도 방안—씽킹 맵스(Thinking maps)활용을 중심으로. 서울교육대학교 교육대학원, 석사학위논문.
Marschall, C. & French, R.(2021). 생각하는 교육과정과 수업을 위한 개념 기반 탐구학습의 실천: 전이 가능한 이해의 촉진 전략. 신광미, 강현석(공역). 학지사.

4. 조직 및 정리하기

[단원 설계 안내]

- 단원 개요: 본 단원은 2022 개정 교육과정 3~4학년군 과학과 '(3) 식물의 생활'을 개념기반 탐구학습 모형으로 구성한 것이다. 이에 단원명은 교육과정의 내용 체계를 준용하여 '식물의 생활'로 명명하였다. 범주 및 내용체계는 2022 개정교육과정의 지식·이해, 과정·기능, 가치·태도의 범주를 기준으로 하였으며, 성취기준은 [4과03-01], [4과03-02], [4과03-03]를 활용하였다.

- 개념: 본 단원 설계에서는 2022 개정 교육과정의 핵심 아이디어와 성취기준을 기준으로 단원 주요 개념인 '상호작용', '다양성', '영향'을 도출하였다. '식물의 생활' 단원에서 교과의 깊이를 더해 주는 단원 관련 개념은 '적응', '서식지', '생태계', '생물다양성'으로 단원 주요 개념보다 미시적이지만 구체적인 개념으로 도출되었다.

- 단원 갈래: 본 단원은 4개의 구체화된 핵심 아이디어를 축으로 4개의 단원 갈래를 설정하였다. 단원 갈래는 '식물의 적응', '식물의 다양성과 생태계', '생물다양성과 인간의 삶', '인간 활동과 환경의 변화'이다. 개념기반 단원 설계에서 단원의 갈래를 구성할 때 갈래가 순서를 띨 필요는 없으나 본 '식물의 생활' 단원의 경우 식물의 적응부터 인간 행동과 생태계의 영향까지 순차적으로 엮이는 형태를 따랐다.

- 핵심 아이디어 구체화: 본 단원 설계의 핵심 아이디어는 2022 개정 교육과정 내용 체계 '(3) 생명'의 '우리 주변의 다양한 생물은 환경과 영향을 주고받으며 밀접한 관계를 맺고 있으며, 생물다양성은 생태계와 인간의 삶과도 밀접하게 관련되어 있다'이다. 이를 3~4학년군 '식물의 생활'의 범위와 수준에 적합하도록 '① 생물은 환경과 상호작용하며 환경에 적응함, ② 생물다양성은 생태계를 유지하며 안정성을 높임, ③ 생물다양성은 인간의 삶을 풍요롭게 함, ④ 인간 행동은 환경과 생물의 적응에 영향을 미침'의 네 가지 핵심 아이

디어로 구체화하였다. 이때 구체화된 각 핵심 아이디어는 단원 갈래의 기본 축을 담당한다.

• 안내 질문: 각 단원 갈래마다 사실적 질문, 개념적 질문, 논쟁적 질문을 포함하여 학생들이 깊이 있는 이해로 나아갈 수 있도록 하였다. 교육과정의 범주 및 내용체계의 내용들을 바탕으로 하여 단원의 갈래의 경우 식물의 한살이, 주변식물 관찰하기, 식물의 중요성을 인식할 수 있도록 탐구 과정을 구체화하기 위한 질문들을 도출하였다.

[개념기반 수업 설계 및 실행]

1. 교육과정 재구성

단원 설계 의도		이 단원은 학생들이 다양한 환경에 적응하고 있는 주변 식물에 대해 탐구하여 생물 종의 다양성과 인간의 삶이라는 가치를 터득할 수 있도록 구성되었다. 따라서 학생들은 식물과 생태계에 대한 기본적인 이해를 넘어, 자연과 인간의 관계에 대해 더 깊이 생각하고, 지속 가능한 환경을 위한 실천 방안에 대해 고민하는 기회를 가질 수 있다. 이러한 경험은 학생들에게 과학적 탐구 능력을 키우고, 환경보호를 위한 의지를 북돋는 데 도움이 될 것이다.
핵심 아이디어		우리 주변의 다양한 식물은 환경과 영향을 주고받으며 밀접한 관계를 맺고 있으며, 생물다양성은 생태계 및 인간의 삶과 밀접하게 관련되어 있다.
범주 및 내용 체계	**지식·이해**	식물의 한살이, 식물이 자라는 조건, 다양한 환경에 사는 식물, 특징에 따른 식물 분류
	과정·기능	자연과 일상생활에서 생명 현상 관련 문제 인식하기, 식물 관찰 및 분류하기, 자료 조사 및 해석하기, 모형으로 설명하기, 자신의 생각과 주장을 과학적 언어를 사용하여 협력적 소통하기
	가치·태도	과학의 심미적 가치, 과학 유용성, 자연과 과학에 대한 감수성, 과학 창의성, 과학 활동의 윤리성, 과학 문제해결에 대한 개방성, 안전·지속 가능 사회에 기여, 과학 문화 향유
성취기준		[4과03-01] 여러 가지 식물을 관찰하여 특징에 따라 식물을 분류할 수 있다. [4과03-02] 다양한 환경에 서식하는 식물을 조사하여 식물의 생김새와 생활 방식이 환경과 관련되어 있음을 설명할 수 있다. [4과03-03] 식물의 특징을 이용하여 일상생활에서 활용할 수 있는 생활용품을 설계하여 협력적으로 소통할 수 있다.

주요 개념 (macro concept)	상호작용, 다양성, 영향	**개념적 렌즈**	적응과 다양성
관련 개념 (micro concept)	적응, 서식지, 생태계, 생물다양성		

핵심 아이디어 구체화	• 식물은 환경과 상호작용하며 환경에 적응한다. • 생물다양성은 생태계를 유지하며 안정성을 높인다. • 생물다양성은 인간의 삶을 풍요롭게 한다. • 인간의 행동은 환경과 식물의 적응에 영향을 미친다.

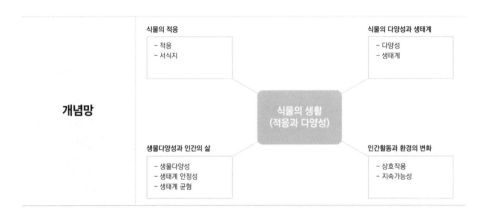

개념망

식물의 적응
- 적응
- 서식지

식물의 다양성과 생태계
- 다양성
- 생태계

식물의 생활
(적응과 다양성)

생물다양성과 인간의 삶
- 생물다양성
- 생태계 안정성
- 생태계 균형

인간활동과 환경의 변화
- 상호작용
- 지속가능성

2. 평가 계획

가. 평가 과제 개발

핵심 아이디어(C)	우리 주변의 다양한 식물은 환경과 영향을 주고받으며 밀접한 관계를 맺고 있으며, 생물다양성은 생태계와 인간의 삶과도 밀접하게 관련되어 있다.
목표(G)	식물과 환경 사이의 관계를 탐구하고, 환경보호의 중요성을 이해하여 직접 환경보호 활동을 수행할 수 있다.
역할(R)	식물 구조대(주변 환경의 식물 탐색 및 환경보호를 위해 필요한 활동 연구)
청중(A)	식물의 생활에 관심이 없는 지역주민
상황(S)	식물 종의 다양성을 위한 지구 환경 보호의 필요성
수행(P)	환경오염으로 인해 생존이 위협받고 있는 식물을 찾고, 그 식물을 보호하기 위한 실행계획 세우기
기준(S)	아래 평가 기준표(루브릭)
최종 평가 과제	환경오염으로 생존을 위협받고 있는 식물을 알리고 보호하기 위해 '우리 반 식물 구조대' 책자를 발간하려고 합니다. ① 우리 주변(학교, 집 근처 등)의 식물 중 환경오염으로 인해 위협받고 있는 식물을 조사해봅시다. ② 해당 식물을 보호하기 위해 우리가 실천할 수 있는 환경보호 활동을 탐색해봅시다. ③ 탐색한 활동을 '식물 구조대'에 넣을 수 있도록 1~3장 정도로 소개자료를 만들어 봅시다.

나. 평가 기준표

성취 수준 내용 요소	상	중	하
생물다양성과 환경보호의 필요성 이해 (지식 · 이해)	식물과 환경의 상호작용에 대한 지식을 바탕으로 생물다양성의 중요성과 환경보호의 필요성을 이해할 수 있다.	식물의 다양성을 지키기 위해 환경보호가 필요함을 이해할 수 있다.	식물이 잘 살 수 있도록 주변 환경을 보호해야 함을 이해할 수 있다.
주변 식물 조사 및 보호 방법 표현 (과정 · 기능)	환경오염으로 인하여 위험에 처한 식물을 조사하고, 식물을 보호하기 위한 환경보호 활동을 글과 그림으로 나타낼 수 있다.	주변 식물을 조사하고, 이 식물을 보호하기 위한 방법을 글과 그림으로 나타낼 수 있다.	주변 식물을 조사할 수 있다.
생물다양성을 지키기 위한 마음가짐과 실천 (가치 · 태도)	식물 종의 다양성이 생태계에 미치는 영향에 관심을 갖고 적극적으로 환경보호를 실천하고자 한다.	주변 식물을 보존하기 위하여 환경을 보호하고자 한다.	환경보호에 관심이 있다.

3. 단원의 구조

단원 갈래	하위 핵심 아이디어	안내 질문	범주 및 내용 체계		
			지식·이해	과정·기능	가치·태도
식물의 적응	생물들은 생존을 위해 환경의 변화에 따라 물리적, 행동적, 생리적 변화를 겪는다.	(사) 우리 주변에는 어떤 식물들이 있나? (개) 식물이 우리 일상에 어떻게 존재하는가? (논) 식물없이 우리 생활할 수 있는가?	• 식물의 한살이 • 식물의 생장 조건	• 주변 식물 관찰하기 • 식물의 생장 조건 조사하기	• 식물의 중요성 인식하기
식물 종의 다양성과 생태계	생물 다양성은 생태계의 복잡성과 균형을 야 지하며, 그 결과로 생태계의 안정성과 회복 능력을 강화한다.	(사) 식물의 적응이란 무엇인가? (개) 왜 식물은 환경에 적응하는가? (논) 모든 식물이 환경 변화에 적응할 수 있을까? (논) 식물 없이 생태계의 균형이 유지될 수 있을까?	• 식물의 적응 • 식물의 다양성 • 생태계의 균형	• 식물 다양성의 중요성 조사하기 • 식물의 다양성 관련된 현상 실험 및 적용하기	• 식물 보존에 대한 태도 갖기 • 생태계 구성원 으로서 책임감 갖기
생물다양성과 인간의 삶	인간의 생존과 풍요로운 삶은 생물 다양성에 의존하며, 동시에 인간의 활동은 생물 다양성에 큰 영향을 미친다.	(개) 식물 종의 다양성은 왜 중요한가? (사) 우리가 일상생활에 사용하는 물건 중 식물을 활용하거나 모방한 것은 무엇인가? (개) 우리 일상의 물건이 식물과 어떤 관계를 가지고 있는가? (개) 지속적인 자연 파괴는 식물에게 어떤 영향을 줄까?	• 인간과 식물의 관계 • 식물 활용 • 식물 모방	• 인간의 삶에 영향을 주는 식물의 사례 조사하기 • 식물이 삶에 영향을 미치는 인간의 활동 탐색하기	• 생태계 보전에 대한 가치 인식하기 • 인간의 활동이 자연에 미치는 영향 인식하기
인간 활동과 환경의 변화	인간의 활동은 환경 변화의 주요 원인 중 하나 이며, 이러한 변화는 생물들에게 새로운 적응의 필요성을 부과한다.	(개) 인간과 식물은 서로에게 어떻게 영향을 미치는가? (개) 왜 인간과 식물은 서로에게 필요한가? (개) 생물 다양성은 왜 중요한가? (논) 인간의 발전을 위해 환경을 변화시키 는 것은 정당화될 수 있는가? (사)(개) 지속가능한 발전이란 무엇이며, 왜 중요한가?	• 환경오염 • 식물 종 다양 성의 중요성 • 지속가능한 발전	• 인간과 식물이 관련성 조사하기 • 환경오염의 사례 탐색하기	• 환경보호의 중 요성 인식하기 • 환경을 보호하 는 태도 갖기

4. 단원의 탐구 단계 설계

본 단원의 탐구 단계는 개념기반 탐구학습의 여섯 단계를 순차적으로 적용하도록 설계하였다. 보통 과학 교과의 한 단원이 12~14차시 내외로 구성하는 것을 기준으로 하여 본 단원은 12차시로 구성하였으며, 전체 탐구 과정은 관계 맺기, 집중하기, 조사하기, 조직 및 정리하기, 일반화하기, 전이하기의 단계를 단원 전체 12차시에 걸쳐 순차적인 탐구단계이다. 이때 '조직하기 및 정리하기' 단계는 3차시로 구성하였으며, 7차시와 8~9차시 전체 수업을 조직 및 정리하기 활동으로 구성한 특징이 있다.

차시	단원 갈래	탐구단계	학습 활동
1	식물의 적응	관계맺기	• 우리 주변에 어떤 식물들이 있는지 찾아보기 • 일상생활에서 어떤 식물을 만날 수 있는지 확인하기 • 생태계에서 식물이 하는 역할 찾아보기 • 식물 없이 생태계 균형이 유지될 수 있을지 알아보기
2			• 산과 들, 강과 호수에 사는 식물을 통해 식물의 적응이란 무엇인지 유추하기 • 우리 주변에 적응한 식물의 특징을 주변 환경과 관련지어보기
3		집중하기	• 산, 들, 강, 호수에 사는 식물을 관찰하고 이들의 특징 분류하기 • 식물의 생김새와 생활방식을 식물이 환경에 적응하는 것과 연결시켜 생물다양성에 대해 유추하기
4	식물 종의 다양성과 생태계		• 인간 활동이 식물에 미치는 영향을 찾고, 어떤 활동이 식물 종의 다양성을 파괴하는지 심각성에 따라 순위를 매겨보기
5		조사하기	• 우리 주변에서 환경에 적응한 식물의 사례 조사하기 • 우리가 일상생활에서 사용하는 물건 중 식물을 활용하거나 식물의 특징을 모방한 것은 무엇인지 조사하기
6	생물다양성과 인간의 삶		• 우리 주변에서 식물이 사라졌을 때 어떤 결과가 생길지 유추해보기 • 인간의 환경파괴가 식물에게 어떤 영향을 줄지 조사해보기
7		조직 및 정리하기	• 생물다양성과 생태계의 안정성 간의 관련성 조직하기

8~9			• 인간과 식물은 서로에게 어떻게 영향을 미치는지 상호관계 파악하기 • 인간과 식물의 긍정적-부정적 관계를 찾고 개념 확장하기
10	인간 활동과 환경의 변화	일반화하기	• 생물의 다양성의 개념과 중요성을 문장으로 나타내기 • 인간의 발전과 식물의 다양성 중 더 중요한 것은 무엇인지 토의 · 토론하기 • 인간의 발전을 위해 환경을 변화시키는 것이 정당화될 수 있는지 연설문 만들기
11~12		전이하기	• 가상의 생태 환경 변화 시나리오(기후 변화, 외래종 도입 등)가 생태계에 미칠 영향을 예측 및 분석하기

5. 탐구단계별 활동 소개(조직 및 정리하기)

- 조직 및 정리하기는 학습 내용을 체계적으로 배열하고 구조화하는 단계이다. 이 단계에서 학습자는 정보(지식)의 관계를 파악하고 전반적인 틀을 이해하여 주요 개념을 도출할 수 있다.
- 정보를 효과적으로 구조화하고 개념 간의 연관성을 파악하기 위하여 조직자와 같은 시각적 도구가 활용될 수 있다.
- 이 단계에서는 학습한 내용을 관련지어 더 깊은 이해의 틀을 만드는 것도 중요하지만 학습 내용의 정확성을 확인하는 것도 중요하다.

출처: Marschall & French, 2018.

- 학습자는 이 단계에서 발견한 지식(개념)을 조직하고 정리하는 과정을 반복하며 지식의 내재화 과정을 거치게 된다.

단원	식물의 생활	차시	7/12
관련 개념	생태계, 인간 활동, 지속가능성	개념적 렌즈	인간과 식물의 상호작용
학습목표	우리의 생활방식이 생태계에 미치는 영향을 이해하고, 지속가능한 발전을 추구한다.		

단계	학습활동	자료쟈/유의점윰
도입	■ **생각 발산하기** • '식물'과 '인간'에 관련된 단어(개념) 자유롭게 떠올리기 **연관단어 생성하기(참고1)** ① 4절지 상단에 '식물'과 '인간'을 초기단어로 기입한다. ② 모둠별로 식물과 인간에 관련된 단어(개념)를 연상한다. ③ 포스트잇에 연상한 단어를 1개씩 쓰고, 해당되는 초기 단어를 하단에 붙여나간다.	쟈 4절 도화지(모둠별 1개), 포스트잇(2가지 색)
전개	■ **개념 조직하기** • 연상한 단어들의 관계 표현하기 **피드백 루프(feedback loop) 조직하기(참고 2)** ① 연관단어 기법에서 생성한 단어(개념) 간의 관계를 확인한다. ② 단어(개념) 간에 인과관계가 탐색되면 이를 선으로 표시한다. ③ 관계 탐색 과정에서 새롭게 단어(개념)가 떠오르는 경우 새 포스트잇에 적어 추가할 수 있다. ■ **개념 확장하기** - 식물이 없다면 지구 생태계가 어떻게 될지 토의하기 - 우리의 생활방식이 주변 식물에게 어떤 영향을 미치는지 생각하기 - 인간활동이 식물의 생존에 미치는 긍정적 영향과 부정적 영향 탐색하기 **피드백 루프(feedback loop) 확장하기(참고 3)** ① 단어(개념) 간 관련성을 살펴본 뒤, 긍정적인 관계는 푸른색으로 부정적인 관계는 회색으로 묶는다. ② 단어 간 긍정적 관계와 부정적 관계를 각각 문장으로 표현하여 활동지 하단에 적는다.	쟈 연관단어 기법에서 사용한 4절 도화지, 마커 쟈 색깔펜 윰 관계의 정확성보다는 개념 간의 관련성을 이해하는 방향으로 지도하도록 함

정리	■ 개념 정리하기 • 식물과 인간은 서로에게 어떤 영향을 미치고 있는지 정리하기	📖 단어(개념) 간의 관련성을 종합할 수 있도록 함

조직 및 정리하기 전략 1. 연관단어 생성하기

1. 정의

연관단어 생성하기는 학생들이 주어진 단어(개념)에 연관된 단어를 찾아내는 활동이다. 학생들은 이 기법을 통해 기존에 학습한 내용을 떠올릴 수 있으며, 주어진 단어와 관련된 새로운 아이디어를 발산할 수 있다. 따라서 이 기법은 학생들이 배운 내용을 깊이 있게 생각하는 발판을 마련해주고 개념 조직 및 정리의 토대를 형성한다.

2. 장점

• 학생들의 사전 지식과 새로운 정보를 연결시켜 사고의 범위를 확장시킴
• 학생들을 정보 수용자가 아닌 능동적인 정보 생성자, 조직자에 도달하게 함
• 창의적 사고를 자극해 개념을 깊이 있게 이해하고 조직하는 데 도움을 줌
• 다양한 연관단어 도출 과정에서 의사소통력, 상호작용력을 향상시킴

3. 활용법

• 수업 도입 활동에서 기존에 학습한 내용을 떠올려 개념의 조직 및 정리의 토대를 만드는 데 활용
• 수업 전반에서 연관단어 생성하기를 활용해 기존 개념을 새로운 개념에 연결하거나 확장하는 데 활용

조직 및 정리하기 단계의 실제 활용 예

연관단어 생성하기(참고1)
• 도화지에 '식물'과 '인간'을 초기단어로 기입한다.
• 모둠별로 식물과 인간에 관련된 단어(개념)를 연상한다.

- 연상한 단어는 포스트잇에 1개씩 쓰고, 해당되는 초기단어 하단에 붙여나간다.

식물	인간
뿌리	호흡
물	음식

TIP 연관단어 생성하기를 통해 학생들이 다양한 단어(개념)를 생성한 뒤 심화 활동으로 단어 간의 관련성을 파악해보거나, 토의·토론을 통해 생성된 단어에 대해 서로의 생각을 공유하는 활동을 할 수 있다. 이러한 심화 활동은 학생들이 학습한 내용을 체계적으로 조직하고 정리할 수 있도록 해 더 깊은 이해로 나아가는 발판으로 작용한다. 초기단어(개념)의 경우 교사가 제시하거나 학생들이 직접 제안할 수 있으며, 이때 초등학교 저·중학년의 경우는 초기단어를 교사가 안내할 필요가 있다.

조직 및 정리하기 전략 2. 피드백 루프(feedback loop)

1. 개념

피드백 루프는 시스템이나 일처리 과정에서 입력된 정보와 출력된 결과가 서로 상호작용하는 방식을 분석하고 이해하는 데 사용되는 기법이다. 예컨대 생태계라는 시스템에서 식물의 개체 수 증가가 동물의 개체 수 증가에 어떻게 영향을 주는지 분석하는 과정을 들 수 있다. 그리고 학생들은 피드백 루프를 조직하는 과정에서 생성된 정보나 결과를 평가한 뒤 그 평가를 바탕으로 다시 입력 정보를 수정하는 반복적인 과정을 거친다. 이는 학습의 맥락에서 학습자가 주어진 정보(지식)를 반복적으로 평가하고 조정하여 이것을 체계적으로 조직 및 정리하는 것을 돕는다. 따라서 피드백 루프는 학생들이 관련 개념을 포괄하는 핵심 개념이 어떻게 작동하는지 그 원리를 깊이 있게 이해하는 데 도움을 주고 다양한 개념 간의 상호작용을 분석해 복잡한 문제에 대한 통찰을 가능하게 한다.

2. 장점

- 주어진 정보나 지식을 체계적으로 조직하고 정리할 수 있음
- 자기평가를 통해 내용의 정확성, 누락된 부분, 불필요한 부분 등을 확인 및 보완하여 개념에 대한 이해도를 높일 수 있음

- 정보 간의 인과관계를 확인해 이해를 심화시키는 데 활용함
- 학습자가 조직, 정리, 확장의 과정을 여러 번 반복하며 이해의 깊이를 지속적으로 심화시킬 수 있음
- 학습자가 개념을 더욱 확고하게 이해하고 장기기억에 저장하는 데 도움을 줌

3. 활용법

- 주어진 정보(개념)를 체계로 간주할 때 그 체계를 구성하는 구조 파악에 유용함
- 정보(개념) 간의 인과관계 및 상호작용을 분석할 때 활용할 수 있으며, 특히 긍정적 피드백 효과와 부정적 피드백 효과를 밝히는 데 효과적임
- 피드백 루프를 통해 분석된 관계를 토대로 체계의 미래 변화를 예측하는 데 활용할 수 있음

조직 및 정리하기 단계의 실제 활용 예-〈일반〉 피드백 루프 조직하기

피드백 루프(feedback loop) 조직하기(참고 2)
- 연관단어 생성하기에서 생각한 단어(개념)을 살펴본다.
- 각 단어(개념) 간의 인과관계 및 상호관계를 화살표로 연결한다.
- 관련성을 표시하는 과정에서 새롭게 등장하는 단어(개념)는 포스트잇에 적어서 추가할 수 있다.

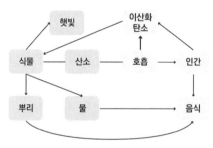

조직 및 정리하기 단계의 실제 활용 예-〈심화〉 피드백 루프 확장하기
〈심화〉 피드백 루프 확장하기

피드백루프 확장하기(참고 3)
- 긍정적-부정적 피드백 루프 나타내기
  - 단어(개념) 간 인과관계를 나타낸 도식을 보고 개념 간의 긍정적, 부정적 관계를

파악한다.
- 식물의 생활에 긍정적인 영향을 미치는 관계는 푸른색으로 부정적인 영향을 미치는 관계는 회색으로 묶어본다.
- 단어 간 긍정적 관계와 부정적 관계를 문장으로 표현해본다.

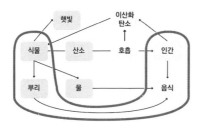

(긍정적 영향)
식물이 다양해지고 많아지면 인간의 음식으로 활용할 수 있는 식물 뿌리도 풍부해집니다.

(부정적 영향)
인간이 물을 오염시키면 식물에게 필요한 물도 오염되어 결국 인간이 호흡할 산소도 줄어들게 됩니다.

TIP 피드백 루프 조직하기는 학생들이 기존 조사 내용에 대한 지식(정보)을 생성한 뒤 진행하거나 교사가 사전 안내를 할 수도 있다. 피드백 루프는 입력과 출력의 인과관계를 파악하는 것부터 전체 시스템의 구조를 확인하거나 인과관계의 긍·부정적 관계 분석 등 그 활용이 다양하다.

단원	식물의 생활	차시	8~9/12
관련 개념	생태계, 인간활동, 환경보호	개념적 렌즈	인간의 역할과 책임
학습목표	인간과 식물의 상호관계를 파악하여 생태계 다양성을 보존하기 위한 인간의 역할과 책임을 이해한다.		

단계	학습활동	자료㉾/유의점㊌
도입	**■ 상관관계 파악하기** • 인간활동이 식물 종의 다양성에 영향을 미치는 사례 탐색하기 • 인간활동과 식물 종의 다양성 간의 관계 표현하기 • 식물 종의 다양성과 인간활동의 상관관계 나타내기 아이디어 흐름도(참고 4) ① 식물 다양성에 영향을 미치는 인간 활동을 단어나 문장으로 떠올린다. ② 떠올린 아이디어 중 '식물에 미치는 영향'은 사각형으로, '인간 활동'은 타원형으로 나타낸다. ③ 아이디어 간의 인과관계나 관련성을 화살표로 연결한다.	㉾ 4절지, 색연필 ㊌ 단어, 문장, 개념 등에 얽매이지 않고 다양한 생각들을 떠올릴 수 있도록 한다.
전개	**■ 상관관계 조직하기** • 식물 다양성과 인간 활동 간의 긍정적, 부정적 관계 나타내기 컬러코딩(참고 5) ① 아이디어 흐름도에서 식물 다양성과 인간 활동 간의 긍정적 관계와 부정적 관계를 파악한다. ② 아이디어 간의 긍정적 관계를 나타내는 화살표에는 푸른색 스티커를, 부정적 관계를 나타내는 화살표에는 회색 스티커를 붙여 구분한다. **■ 상관관계 확장하기** • 인간 활동과 식물 다양성 간의 관계를 활용해 짧은 글 쓰기 이야기 주사위(참고 6) ① 접착종이를 활용하여 주사위의 3면에는 긍정적 관계를, 다른 3면에는 부정적 관계를 표시한다. ② 주사위를 두 번 굴려 나온 면들의 관계를 활용하여, '식물의 다양성을 지키기 위해 우리가 일상생활에서 할 수 있는 구체적인 활동'에 관한 짧은 글(10~20줄)을 쓴다.	㉾ 스티커(푸른색, 회색) ㊌ 컬러코딩은 긍, 부정 외에도 다양한 관계를 표현하는 것을 권장한다. ㉾ 주사위, 접착종이 ㊌ 이야기 주사위의 면에 긍정, 부정 외의 다른 관계도 자유롭게 허용한다.
정리	**■ 개념 정리하기** - 인간이 왜 식물 다양성을 보존하는 데 책임이 있는지 종합하기	㊌ 이야기 주사위 활동의 글을 종합·정리한다.

조직 및 정리하기 전략 1. 아이디어 흐름도(flow chart)

1. 개념

아이디어 흐름도는 아이디어(단어, 문장, 개념 등) 간의 인과관계나 상호관계를 시각적으로 나타내 전체 시스템을 조망하는 방법이다. 학생들은 산출한 텍스트 아이디어를 도형과 화살표를 활용해 조직하는 과정을 통해 정보나 지식의 흐름, 체계, 과정, 인과관계 등을 표현할 수 있다. 이 기법은 복잡한 정보 및 지식의 흐름을 단순하게 재조직해 학생들의 이해를 돕고, 도식화를 통해 전체를 조망하게 함에 따라 학생들을 인지적 통찰로 이끈다. 따라서 아이디어 흐름도는 발산된 정보를 조직하는 데 효과적이며 문제해결 과정에서 중요한 기법으로 활용된다.

2. 장점

- 정보와 개념의 체계를 분명히 하고, 이를 구조적인 방식을 통해 시각적으로 표현하므로 학생들이 복잡한 개념이나 절차, 과정을 한눈에 파악하는 데 도움이 됨
- 산발적인 정보나 개념을 순차적으로 배열함으로써 학생들의 단계적 사고를 촉진하여 특히 복잡한 문제를 해결하거나 과정을 분석할 때 유용함
- 학생들이 직접 생성한 정보를 조직 및 분류하는 과정에서 학습 내용을 더 깊이 이해할 수 있음
- 학생들이 아이디어를 조직하는 과정에서 자신의 생각과 이해를 명확하게 표현할 뿐 아니라 다른 사람과 의견 공유과정을 통해 의사소통력을 향상시킬 수 있음
- 문제의 원인과 결과를 파악하고 해결책을 모색하는 데 유용하며, 아이디어를 연결하고 체계화하는 과정에서 비판적 사고력이 길러짐
- 서로 관련성이 낮아 보이는 개념 간의 연관 짓기를 통해 학생들의 창의적인 사고를 자극할 뿐 아니라 새로운 관점으로 문제를 바라보도록 해 깊이 있는 탐구를 격려함

3. 활용법

• 수업의 도입 시에 전시학습을 상기하고 이를 바탕으로 정보를 조직하여 이후 학습의 토대를 만드는 데 활용함

• 탐색한 정보나 아이디어의 상호 및 인과관계를 체계적으로 조직하거나 정리할 때 유용함

• 기존 정보에 새롭게 학습한 개념을 추가하여 개념을 확장하고 심화할 때 사용됨

조직 및 정리하기 단계의 실제 활용 예-아이디어 흐름도

아이디어 흐름도 만들기(참고 4)

• 인간활동의 활동과 식물 종의 다양성 간의 관계에 대한 여러 아이디어를 생성한다. 이때 아이디어는 단어나 문장으로 나타낼 수 있다.

• 생성된 아이디어 간의 흐름(직-간접 영향, 인과관계 등)을 도형을 통해 표현한다. 이때 도형은 아이디어 흐름도를 생성하는 개인 또는 모둠, 학급 단위로 정하거나 약속할 수 있다.

• '인간 활동'이나 '식물 영향'에 명확히 분류할 수는 없지만, 학생들이 '식물 종의 다양성'에 영향을 주는 아이디어를 떠올리면 다른 도형을 활용하여 자유롭게 표현하도록 한다.

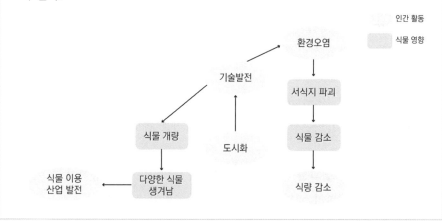

TIP 조직 및 정리하기 단계에서 아이디어 흐름도를 활용할 때 기본적으로 조사하기 단계에서 생성된 사전 지식을 기반으로 한다. 이때 교사는 학생들이 아이디어 흐름도를 조직하면서 새로운 지식이나 정보를 생성하고 추가할 수 있도록 격려해 더 깊은 이해의 장으로 이끄는 것이 필요하다. 또한 조직화 과정을 거칠 때 정확성보다는 학생 스스로의 근거와 이해를 중심으로 나타낼 수 있도록 지도한다.

조직 및 정리하기 전략 2. 컬러코딩(color coding)

1. 개념

컬러코딩은 단어(문장)에 다양한 색을 부여하여 정보(개념)를 분류하고, 강조함으로써 복잡한 데이터를 쉽게 조직 및 정리하는 기법이다. 이때 색을 부여하는 과정은 단순히 색칠하는 것을 넘어 정보를 '코드화'하는 확장적 조직하기 기법이라고 할 수 있다.

2. 장점

- 정보를 구분 및 분류하는 코드화 과정을 통해 복잡한 정보를 시각화함으로써 학생들의 이해를 명확하게 하고, 학습 내용을 더 쉽게 기억하도록 조력함
- 색을 활용하므로 학생들이 직관적으로 정보를 빠르게 구분하고 조직할 수 있도록 조력함
- 중요한 개념의 경우 강조하기 위한 특정 색상을 활용하는 등 그 활용법이 다양하기 때문에 학습자가 특정 정보에 주목하거나 생각을 발산시키는 데 도움을 줌
- 학생들이 자신만의 기준을 세우고 정보를 조직 및 정리하는 과정에서 창의적 사고력이 향상됨
- 학생들이 색을 통해 코드화된 정보를 시각적으로 비교해보는 활동을 통해 자기평가 및 동료평가가 활발히 일어날 수 있음

3. 활용법

- 탐색한 정보를 긍·부정, 인과, 직·간접 등 다양한 기준으로 정리 및 분류하는 데 활용함
- 주요 아이디어를 서로 다른 색상으로 코드화하여 개념 간의 관계를 명확하게 표현해야 하는 단계에서 활용함
- 정보나 지식을 시간의 흐름을 토대로 표현해야 할 때 색상으로 구분하여 활용할 수 있음
- 학생들이 정보를 조직하여 프로세스를 만들 때 각 단계 및 상태를 색상별로 표시하여 상황을 쉽게 파악하게 할 수 있음

조직 및 정리하기 단계의 실제 활용 예-컬러코딩

컬러코딩(참고 5)

- '인간 활동'과 '식물 영향'에 대한 아이디어 흐름도를 보고 인간 활동과 식물 종의 다양성의 관계 중 긍정적 관계와 부정적 관계를 파악한다.
- 긍정적 관계를 나타내는 화살표 위에는 푸른색 스티커를, 부정적 관계를 나타내는 화살표 위에는 회색 스티커를 붙여 구분한다.

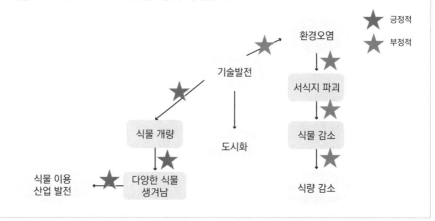

TIP 컬러코딩은 활용 기법이 매우 다양하다. 컬러코딩은 긍정 및 부정을 구분하는 것에만 한정되는 것이 아니라 색을 이용하여 정보를 코드화하는 모든 방법을 일컫기 때문에 수업의 초점에 맞게 여러 형태로 활용될 수 있다. 예컨대 퇴적암, 화성암을 서로 다른 색으로 구분하여 개념을 시각화하거나, 물의 상태변화와 관련된 주요 용어나 개념을 특정 색상으로 표시해 주요 개념을 강조할 수도 있다. 또는 서로 관련 있는 정보를 같은 색상으로 연결하여 관련성을 나타낼 수도 있고, 핵심 정보와 세부 정보를 색을 통해 구분할 수도 있다. 이처럼 컬러코딩 기법은 색을 사용하여 정보를 코드화하는 기법이므로 학생 수준 및 수업의 단계에 맞게 교사가 자유롭게 활용할 수 있다.

조직 및 정리하기 전략 3. 이야기 주사위

1. 개념

이야기 주사위는 먼저 주사위의 여섯 면 각각에 학습 주제와 관련된 단어, 문장, 개념, 이미지를 표기한 뒤, 주사위를 던져 나온 면에 따라 개념을 설명하거나 이야기를 만드는 활동을 하는 것이다. 따라서 이 활동은 정보의 조직 및 정리하기의 심화단계에서 이해를 확장하는 데 유용하며, 학생들은 이러한 과정을 통해 지식을 연결하고 통합하는 능력을 발휘하게 된다.

2. 장점

- 개념 설명과 같은 복잡한 방법을 친근한 방식으로 접근하게 하여 학생들의 이해를 용이하게 함
- 학생들이 자신의 생각을 구조화하고 개념 간의 관계를 명확히 할 수 있도록 도움
- 단순히 정보를 조직하는 데에서 끝나지 않고 학생들이 자신의 생각을 확장하는 데 도움을 줌
- 이야기를 생성하는 과정에서 언어능력이 향상되고, 이야기를 조직 및 구성하는 능력이 발달됨
- 주사위의 무작위성은 예상치 못한 방향으로 사고를 확장시켜, 학생들이 표준화된 사고방식을 벗어나 창의적으로 생각하도록 유도함

3. 활용법

- 주사위의 무작위성을 활용하여 특정 과학 개념을 깊이 있게 이해하는 데 활용함
- 지식과 정보를 더 깊이 생각하고, 스토리텔링을 통해 개념을 확장하는 단계에서 활용함

조직 및 정리하기 단계의 실제 활용 예-이야기 주사위

이야기 주사위 활용하기(참고 6)

- 접착종이를 활용하여 '인간활동과 식물의 다양성의 관계'를 토대로 주사위의 3개 면에는 '긍정적 관계'의 아이디어(개념, 단어, 문장 등)를, 다른 3개 면에는 '부정적 관계'의 아이디어를 표시한다. 이때 긍정적, 부정적 관계 외에도 인과관계 등 여러 가지 학생들의 생각을 반영해 주사위 면을 구성할 수 있다.

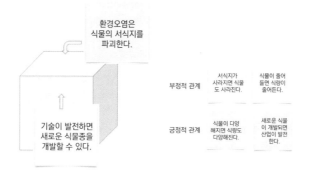

- 주사위를 두 번 굴려서 나온 면의 아이디어를 소재로 삼아, '식물의 다양성을 지키기 위해 우리가 일상생활에서 할 수 있는 구체적인 활동'을 토대로 짧은 이야기(10줄 이내)를 만들어본다. 이때 같은 면이 두 번 나온다면 횟수를 증가시켜 학생들이 서로 다른 아이디어를 정리 및 조직할 수 있는 기회를 갖도록 한다.

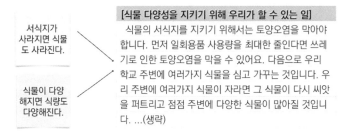

TIP 이야기 주사위의 면을 구성할 때는 단어나 문장, 이미지 등을 다양하게 활용할 수 있다. 저학년 단계에서는 단어나 이미지를 교사가 제시해 주는 것도 고려해 볼 만 하다. 주사위를 던진 후 진행되는 활동은 학생 수준에 따라 구두 설명이나 작문을 적절하게 활용할 수 있다. 고학년 단계에서는 창의적 글쓰기를 활용해 개념 일반화의 토대를 다지는 방법도 적절하다. 이 때 주사위 면을 굴려 나온 정보를 반드시 직접적으로 활용하지 않고 간접적 소재로 활용할 수 있다. 예컨대 '식물의 서식지가 파되된다면 식물이 사라진다.'라는 정보를 직접 이용하지 않고 환경보호를 위한 소재로 활용해도 된다는 것이다.

조직 및 정리하기 활동에서 사용 가능한 다른 전략 - 타임라인(timeline)

1. 개념 및 장점

타임라인은 시간의 흐름에 따라 사건의 발전과 변화 과정을 순서대로 배열하는 시각적 조직화 기법이다. 이 기법은 주로 역사적 사건, 과학적 개념의 발전 과정, 기술의 진화, 생물학적 과정을 학습할 때 유용하다. 특히 방대하고 복잡한 정보를 시계열을 통해 조직함으로써 학생들이 정보의 연속성을 명확하게 이해할 수 있도록 돕는 기법이다. 이러한 과정을 통해 학생들은 정보를 조직하는 능력과 더불어 연대기적 사고를 향상시킬 수 있다. 또한 타임라인 기법은 간단한 도형과 선형 이미지부터 복잡한 다층적 구조까지 다양한 형태로 만들 수 있으므로 학생들의 수준과 수업의 형태에 따라 여러 방법으로 사용될 수 있다.

2. 활용법

- 정보(사건)를 시간 순서에 따라 정렬하고 정보(사건) 간의 시간적 관계를 시각적으로 나열하는 데 활용함

  예) 지층의 생성 과정, 동물의 한살이

- 정보의 연속성을 토대로 주요 사건과 인과관계를 파악하는 데 활용함

  예) 환경보호 운동의 역사적 흐름 속에서 중요 사건(협약 등) 파악, 화석이 생성된 시기의 조건과 특징 표기

- 온라인과 오프라인 모두에서 활용 가능하며 특히 조사한 정보의 시계열성을 이해하는 데 효과적임

조직 및 정리하기 단계의 실제 활용 예-타임라인

타임라인 활용하기

- 활동 주제: <인간활동과 과학기술의 발전>
- 사전활동: 학생들은 조사하기 단계에서 '인간활동과 과학기술의 발전'에 대해 조사한다.
- 조직 및 정리하기 단계 활용: 조사한 내용 중 인류 역사에서 중요한 사건들(불 사용, 바퀴의 발명, 전기의 발견, 증기기관의 발명, 항생제의 발견, 인터넷의 발명)을 연도별로 타임라인에 배열한다. 그리고 각 주요 사건마다 문명에 끼치는 영향을 간략히 추가한다.

불 사용
- 인간이 추운 환경에서 살 수 있게 됨
- 음식을 익혀 먹게 됨
- 밤에도 활동할 수 있게 됨

전기의 발견
- 조명, 통신, 기계 등 인간 생활의 여러 부분에 영향을 끼침

항생제 발견
- 세균을 치료해 인간의 수명을 늘림
- 의료분야의 혁신을 가져옴

타임라인 연도: 1백만 년 전 / 기원전 3500년 전 / 18세기 후반 / 1776년 / 1928년 / 1960년

바퀴의 발견
- 교통수단이 발전함
- 물건을 쉽게 이동시켜 물물교환이 활발해짐

증기 기관의 발견
- 산업혁명을 촉진하여 공장이 발달함
- 배와 같은 교통수단이 발달함

인터넷 발견
- 정보의 방식을 완전히 바꾸어 놓음
- 인간이 지식과 정보를 방대하게 습득하게 됨

조직 및 정리하기 활동에서 사용 가능한 다른 전략 - 캐릭터 맵(Character Map)

1. 개념 및 장점

캐릭터 맵은 주로 문학 작품에서 등장인물의 성격, 특징, 관계 등을 분석하는 데 사용된다. 이 기법을 개념기반 탐구학습의 조직 및 정리하기 단계에서 활용할 경우 복잡한 개념의 다양한 특성을 구조화하고 이해하는 데 도움이 된다. 예를 들어 '식물'을 캐릭터로 맵을 작성한다면, 이 과정에서 식물의 주요 특성, 서식지, 생존 전략, 인간 활동과의 관계를 나타낼 수 있다. 즉 학생들은 식물을 하나의 캐릭터로 여기고 그 특징을 시각적으로 지도화하는 과정을 거치는 것이다. 이 절차를 통해 학생들은 복잡한 개념을 분해하고, 새롭게 나타난 지식과 정보 간의 관계를 연결지어보면서 정보의 새로운 측면을 확인하고 깊이 있게 이해할 수 있다. 이러한 과정은 학생들의 개념에 대한 이해를 심화시킬 뿐만 아니라 분석적 사고를 촉진하게 된다.

2. 활용법

- 조사한 정보나 주제의 중요한 특징, 속성, 장·단점 등을 맵핑하는 데 활용하며, 이를 토대로 정보와 정보 간의 관계를 나타내는 데 맵을 확장할 수 있음
  예) '식물'과 '동물'의 특징과 그 관련성을 캐릭터 맵으로 조직 및 정리
- 캐릭터 맵은 텍스트뿐만 아니라 도형, 사진 등을 활용할 수 있으며, 단순히 개념의 특징을 파악하는 것을 넘어 별명 짓기, 문장으로 특성 표현하기 등 다양한 심화활동을 병행할 수 있음
- 캐릭터 맵을 통해 정보나 사건이 시간에 따라 어떻게 발전하고 변화하는지 탐구할 수 있음
  예) 인간 활동이 유발한 기후변화에 따른 식물의 변화 중 식물을 캐릭터로 설정하고 기후변화에 따라 식물의 상태를 아이콘이나 색으로 표현하여 맵핑할 수 있음
- 심화활동으로 캐릭터 맵을 통해 문제를 분석하거나 해결방법을 찾는 등의 활동을 적용할 수 있음

조직 및 정리하기 활동에서 사용 가능한 다른 전략 - 아이콘 배열하기(Icon Array)

1. 개념 및 장점

아이콘 배열하기는 정보나 데이터를 간단한 아이콘을 사용해 시각적으로 표현하는 방법이다. 이는 특히 수치 정보나 비율을 이해하기 쉽게 만들어주는 효과적인 도구이다. 아이콘 배열하기는 복잡한 데이터나 정보를 학생들이 쉽게 이해할 수 있는 형태로 전달한다. 이는 학생들이 정보를 빠르게 파악하고, 데이터를 시각적으로 해석하는 능력을 키우는 데 도움이 되며, 개념을 시각적으로 조직하고 정리하는 데 매우 유용하다. 학생들은 이를 통해 복잡한 개념을 더 쉽게 이해하고, 지식을 체계적으로 구축하는 데 도움을 받을 수 있다.

2. 활용법

• 학습 및 조사한 정보(개념)를 아이콘을 사용하여 시각화할 때 활용함. 이때 아이콘은 정보의 특정 요소를 대표함
  예) '생태계'를 '식물, 동물, 물, 햇빛'으로 표현
• 아이콘 배열을 통해 시간에 따라 조건이 어떻게 변화하고 발전하는지 추적할 때 활용할 수 있음
  예) 기후 변화에 따른 식물의 다양성 변화를 아이콘(감소, 증가)을 통해 나타냄
• 복잡한 개념을 간소화하고 핵심 내용을 요약할 때 활용함
  예) 물의 상태변화를 나타낼 때 몇 가지의 핵심 요소를 아이콘으로 표기

조직 및 정리하기 단계의 실제 활용 예-아이콘 배열하기

아이콘 배열하기 활용하기

- 활동 주제: <온실가스 배출량과 지구 온난화>
- 사전활동: 학생들은 온실가스 배출의 주요 원인을 토대로 온실가스 배출량의 증가나 감소에 따라 영향을 미치는 인간활동(나무심기, 자동차 사용, 공장가동, 재활용 등)을 조사한다.
- 조직 및 정리하기 단계 활용: 온실가스 배출량의 증감에 영향을 미치는 요인을 살펴보고, 온실가스 아이콘(증가 아이콘, 감소 아이콘)을 붙여, 인간활동에 따른 온실가스의 증감을 시각적으로 표현한다.
  * 아이콘에 대해서는 모둠 또는 반 전체 간에 협의를 하도록 한다. 예컨대 조사하기를 통해 나타난 정보를 토대로 온실가스의 배출량 증감의 몇 단위(t 등)마다 아이콘 1개를 붙일지 논의한다.
- 완성된 아이콘 배열을 토대로 어떤 인간활동이 온실가스 배출량에 심각한 영향을 미치는지 토의 및 토론을 한다. 그런 뒤 이에 대응하기 위해 우리가 할 수 있는 실천방안에 대해 논의한다.

자동차타기	CO_2↑ CO_2↑
나무심기	CO_2↓ CO_2↓
화력발전소	CO_2↑ CO_2↑ CO_2↑
재활용	CO_2↓

조직 및 정리하기 활동에서 사용 가능한 다른 전략 - 스토리보드(Storyboard)

1. 개념 및 장점

스토리보드는 일련의 그림, 사진, 또는 그래픽을 순차적으로 배열하여 그 과정을 시각적으로 표현하는 방법이다. 특히 이 기법은 복잡한 정보나 내용을 단계별로 나누어 설명할 때 유용하다. 스토리보드의 구조는 여러 개의 칸을 포함하며, 각 칸에는 정보를 설명하는 이미지와 텍스트(설명, 대화 등)가 포함된다. 특히 각 칸은 특정 순서를 따라 배열될 수 있고 전체적인 내용을 흐름을 파악하는 데 중요한 역할을 한다.

2. 활용법

• 학생들은 스토리보드를 통해 정보를 구조화하고 중요한 사건과 개념을 연결
  지을 수 있음.

• 스토리보드를 사용하여 특정 개념이나 사건에 대한 시나리오를 작성할 수 있음
  예) 지속가능한 개발에 관한 시나리오, 동식물의 공생관계에 대한 시나리오

• 방대한 정보를 요약 및 정리하는 데 활용할 수 있고 특히 개념과 개념 간의
  연결성을 창의적으로 시각화하는 데 활용할 수 있음

조직 및 정리하기 단계의 실제 활용 예-스토리보드

스토리보드 활용하기

• 활동 주제: <우주탐사의 역사>

• 사전활동: 학생들은 조사하기 단계에서 인류가 이룩한 우주탐사의 중요한 사건에 대
  해 조사한다.

• 조직 및 정리하기 단계 활용: 인류의 주요 우주 탐사 업적을 시간 순서대로 조직하
  고, 이러한 사건들이 과학과 사회에 미친 영향을 간략하게 스토리보드에 기입한다.
  각 사건의 날짜, 주요 인물, 괄목할 만한 성과 등을 포함할 수 있다.

<우주탐사의 역사>

스토리	1. 스푸트니크 발사	2. 유리 가가린	3. 아폴로 11호
사진·그림			
날짜	1957년 10월 4일	1961년 4월 12일	1969년 7월 20일
사건	세계 최초 인공위성을 소련이 발사함	소련의 유리 가가린이 인류 최초 우주비행에 성공함	아폴로 11호가 인류 최초로 달에 착륙함
의미	우주탐사에 대한 국제적 관심과 적극적 경쟁을 일으킴	인간이 우주 환경에서 생존할 수 있다는 것을 입증	달에 이어 화성 등 우주탐사의 새로운 장을 염

• 심화활동: 작성한 스토리보드를 토대로 연극대본, 소설, 시나리오 등의 다양한 글쓰
  기 활동을 진행할 수 있다.

조직 및 정리하기 활동에서 사용 가능한 다른 전략 - 피쉬본 다이어그램(fishbone diagram)

1. 개념 및 장점

물고기 뼈의 형태를 띄고 있어 피쉬본이라는 이름이 붙은 피쉬본 다이어그램은 특정 사건이나 문제의 원인을 분석하는 데 사용되는 도구이다. 피쉬본 다이어그램의 머리 부분에는 '사건이나 문제'가 위치하고, 몸통 부분의 빗살뼈에는 각각 원인이나 효과, 해결책을 위치시킬 수 있다. 예를 들어 '식물의 서식지 감소'라는 문제를 머리에 위치시켰다면 빗살뼈에는 '농약사용', '산림개발', '도시화' 등의 원인을 위치시킬 수 있는 것이다. 이 기법은 학생들이 정보를 체계적으로 조직하고 분석하는 발판을 제공하며, 비판적 사고와 창의적인 표현 능력을 키우는 데 유용하다.

2. 활용법

- 피쉬본 다이어그램은 정보 조사 후 드러난 문제를 찾는 데 유용함
- 문제의 원인을 찾고 원인을 분석한 뒤 해결책을 제시하는 데 활용됨
- 문제를 중심으로 여러 원인을 배치시켜 보면서 원인과 원인 사이의 상호 관련성을 파악하는 데 도움이 됨
- 해결책 모색 과정에서 심화학습으로 토의, 토론 및 창의적 글쓰기를 도입할 수 있음

조직 및 정리하기 단계의 실제 활용 예-피쉬본 다이어그램

피쉬본 다이어그램 활용하기
- 활동 주제: <지구 온난화의 원인>
- 사전활동: 학생들은 조사하기 단계에서 지구 온난화의 원인에 대해 조사한다.
- 조직 및 정리하기 단계 활용: 학생들은 지구 온난화의 주요 원인을 파악하기 위해 조사한 내용을 먼저 분류한다. 다음 피쉬본의 굵은 부분을 주요 영역으로 해서, 잔뼈는 그 사례나 설명 등으로 피쉬본 다이어그램을 완성한다.

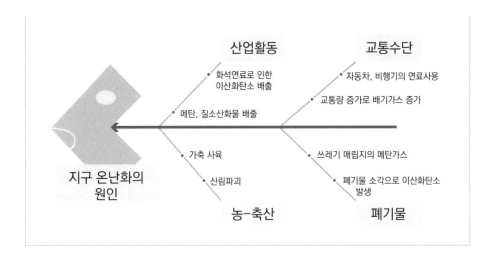

산업활동
- 화석연료로 인한 이산화탄소 배출
- 메탄, 질소산화물 배출

교통수단
- 자동차, 비행기의 연료사용
- 교통량 증가로 배기가스 증가

지구 온난화의 원인

농-축산
- 가축 사육
- 산림파괴

폐기물
- 쓰레기 매립지의 메탄가스
- 폐기물 소각으로 이산화탄소 발생

5. 일반화하기

[단원 설계 안내]

- 단원 개요: 본 단원은 2022 개정 교육과정 3~4학년군 영어과에서 제시하고 있는 '프로젝트 단원'을 개념기반 탐구학습 모형으로 구성한 것이다. 검정 교과서를 사용하고 있는 영어과는 각 검정 교과서마다 제시하고 있는 학기별 창의적 프로젝트가 이에 해당된다. 이에 단원명은 3, 4학년 학생들이 배운 내용을 토대로 전체적 주제를 아우르는 맥락에서 '나와 세상'으로 명명하였다. 범주 및 내용체계는 2022 개정교육과정의 지식·이해, 과정·기능, 가치·태도의 범주를 기준으로 하였으며, 성취기준은 [4영01-05], [4영01-06], [4영02-06], [4영02-07]를 활용하였다.

- 개념: 본 단원 설계에서는 영어 교과가 기능 교과라는 특성을 반영하여 2022 개정 영어과 교육과정의 핵심 아이디어와 성취기준에 기초하여 '요청하기', '지시하기', '청유하기' 등을 관련 개념으로 설정하였다. 프로젝트 단원의 주요 개념으로는 영어과 개념적 렌즈를 '이해와 표현'으로 바라보고, 관련 개념들을 종합적으로 습득할 수 있도록 '공존'을 설정하였다.

- 단원 갈래: 본 단원은 '이해와 표현'의 개념적 렌즈를 통해 구체화된 핵심 아이디어를 축으로 3개의 단원 갈래를 설정하였으며, 3개의 단원 갈래를 종합적으로 제시하는 1개의 단원 갈래를 추가 구성하여 총 4개의 단원 갈래로 구성되어 있다. 단원 갈래는 1) Story time(이해), 2) Can you~? 및 'Don't~?(표현), 3) Let's do it(표현), 4) Campaign(이해와 표현)이다. 이러한 단원 갈래 구성의 이유는 먼저 '듣기, 읽기, 보기' 등 이해의 렌즈를 우선적으로 제시하여 주제 파악을 도모하였고, 이후 '말하기, 듣기' 등 표현의 렌즈로 관련 개념을 습득하기 위해 후속 갈래로 연계하였으며, 최종적으로는 이해와 표현의 렌즈를 통합적으로 다루도록 단원 갈래를 추가 제시하여 공존이라는 주요 개념을 귀납적으로 습득하도록 설계하였기 때문이다.

- 핵심 아이디어 구체화: 본 단원 설계에서는 2022 개정 영어과 교육과정에서 제시하고 있는 내용 체계 (1) 이해(reception)와 (2) 표현(production)에서 다음과 같은 핵심 아이디어 일부를 활용하여 단원 주제에 맞게 재구조화하였다. 이때 구체화된 세 가지의 핵심 아이디어는 단원 갈래의 기본 축을 담당하며 단원 설계의 얼개를 파악하도록 제시하였다.

(1) 이해 (reception)	• 의사소통 목적과 상황에 맞게 배경지식을 활용하고 관점, 목적과 맥락을 파악함으로써 담화나 글을 이해하는 능력을 함양한다. • 적절한 사고 과정 및 전략을 활용하여 담화나 글의 의미를 파악하고 분석한다. • 담화나 글을 이해하는 활동은 협력적이고 포용적으로 화자나 필자의 의도를 이해하는 태도를 길러 준다.
(2) 표현 (production)	• 의사소통 목적과 상황에 맞게 적절한 매체를 활용하여 자신의 감정이나 의견을 담화나 글로 표현하는 능력을 함양한다. • 적절한 사고 과정 및 전략을 활용하여 의미를 표현하거나 교환한다. • 담화나 글로 표현하는 활동은 다양한 문화와 관점에 대한 이해를 바탕으로 협력적이고 포용적으로 상호 소통하며 의미를 표현하거나 교환하는 태도를 길러 준다.

- 안내 질문: 각 단원 갈래마다 사실적 질문, 개념적 질문, 논쟁적 질문을 포함하여 학생들이 깊이 있는 이해로 나아갈 수 있도록 안내 질문을 제시하였다. 안내 질문은 영어과 교육과정 범주 및 내용 체계의 내용들을 바탕으로 도출되었으며, 하위 핵심 아이디어가 도달될 수 있도록 영어과 특성에 맞게 '언어'와 '맥락'이라는 차원을 구분하였다. 이러한 안내 질문은 탐구 과정을 구체화하는 데 도움이 되며, 지식·이해, 과정·기능, 가치·태도 등을 습득하는 길잡이 역할을 한다.

[개념기반 수업 설계 및 실행]

1. 교육과정 재구성

단원 설계 의도	이 단원에서는 일상생활 속에서 접할 수 있는 환경문제와 관련된 일상적 주제를 묻고 답하면서 자신과 세상을 연결하여 변화를 만들어내는 표현을 사용하도록 설계하였다. 일상생활에서 발생하는 이슈와 사건을 발견하고, 자신과 타인이 변화할 수 있는 영어과 의사소통을 통해 협업적 소통 역량, 공동체 역량 등이 함양되도록 초점을 두면서 미래사회에 필요한 공존의 개념을 습득하도록 하였다.		
핵심 아이디어	담화나 글을 이해하는 활동을 통하여 의사소통 상황에 맞게 자신의 감정이나 의견을 표현한다.		
범주 및 내용 체계	지식 · 이해	• 어휘, 어구 및 간단한 문장 • 간단한 의사소통 상황 및 목적	
	과정 · 기능	• 감정 표현하거나 행동 지시하기 • 적절한 매체 활용하여 창의적으로 표현하기	
	가치 · 태도	• 일상생활과 연결하여 보거나 들으려는 태도 • 상대의 감정을 느끼고 공감하는 태도	
성취기준	[4영01-05] 쉽고 간단한 단어, 어구, 문장의 의미를 이해한다. [4영01-06] 자기 주변 주제에 관한 담화의 주요 정보를 파악한다. [4영02-06] 행동 지시를 쉽고 간단한 문장으로 말하거나 보고 쓴다. [4영02-07] 자신의 감정을 쉽고 간단한 문장으로 말하거나 보고 쓴다.		
주요 개념 (macro concept)	공존	개념적 렌즈	이해와 표현
관련 개념 (micro concept)	요청하기, 지시하기, 청유하기		
핵심 아이디어 구체화	1) 담화나 글 등을 통해 어휘와 문장을 이해한다. 2) 변화 가능한 영어 표현을 묻고 대답한다. 3) 함께 실천할 수 있는 제안하는 문장을 표현한다.		
개념망			

Story time
- 어구 및 주요 정보 이해하기 [듣기, 읽기, 보기]

Can you ~ ? Don't ~ !
- Can you ~ ?
- Don't ~ !
- 요청하기(행동지시하기)
- 자신의 감정 표현하고 지시하기 [말하기, 듣기]

나와 세상

Let's do it!
- 자기 주변 이해하기
- 타인에게 청유하며 표현하기 [말하기, 듣기]

Campaign
- 주요 정보 이해하기
- 제안하는 글쓰기 [쓰기]

2. 평가 계획

가. 평가 과제 개발

핵심 아이디어(C)	담화나 글을 이해하는 활동을 통하여 의사소통 상황에 맞게 자신의 감정이나 의견을 표현할 수 있다.
목표(G)	담화와 글을 이해하고 영어의사소통을 통해 공존을 위한 변화를 표현하고 실천할 수 있다.
역할(R)	학생 환경 운동가
청중(A)	유튜브 시청자
상황(S)	당신은 수원 생태 페스티벌 운영 요원입니다. 환경문제 해결 및 다른 사람과 함께 세상을 바꾸기 위하여 수원 생태 페스티벌에 참여하는 외국인에게 환경 문제의 심각성을 말하고, 함께 하자는 영어 제안을 간단하게 말하거나 전시해야 합니다.
수행(P)	제안하는 문장 발표하기
기준(S)	아래 평가 기준표(루브릭)
최종 평가 과제	학생들은 환경문제에 대한 주요 정보를 이해하고, 요청하기, 지시하기 등 영어과 의사소통을 통해 함께 변화할 수 있는 제안하는 글쓰기 활동을 할 수 있다. 이를 구조화하면 다음과 같다. 1) 담화나 글 등을 통해 어휘와 문장을 이해하여 2) 변화 가능한 영어 표현을 묻고 대답하고 3) 함께 실천할 수 있는 제안하는 글을 쓸 수 있는가?

나. 평가 기준표

성취 수준 / 내용 요소	상	중	하
담화나 글에 대한 어휘 및 문장 (지식·이해)	담화나 글에 대한 어휘 및 문장을 명확히 이해하고 있다.	담화나 글에 대한 어휘 및 문장을 이해하고 있다.	담화나 글에 대한 어휘를 안다.
제안하는 표현의 정확성과 유창성 (과정·기능)	요청하기, 제안하기 등 변화 가능한 영어 의사소통을 정확하고 유창하게 한다.	요청하기, 제안하기 등 변화 가능한 영어 의사소통을 정확하게 하려고 한다.	요청하기, 제안하기 등 도움을 받아 변화 가능한 영어 의사소통을 한다.
참여 및 실천 (가치·태도)	다른 사람과 연결하여 더 나은 삶을 살아가는 자세와 태도를 가지고 참여 및 실천한다.	다른 사람과 연결하여 더 나은 삶을 살아가는 자세와 태도를 가지고 참여한다.	다른 사람과 연결하여 더 나은 삶을 살아가는 자세와 태도를 이해한다.

3. 단원의 구조

단원 갈래	하위 핵심 아이디어	안내 질문	범주 및 내용체계			평가 방법
			지식이해	과정기능	가치태도	
Story rime	담화나 글을 통해 주요 정보를 이해한다.	(사) 어떤 내용의 글이었는가?(언어) (사) 어떤 어휘와 문장을 이해하는가?(언어) (개) 자신과 자신 주변에서 일어나는 일상생활과 어떤 관련이 있는가?(맥락)	• 어휘 및 어구 • 간단한 문장	• 주요 정보 이해하기 • 관련 정보 찾아보거나 듣기	• 일상생활과 연결하여 보거나 들으려는 태도	관찰평가
Can you ~ ? Don't ~ !	담화나 글로 자신의 감정 변화를 통해 상대에게 요청하기, 지시하기, 청유하기 등 영어로 의사소통한다.	(개) 자신의 감정을 어떻게 표현할 수 있는가?(언어) (개) 상대에게 문제를 해결하기 위하여 어떻게 요청하거나 지시할 수 있는가?(맥락)	• 간단한 의사소통 상황 및 목적	• 감정 표현하기 • 행동 지시하기	• 대화 예절을 지키고 협력하며 의사소통 활동에 참여하는 태도	구술평가 동료평가
Let's do it!	담화나 글로 자신의 감정 변화를 통해 상대에게 요청하기, 지시하기, 청유하기 등 영어로 의사소통한다.	(개) 나와 상대방을 함께 변화시키기 위해 어떻게 청유할 수 있는가?(맥락)	• 정보 전달·교환 목적의 담화와 글	• 주요 정보 묻거나 답하기	• 상대의 감정을 느끼고 공감하는 태도	구술평가 동료평가
Campaign	상대방과 의사소통한 것을 바탕으로 변화 가능한 글을 제안한다.	(개) 문제 해결을 위해 상대방에게 어떤 것을 제안할 수 있는가?(맥락) (논) 변화 가능한 삶이 좋은 세상을 위해 일상생활에서 어떻게 실천하겠는가?(맥락) (논) 제안하는 글이 충분히 변화 가능한가?(맥락)	• 친교나 사회적 목적의 담화와 글	• 적절한 매체 활용하여 창의적으로 표현하기	• 말하기와 쓰기에 대한 흥미와 자신감	논술형 평가

4. 단원의 탐구 단계 설계

본 단원의 설계는 개념기반 탐구학습의 관계 맺기, 집중하기, 조사하기, 조직 및 정리하기, 일반화하기, 전이하기 등 여섯 단계의 탐구단계를 활용하였다. 단원 초반의 경우 필요에 따라 선별적으로 적용하였다면, 중반에는 목적에 맞게 탐구단계를 추가 구성하여 조직하였고, 종반에는 모든 단계를 적용함으로써 개념기반 탐구학습이 점증적으로 활용되는 방식으로 설계하였다.

본 단원의 수업 설계에서 가장 중요하게 강조한 탐구단계는 '일반화하기'이다. 일반화하기는 첫째, 미시적으로 각 단원 갈래(3, 4차시, 5, 6차시)에서 탐구의 결과로 이해되는 중요하고 전이 가능한 개념적 아이디어 도출에 초점을 두었고, 둘째, 거시적으로는 마지막 단원 갈래(7, 8차시)에서 주요 개념인 '공존'을 귀납적으로 일반화할 수 있도록 전체적 맥락에서 설계함으로써 일반화하기 전략의 특징이 드러나도록 제시하였다.

본 단원의 또 다른 특징은 이해와 표현의 개념적 렌즈를 바탕으로 단원 갈래를 블록타임(2차시분)으로 설계하였다는 점이다. 우선, 첫 번째 단원 갈래(1, 2차시)는 담화나 글 등을 통해 어휘와 문장을 이해하고, 주어진 상황에서 자신과 세상을 연결하는 '관계맺기'에 초점을 두어 주요 정보와 어구를 이해하는 데 목적을 두었다. 이를 통해 '나와 세상'을 연결하는 단원명을 이해할 수 있다.

두 번째 단원 갈래(3, 4차시)는 주어진 의사소통 상황에서 자신의 감정을 표현하고, 요청하기, 지시하기 등을 통해 목적에 맞는 의사소통의 관련 개념(micro concept)을 표현할 수 있도록 설계하였다. 또한, 세 번째 단원 갈래(5, 6차시)에서도 새로운 의사소통 상황에서 상대의 감정을 느끼고 공감하는 태도를 통해 청유하기 등 목적에 맞는 의사소통의 관련 개념을 표현하도록 디자인하였다.

마지막 네 번째 단원 갈래(7, 8차시)는 앞 차시에서 이해하고 표현한 영어 의사소통 콘텐츠를 통해 다른 사람과 함께 변화를 제안할 수 있는 '문장 표현 글쓰기'를 함으로써 '공존'이라는 주요 개념(micro concept)을 이해하고 표현할 수 있도록 설계하였다. 이 단원 갈래는 그동안의 주요 정보를 이해하고 변화가능한 영어 표현(요청하기, 지시하기, 제안하기 등)을 통해 '공존'이라는 주요 개념을 종합적으로 습득할 수 있다. 이때 '일반화하기' 전략은 이 단원에서 주요 탐구 단계로 활용되어 전체 프로젝트 단원의 핵심 아이디어를 습득하게 된다.

차시	단원 갈래	탐구단계	학습 활동
1-2	Story time	관계맺기	• 학교 주변 쓰레기를 보면서 느낀 점 나누기
		집중하기	• Storytime 이야기를 듣고 자신의 감정 나누기 • 담화나 글을 통해 주요 정보 이해하기
		성찰하기	• 자신과 자신 주변에서 일어나는 일상생활과 어떤 관련이 있는지 생각 나누기

3-4	Can you ~ ? Don't ~ !	관계맺기	• 지저분한 환경 애니메이션을 보면서 감정과 느낌 이야기하기 • 이밖에 환경문제 유발 예시를 보면서 자신의 감정을 연결하고 세상을 변화시키려는 영어 문장 필요성 인식하기
		집중하기	• 일상생활에서 나타나는 환경문제 그림 카드 제시하기 - 그림카드에서 Can you~?를 이용하여 요청하는 문장 학습하기 • 환경문제를 유발하는 담화 상황에 맞게 '지시하기' 표현하기
		조직 및 정리하기	• 요청하기와 지시하기 영어 표현을 구조화하여 정리하기
		일반화하기	• '패턴찾기' 또는 '문장구조 제시하기' 전략을 통해 일반화하기
5-6	Let's do it!	관계맺기	• 지난 시간에 배운 요청하기, 지시하기 등 학습하기
		집중하기	• 스토리텔링 영상을 보고 주인공이 청유한 것 이해하기
		조사하기	• 'Let's do it'과 같이 '청유하기' 문장 조사하기
		조직 및 정리하기	• '청유하기' 영어 표현 중 환경문제와 관련된 문장 구분하기
		일반화하기	• '연결 4' 또는 '개념 매핑' 전략을 통해 일반화하기
7-8	Campaign	관계맺기	• 선행조직자 활성화하기 - 이 단원의 제목이 무엇인지 확인하기 - 그동안 배운 내용 브레인스토밍하기
		집중하기	• 단원에서 배운 내용 차시별 복습하기 - 1, 2차시: 스토리타임을 통한 단어 및 문장 확인하기 - 3, 4차시: 요청하기, 지시하기 영어 문장 확인하기 - 5, 6차시: 청유하기 영어문장 확인하기
		조직 및 정리하기	• 단원에서 배운 내용 조직 및 정리하기
		일반화하기	• '개념 매핑' 등과 같은 일반화하기 전략을 활용하여 단원의 주제를 해결하는 'Review' 전략으로 공존 개념 일반화하기
		전이하기	• 일상생활에서 살기 좋은 세상을 위해 실천할 수 있는 일 추가적으로 발표하기
		성찰하기	• 제안하는 글이 충분히 변화 가능한지 친구와 확인하기

5. 탐구단계별 활동 소개(일반화하기)

- 일반화는 학생들이 탐구의 결과로 이해하게 되는 중요하고 전이 가능한 개념적 아이디어이다. 일반화는 개념적 이해, 큰 아이디어, 중심 아이디어 또는 탐구 진술이라고도 할 수 있다. 이 모든 용어는 둘 이상의 개념 간의 관계를 설명하는 데 사용된다.
- 일반화하기 단계에서 학생들은 사실과 기능을 바탕으로 개념적 이해를 설명한다. 전 단계에서 정리된 내용들을 활용하여 학생들은 패턴들을 알아내고 배운 것들을 연결시켜 나간다. 그리고 학생들은 개념들 사이의 관계를 식별하고 일반

출처: Marschall & French, 2018.

화로 결론을 설명하게 된다. 따라서 일반화하기 단계는 이해를 전이 가능한 이해로 이끌기 때문에, 이 단계는 탐구 과정에서 가장 중요한 단계라고 할 수 있다. 일반화하기 단계는 학생이 스스로 시작한 행동을 포함해서 단원을 배우는 동안과 배운 후에 일어날 수 있는 다양한 종류의 전이 가능한 기초 단계를 제공한다는 차원에서 전후 탐구 단계와 밀접한 관련을 맺고 있다.
- 본 단원 설계에서는 1) 미시적으로는 단원 갈래(strand) 안에서 일반화하기 활동의 실제를 제시하였고, 2) 거시적으로는 전체적 맥락에서 마지막 단원 갈래에 귀납적으로 도출되는 일반화하기 활동의 실제를 제시하였다.
- 일반화하기는 단원의 초반보다는 중후반에 나타나는 탐구 단계 전략이며, 탐구의 결과로 이해하게 되는 전이 가능한 개념적 아이디어이기 때문에, 핵심 아이디어와 긴밀하게 연관되어 있다. 따라서 교사는 모든 학생에게 생각을 종합하고 일반화하는 방법을 적극적으로 교육하여 개념적 사고 수준에 도달하도록 도와야 한다. 일반화를 형성하기 위해 학생들은 '구체적인 학습 내용'을 배워야 하고, 조사하기 단계에서 탐구한 사례 연구나 사전 지식을 사용하여 학습내용을 연결하고 생각을 정당화하는 등 내용을 종합할 수 있는 경험을 설계한다. 이러한 과정에서 교사는 학생들에게 시너지적 사고의 기회를 만들 수 있도록 지도하는 것에 유의한다.

단원	나와 세상	차시	3-4/10
관련 개념	요청하기, 지시하기	개념적 렌즈	표현
학습목표	자기 주변의 주제에 관해 감정을 표현하고, 요청하기, 지시하기 등을 묻고 말할 수 있다.		

단계	학습활동	자료쟤/유의점윤
관계맺기	■ 길거리에서 쓰레기를 버리는 '애니메이션'을 보면서 자신의 감정과 느낌을 이야기한다. - That's not good! - Terrible! - Oh, my God! ■ 이밖에 환경문제를 유발하는 예시를 보면서 자신의 감정을 연결하고, 세상을 변화시키려는 영어 문장의 필요성을 인식한다.	쟤 애니메이션 윤 자신의 감정을 post-it으로 자유롭게 표현하기
집중하기	■ 일상생활에서 나타나는 환경문제 그림 카드 제시하기 (1) 체험학습 점심시간에서 도시락을 치우지 않는 장면 (2) 과자 봉지를 길거리에 버리는 장면 (3) 쓰레기 분리배출을 하지 않는 장면 - 위 그림카드에서 Can you~로 말할 수 있는 '요청하기' 영어표현에 대해 학습한다. (1) Can you clean it? (2) Can you pick up the trash? (3) Can you recycle? ■ 환경문제를 유발하는 담화 상황에 맞게 '지시하기' 표현하기 (1) 1회용 플라스틱을 사용하는 학생에게 지시하는 표현 (2) 쓰레기를 버리는 어린이에게 할 수 있는 지시하기 표현 (3) 담배를 피는 어른에게 할 수 있는 지시하기 표현 - Don't use it, please! - Don't throw it, please! - Don't smoke, please!	쟤 그림 카드 윤 문장 안에 신호 등 색깔을 주어 어순 감 각 을 익히도록 지도한다. 쟤 동영상
조직 및 정리하기	■ 요청하기와 지시하기 영어 표현을 구조화하여 정리하기	
일반화 하기	일반화하기 활동명 1: 패턴찾기 ■ 요청하기, 지시하기 표현에는 어떤 패턴이 있는가요? 일반화하기 활동명 2: 문장구조 제시하기 ■ Can you~? 로 시작하는 문장구조는 무엇을 표현하기 위한 것인가요? (요청하기) ■ Don't~! 로 시작하는 문장구조는 무엇을 표현하기 위한 것인가요? (지시하기)	윤 일반화하기 전략은 학생들이 학습을 통해 습득한 학습 결과를 토대로 '귀납적'인 패턴이나 공통적인 방법을 습득하도록 지도한다.

1. '패턴 찾기' 전략의 이해

> 이 전략은 학습자가 조직자로 구성된 사실 또는 기능 기반 내용을 연결할 수 있도록 하는데 도움이 된다. 이 전략에서 학생들은 조직자에 나타난 내용들 속의 패턴을 찾을 수 있도록 조직자를 살펴보게 된다. 조직자를 크고 잘 볼 수 있도록 만들면, 학생들이 조직자 속에 기록된 내용들 사이의 패턴을 보다 쉽게 찾을 수 있도록 돕는다.

2. '패턴 찾기' 전략의 실제 모습

1) 다음은 '패턴 찾기'를 보여 주는 교사의 발문이다. 문장 어순에 대한 감각을 익히기 위해 신호등 색깔(빨간색, 노란색, 초록색)을 제시하면서 자연스럽게 어순을 습득하도록 하여 패턴 찾기를 유도한다.

   예) Can you make a sentence correctly in order?
   (당신은 문장을 순서대로 올바르게 만들 수 있습니까?)

2) 판서를 통해 신호등 문장 만들기를 실시한다.

Practice 1 **you** Can clean it?
(노란색) (빨간색) (초록색)

- 학생들은 신호등의 빨간색, 노란색, 초록색의 순서에 따라 문장을 배열하여 어순을 익히도록 연습한다.

Practice 2 pick up the trash? **Can** you
(초록색) (빨간색) (노란색)

- 학생들은 반복하여 신호등 문장 어순 패턴을 연습한다.

Practice 3 you recycle? Can
(검은색) (검은색) (검은색)

- 마지막은 신호등 색깔을 없애고 문장 어순 패턴을 찾도록 하여 '요청하기'의

일반화된 문장을 개념화한다.

3) 같은 방식으로 '패턴 찾기' 전략을 사용하여 학생들은 문장 어순의 패턴을 통해 '지시하기'를 개념화한다.

Practice 1	please! use it, Don't
	(초록색)　　　(노란색)　　　(빨간색)
Practice 2	throw it, Don't please!
	(노란색)　　　(빨간색)　　　(초록색)
Practice 3	smoke, please! Don't
	(검은색)　　　(검은색)　　　(검은색)

✔ 이처럼 패턴 찾기 전략을 학습한 학생들은 본 차시에서 'Don't'가 문장 맨 앞에 나와 금지 명령어를 표현할 수 있다는 개념과, 금지에 해당되는 동사가 다음에 위치한다는 개념을 습득하게 되고, 'please!'란 말로 문장을 마무리하면서 '요청하기' 문장 패턴을 일반화하게 된다.

일반화하기 활동명 2: 문장구조(프레임) 제시하기

1. '문장구조(프레임) 제시하기' 전략의 이해

이 전략은 문장구조를 제공하는 것으로 학생의 사고를 스캐폴딩하고 일반화를 지원하는 가장 간단하고 빠른 방법 중 하나이다. 이 전략은 아이디어의 일부를 제공하여 인지 부하를 줄여 주고, 학생들은 이전 단계에서 수집하고 정리한 정보를 바탕으로 자신의 생각으로 빈칸을 채워 문장을 완성한다. 교사는 학생들의 사고를 안내하기 위해 문장의 일부를 제공할 수 있다.

2. '문장구조(프레임) 제시하기' 전략의 실제 모습

1) 다음은 '문장구조(프레임) 제시하기'를 보여 주는 교사의 발문이다. 정확한 문장을 어

떻게 만들 수 있는지에 대한 탐구질문을 통해 이전 단계에서 수집하고 정리한 정보를 바탕으로 자신의 생각으로 빈 칸을 채워 문장을 완성한다.

예) How can you fill out the correct sentence?

　　(당신은 어떻게 정확한 문장을 작성할 수 있습니까?)

<예시>		<문제>
1. Can you clean it?	▶▶▶	_____ _____ sweep?
2. Can you pick up the trash?		
3. Can you recycle?		너는 청소할 수 있니?

2) 교사는 예시 문장구조를 위와 같이 제시하면서 학생들의 사고를 안내하도록 한다. 학생들은 이전 단계에서 학습한 정보를 바탕으로 새로운 문장을 개념화하여 작성할 수 있다. 따라서 '너는 청소할 수 있니?'라는 '요청하기' 문장을 'Can you~'로 시작해야 한다는 것을 일반화할 수 있다.

3) 마찬가지로 '지시하기' 문장구조(프레임) 제시를 통해 학생들은 '지시하기' 문장에서 'Don't ~'를 통해 문장을 만들 수 있다는 것을 일반화하여 영어 표현을 사용할 수 있다.

<예시>		<문제>
Don't use it, please!	▶▶▶	Don't waste, please!
Don't throw it, please!		
Don't smoke, please!		낭비하지 말아 주세요!

단원	나와 세상	차시	5-6/10
관련 개념	청유하기	개념적 렌즈	이해와 표현
학습목표	담화나 글 등의 주요 정보를 이해하고, 함께 실천할 수 있는 '청유하기' 문장을 묻고 말할 수 있다.		

단계	학습활동	자료재/유의점유
관계맺기	■ 배경지식 활성화하기 • '요청하기', '지시하기' 등 관련 개념 환기시키기 • Have you ever spoken what we learned last time?	재 visual aids

집중하기	■ 스토리텔링 영상을 보고, 주인공이 제안(청유)한 것 이해하기
	• 운동장 체육수업을 마치고 더러워진 운동장을 함께 정리하자고 제안하는 스토레텔링을 들으면서 주요 정보 및 청유하는 장면 이해하기
	• Key expression
	
	example A: Oh, It's messy!
	           B: I think so.
	           A: Let's do it!
	           B: Sounds great!
		재 youtube

조사하기	■ 'Let's do it!'과 같이 '청유하기' 문장 조사하기
	• 모둠별 소그룹을 통해 청유하기 문장 조사하여 작성하기
	예) 1모둠: Let's recycle! Let's eat! Let's learn!
	    2모둠: Let's run! Let's clean! Let's jump!
	    3모둠: Let's find! Let's sweep! Let's reduce!
	    4모둠: Let's save! Let's sing! Let's study!
		재 조사하기 활동지

조직 및 정리하기	■ '청유하기' 영어 표현 중 환경문제와 관련된 문장 구분하기 **환경문제 해결 관련 표현 ○** Let's recycle! Let's learn! Let's clean! Let's sweep! Let's reduce! Let's save! Let's study! **환경문제 해결 관련 표현 ✕** Let's eat! Let's run! Let's jump! Let's find! Let's sing!	재 black board

일반화 하기	**일반화하기 활동명 1: 연결 4** • 조사를 통해 환경을 실천하는 청유하기 문장의 규칙은 무엇일까요? • 주변을 깨끗하게 하거나 정리 또는 절약하자고 청유하기 • 환경에 대해 공부하고 배우자고 청유하기 • 일반화하기: '공존은 [　　　　]이다'와 관련된 영어문장의 주요 표현 개념화하기 **일반화하기 활동명 2: 개념 매핑** • 개념 간의 관계를 연결하여 시각적으로 구성하고 청유하는 개념의 문장 일반화하기

재 이젤 패드

일반화하기 활동명 3: 연결 4

1. '연결 4' 전략의 이해

이 전략은 학생들이 조사한 사례들 사이에서 규칙을 찾는 전략이다. 이 전략은 일반화하기 위해 학생이 정보를 종합하도록 해 준다. 네 개의 조사 연구 결과가 있고, 각 부분은 학생들이 관련 정보에 집중할 수 있도록 '청유하기' 영어문장이 제시되어 있다. 표 가운데 있는 부분에는 학생들이 발견한 주요 표현(관련 개념)을 바탕으로 일반화하도록 요청하는 개념적 질문 또는 문장구조를 제시할 수 있다. 전략을 사용한 후 학생이 답할 수 있어야 하는 개념적 질문이 그래픽 조직자 맨 위에 표시되어 있다.

2. '연결 4' 전략의 실제 모습

1) 학생들은 사전에 '청유하기' 문장을 네 개의 모둠별로 조사를 하여 조사목록을 아래와 같이 작성하고, '청유하기' 영어 표현 중 환경문제와 관련된 문장을 구분한다.

• '청유하기' 영어 표현 중 환경문제에 필요한 문장 구분하기

환경문제 해결 관련 표현 ○	환경문제 해결 관련 표현 ×
Let's recycle! Let's learn! Let's clean! Let's sweep! Let's reduce! Let's save! Let's study!	Let's eat! Let's run! Let's jump! Let's find! Let's sing!

2) 개념적 질문 소개: 환경문제를 해결할 수 있는 '청유하기' 문장은 어떤 것인가와 같은 개념적 질문을 중심으로 수업을 계획한다. 표를 만들기 전에 개념적 질문을 먼저 제시한다.

• 개념적 질문: 환경문제를 해결할 수 있는 '청유하기' 문장은 어떤 것인가?

Let's <u>clean</u>!	↰	Let's <u>save</u>!
↳	공존은 [ ] 이다.	↖
Let's <u>recycle</u>!	↱	Let's <u>study</u>!

3) 그래픽 조직자 사용에 대한 설명: 조사하기를 통해 조직, 정리된 청유하기 문장 중 그래픽 조직자의 각 부분에 대해 네 개의 소그룹에서 연구한 영어문장을 제시하고 어떤 의도를 가지고 '청유하기' 문장을 만들었는지 토의한다. 이때, 교사는 유사한 개념들이 있는 영어문장을 유목화한다.

4) 규칙 찾기: 학생들은 조직자의 개별 부분을 채우고 나서 대화에 참여한 후, '무엇과 무엇은 공통점이 있다' 또는 '공존은 무엇이다'와 같이 제안하는 문장을 일반화시키도록 규칙을 찾는다.

5) 일반화 만들기: 조직자의 가운데 부분에 학생들은 식별한 규칙을 반영하고 일반화를 구성하여 개념적 질문에서 '공존'과 관련된 것을 일반화시킨다.

> ✔ 학생들이 영어 의사소통을 하는 가운데 습득되는 영어 문장 패턴과 질서를 개념화시키는 것은 좋은 일반화 전략이 된다. 반복적으로 영어 말하기를 하면서 익숙해지는 것을 통해 매크로 개념에 필요한 영어 문장을 확인할 수 있다.
> ✔ 환경과 주변을 청소, 정리하거나 아끼고, 줄이고, 재활용하거나 또는 공부하고 배우는 '청유하기'를 통해 환경을 위한 실천하는 태도로 '공존'이라는 주요 개념(macro concept)에 접근할 수 있다.

1. '개념 매핑' 전략의 이해

이 전략은 개념을 시각적으로 구성하고 표현하여 개념 간의 관계를 찾는 방법이다. 개념 매핑에서 개념의 의미가 다른 개념과 어떻게 관련되어 있는지 보여 주는 통합된 전제 집합을 보여 주는데, 초기에 학생들은 개념적 계층을 식별하도록 하여 마이크로 개념이 매크로 개념 아래에 자리잡을 수 있도록 한다. 즉, 5,6차시에서는 '청유하기(micro concept)'를 통해 나와 다른 사람이 함께 환경을 살릴 수 있는 '공존(macro concept)' 개념이 자리잡을 수 있도록 한다.

2. '개념 매핑' 전략의 실제 모습

1) 개념 식별: 학생들이 초반에 몇 개의 개념으로 매핑할지 결정한다. 사전 단계에서 조사하기가 있었다면 이를 활용하도록 하고, 단원에서 공부한 마이크로 개념(요청하기, 지시하기 등)도 포함하도록 하여, 20개 내외의 개념을 제시한다.

2) 개념 및 자료 발표: 이 활동을 3~4명의 소그룹으로 할 수 있도록 하여 학생들이 매핑할 모든 개념을 잘 알고 있는지 확인하고 구성할 수 있는 큰 차트 용지(이젤 패드 등)를 제공한다.

3) 마이크로 개념에서 순위 지정: 요청하기, 지시하기, 청유하기 등의 영어문장들을 하나의 스토리텔링이 될 수 있도록 문장을 연결하여 개념 매핑을 가시화한다. 이때, 상위 개념 밑에 하위 개념을 배치하거나 유사 개념을 복수로 제시하여도 좋다. 또는 매크로 개념을 선정하고 마이크로 개념을 연결하여 구조화한다. 필요에 따라 빨간색, 초록색, 파란색 등 색깔 코딩을 통해 관련 개념(micro concept) 연결을 보여 줄 수 있다.

4) 일반화하기: 학생들에게 개념 매핑에서 발견된 몇 가지 중요한 아이디어를 명확하게 표현하도록 한다. 공존을 개념화하기 위해 어떤 문장들을 어떻게 전략적으로 사용할지 개념 매핑의 체계에 따라 일반화한다.

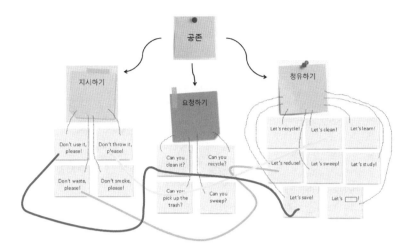

공존(macro concept)과 연결된 관련 개념(micro concept) 매핑

단원	나와 세상	차시	7-8/10
관련 개념	제안하기	개념적 렌즈	표현
학습목표	주제와 관련된 개념들을 정리하여 변화가능한 글을 제안할 수 있다.		

단계	학습활동	자료圏/유의점圏
관계맺기	■ **선행조직자 활성화하기** • 이 단원의 제목이 무엇인가요?(What is the title of this unit?) • 그동안 어떤 것을 배웠나요?(What have ever we learned for this project?)	圏 visual aids
집중하기	■ **단원에서 배운 내용 복습하기** 1) storytime에서 배운 단어나 문장은 어떤 것이 있었나요? 　- 이 시간에 배운 것을 통해 느낀 것은 무엇인가요? 2) 환경문제 그림카드와 학습한 담화에서 상대방에게 어떻게 의사소통할 수 있었나요? 　- 담화에서 어떤 감정의 변화를 느꼈나요? 　- 함께 변화하기 위해 상대방에게 어떻게 요청할 수 있었나요? 　- 함께 변화하기 위해 상대방에게 어떻게 지시할 수 있었나요? 3) 학습한 영상에서 상대방에게 어떻게 의사소통할 수 있나요? 　- 영상에서 어떤 감정의 변화를 느꼈나요? 　- 나와 상대방을 변화시키기 위해 어떻게 청유할 수 있나요?	圏 PPT
조직 및 정리하기	■ **이번 단원에서 배운 내용 조직 및 정리하기** • '개념 매핑' 등과 같은 일반화하기 전략을 이용하여 배운 내용을 조직 및 정리한다. • 문제해결을 위해 상대방에게 어떻게 제안할 수 있나요?	圏 상대방에게 제안할 수 있는 방법을 모둠별로 토의하여 정리할 수 있도록 지도한다.
일반화 하기	■ **본 단원 전체 개관(review)하면서 공존에 대해 일반화하기** | 차시	1-2	3-4	5-6	7-8 | |---|---|---|---|---|
단원 갈래	Story time	Can you~? Don't~!	Let's do it!	Campaign		圏 flow chart

	일반화 하기	예시) waste dirty clean	예시) Not so good! happy Can you clean?	예시) Let's clean this classroom! Let's find it!	예시) We can make us happy!
	공존 개념	자신과 세상과의 연결	감정표현을 통해 요청하기, 지시하기	함께 할 수 있는 것 청유하기	더 나은 세상을 위해 제안하기

- Flow chart를 통해 본 단원에서 학습한 개념을 활용하여 함께 변화할 수 있는 제안하기 글을 쓴다.

전이하기	■ 변화 가능한 살기 좋은 세상을 위해 일상생활에서 어떻게 실천할 수 있나요? • 일상생활에서 실천할 수 있는 일을 추가적으로 발표한다.	
성찰하기	■ 제안하는 글이 충분히 변화 가능한가요? • 자기평가, 동료평가를 통해 동료와 함께 프로젝트를 열심히 참여하였는지 성찰한다.	젠 수행평가지

일반화하기 활동명 5: Review

1. 'Review' 전략의 이해

이 전략은 본 단원에서 학습한 단원 갈래(strand) 및 핵심 아이디어를 바탕으로 안내 질문에 대한 대답을 상기시켜, 매 차시마다 배운 개념들을 정리하여 종합적으로 핵심개념을 일반화하는 데 도움이 된다.

2. 'Review' 전략의 실제 모습

단원 갈래	하위 핵심 아이디어	안내 질문		배운 개념 (learned concept)
Story time	• 담화나 글을 통해 주요 정보를 이해한다.	(사) 어떤 내용의 글이었는가? (언어) (사) 어떤 어휘와 문장을 이해하였는가? (언어) (개) 자신과 자신 주변에서 일	→	waste dirty clean (자신과 세상과의 연결)

		어나는 일상생활과 어떤 관련이 있는가?(맥락)		
Can you~? Don't~!	• 담화나 글로 자신의 감정 변화를 통해 상대방에게 요청하기, 지시하기, 제안하기 등 영어로 의사소통한다.	(개) 자신의 감정을 어떻게 표현할 수 있는가? (언어) (개) 상대방에게 문제를 해결하기 위하여 어떻게 요청하거나 지시할 수 있는가? (맥락)	→	Not so good! happy Can you clean? (감정표현을 통해 요청하기, 지시하기)
Let's do it!		(개) 나와 상대방을 변화시키기 위해 어떻게 청유할 수 있는가? (맥락)	→	Let's clean this classroom! Let's find it! (함께 할 수 있는 것 청유하기)
Cam paign	• 상대방과 의사소통한 것을 바탕으로 변화 가능한 글을 제안한다.	(개) 문제해결을 위해 상대방에게 어떤 것을 제안할 수 있는가?(맥락) (논) 변화 가능한 살기 좋은 세상을 위해 일상생활에서 어떻게 실천하겠는가? (맥락) (논) 제안하는 글이 충분히 변화 가능한가?(맥락)	→	We make us happy! (더 나은 세상을 위해 제안하기)

• 학생들은 본 단원 전체를 개관(Review)하면서 공존에 대한 일련의 과정을 일반화할 수 있도록 flow chart 등을 활용하여 교사가 개념을 정리한다.

자신과 세상과의 연결	감정표현을 통해 요청하기, 지시하기	함께 할 수 있는 것 청유하기	더 나은 세상을 위해 제안하기	
영어 담화와 글을 통해 세상의 문제를 연결하기	자신이 느낀 점을 상대방에게 표현(요청 및 지시)하기	함께 할 수 있는 것을 청유하기	상대방과 함께 할 수 있는 것을 제안하기	→ 공존 (=함께 살아가는 법 배우기)

이해영역	표현영역	이해표현영역	
←→	←→	←→	→ 이해와 표현으로 영어 의사소통하기 (기능교과)

✔ Review 전략은 프로젝트를 통해 전체적인 목표를 달성하는데 효과적이며, 수업 단위로 이루어지는 일반화 전략과 다르게, 프로젝트 전체를 일반화하는 전략으로 많이 활용될 수 있다.

✔ 이 Review 전략은 그동안 학습한 관련 개념(요청하기, 지시하기, 청유하기 등)을 중심으로 배운 개념을 정리하되, 궁극적으로는 주요 개념(공존)이 귀납적으로 도출될 수 있도록 하는 데 목적을 두고 지도한다.

✔ 따라서 교사는 모든 학생에게 생각을 종합하고 일반화할 수 있는 시간과 기회를 제공하여 개인 또는 모둠 수준에서 주요 개념에 해당되는 '공존'을 제안할 수 있도록 한다. 그리고 학생들은 자신이 학습한 내용을 토대로 자신과 타인이 함께 세상을 변화할 수 있는 공존의 개념을 습득하면서 나와 세상을 연결하여 영향력을 미치는 주도성을 발휘한다.

참고문헌

Marschall, C. & French, R. (2018). Concept−based inquiry in action: Strategies to promote transferable understanding. Thousand Oaks, CA: Corwin.

Marschall, C. & French, R. (2021). 생각하는 교육과정과 수업을 위한 개념 기반 탐구학습의 실천: 전이 가능한 이해의 촉진 전략. 신광미, 강현석(공역). 학지사.

6. 전이하기

[단원 설계 안내]

- 단원 개요: 본 단원은 2022 개정 교육과정 5~6학년군 사회과 '(11) 시장 경제와 국가 간 거래'를 개념기반 탐구학습 모형으로 구성한 것이다. 단원명은 교육과정의 내용 체계를 준용하고 학생의 흥미를 높이기 위해 '경제생활 어디까지 알고 있나요'로 명명하였다. 범주 및 내용체계는 2022 개정교육과정의 지식·이해, 과정·기능, 가치·태도의 범주를 기준으로 하였으며, 성취기준은 교육과정의 [6사11−01], [6사11−02], [6사11−03]를 준용하였다.

- 개념: 본 단원 설계에서는 2022 개정 교육과정의 핵심 아이디어와 성취기준을 기준으로 단원 주요 개념인 '경제생활', '시장 경제', '국가 경제'를 도출하였다. '시장경제' 단원에서 교과의 깊이를 더해 주는 단원 관련 개념은 가계와 기업, 근로자의 권리와 기업의 자유로운 경쟁과 사회적 책임, 무역을 통한 경쟁과 상호 의존의 구체적인 개념이 도출되었다.

- 단원 갈래: 본 단원은 4개의 구체화된 핵심 아이디어를 축으로 단원 갈래를 설정하였다. 단원 갈래는 '경제의 주체', '경제주체의 경제활동', '경제성장과 생활의 변화', '공정한 무역'이다. 단원 갈래는 순차적으로 이해하는 것이 필요하며 각 갈래를 이해하고 다음 갈래로 나아가며 점차 이해를 넓히는 것을 권장한다.

- 핵심 아이디어 구체화: 본 단원 설계에서는 2022 개정 교육과정 내용 체계 '(7) 경제'의 핵심 아이디어 중 '가계와 기업은 합리적 선택을 통해 소비와 금융, 생산 등의 경제활동에 참여하면서 각자의 역할을 수행한다.'와 '우리나라 경제에서는 경제 성장, 물가 변동, 실업 등의 현상이 나타나며, 세계화 과정에서 다른 나라와의 교역이 활발해지고 있다'를 선택하고 초등학교 5~6학년군 수준의 내용 요소를 선택하였다. 2022 개정 교육과정의 내용 체계의 핵심 아이디어를 5~6학년군 '경제'에 초점화한 단원 설계를 위하여 네 개의 갈래

로 나누었다. 네 개의 단원 갈래에 ① 가계와 기업은 물건과 서비스를 거래하면서 서로에게 영향을 주며 상호작용을 한다, ② 근로자의 권리 보호와 기업의 자유로운 경제활동으로 사회적 책임을 이행한다, ③ 바람직한 경제 성장은 사회 안정과 국가 경제 발전을 만든다, ④ 세계 여러 나라는 경쟁하고 상호 의존하며 무역을 한다는 하위 핵심 아이디어로 설정하였다.

• 안내 질문: 각 단원 갈래마다 사실적 질문, 개념적 질문, 논쟁적 질문을 포함하여 현재 알고 있는 지식과 함께 더 나아가 깊이 있는 이해로 나아갈 수 있도록 하였다. 교육과정의 범주 및 내용체계의 내용들을 바탕으로 하여 단원의 갈래의 이해를 돕기 위한 질문들로 구성하였다.

[개념기반 수업 설계 및 실행]

1. 교육과정 재구성

단원 설계 의도	이 단원은 가계와 기업의 상호작용, 국가 간 무역을 통해 경제생활을 하는 것을 살펴볼 수 있도록 구성되었다. 경제활동을 통한 경제 성장이 우리 생활에 미친 영향과 문제점을 합리적으로 해결하는 방안을 탐색해 보는 과정을 통해 실제 생활과 국가 간 무역에 해결 방안을 적용해보며 바람직한 경제생활을 할 수 있도록 한다.	
핵심 아이디어	가계와 기업, 국가는 각자의 역할을 알고 상호작용과 경쟁을 통해 경제활동에 참여한다.	
범주 및 내용 체계	**지식·이해**	• 근로자의 권리, 기업의 자유, 사회적 책임 • 경제 성장과 경제 성장으로 발생한 문제점 • 무역의 발생
	과정·기능	• 경제주체의 역할과 사회적 책임과의 관계 알아보기 • 경제 성장의 영향과 발생한 문제점 및 해결 방안 탐색하기 • 무역의 의미와 조건, 공정한 경쟁 방법 탐색하기
	가치·태도	• 경제생활의 자유와 책임감 느끼기 • 바람직한 경제생활 태도 지니기
성취기준	[6사11-01] 시장경제에서 가계와 기업의 역할을 이해하고, 근로자의 권리와 기업의 자유 및 사회적 책임을 탐색한다. [6사11-02] 경제성장이 우리 생활에 미치는 영향을 파악하고, 빠른 경제성장으로 발생한 문제의 해결 방안을 탐색한다. [6사11-03] 사례를 통해 무역의 의미를 이해하고, 국가 간 무역이 발생하는 이유를 탐구한다.	

주요 개념 (macro concept)	경제	**개념적 렌즈**	시장경제
관련 개념 (micro concept)	생산, 분배, 소비, 무역, 경쟁		

핵심 아이디어 구체화	• 경제 주체 간 상호작용과 경쟁을 통해 경제생활에 참여한다. • 국가와 사회는 국가 경제 발전과 사회 안정을 위해 경제성장으로 발생한 문제점에 대해 책임감을 가지고 해결 방안을 탐색한다.

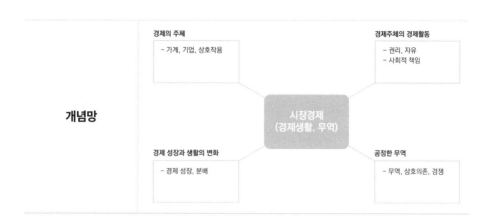

개념망

경제의 주체
- 가계, 기업, 상호작용

경제주체의 경제활동
- 권리, 자유
- 사회적 책임

시장경제
(경제생활, 무역)

경제 성장과 생활의 변화
- 경제 성장, 분배

공정한 무역
- 무역, 상호의존, 경쟁

2. 평가 계획

가. 평가 과제 개발

핵심 아이디어(C)	물건이나 서비스의 가치와 만족도가 높은 소비와 지출을 하기 위해 합리적인 선택을 한다.
목표(G)	물건의 가치와 만족도가 높은 서비스를 위해 합리적인 선택을 할 수 있다.
역할(R)	짝에게 물건을 사고, 파는 역할이다.
청중(A)	짝에게 물건을 사고 파는 것을 평가하는 학생들이다.
상황(S)	짝이 가진 물건이나 서비스에 대한 설명을 듣고 구입 여부를 결정하는 것이다.
수행(P)	팔 물건에 대한 설명과 그 물건의 구입 여부에 대한 설명
기준(S)	① 자신이 가진 물건이나 서비스를 파는 이유 ② 짝이 파는 물건이나 서비스의 구입 여부에 대한 설명 ③ 역할을 바꿔 물건이나 서비스를 팔기
최종 평가 과제	짝에서 자신이 가진 물건이나 서비스를 팔려고 한다. 여기에는 ① 자신이 가진 물건이나 서비스를 파는 이유 ② 짝이 파는 물건이나 서비스의 구입 여부에 대한 설명 ③ 역할을 바꿔 물건이나 서비스를 파는 설명하기 내용이 들어가 있어야 한다.

나. 평가 기준표

성취 수준 내용 요소	상	중	하
자신이 팔려고 하는 물건이나 서비스의 가치 (지식·이해)	자신이 팔려고 하는 물건이나 서비스의 특징과 가치에 대해 잘 알고 있다.	자신이 팔려고 하는 물건이나 서비스의 특징과 가치에 대해 알고 있다.	교사나 친구의 도움을 받아 자신이 팔려고 하는 물건이나 서비스의 특징과 가치에 대해 안다.
물건이나 서비스를 파는 이유 설명하기 (과정·기능)	자신이 가진 물건이나 서비스를 파는 이유를 상대방이 납득할 수 있도록 설명할 수 있다.	자신이 가진 물건이나 서비스를 파는 이유를 설명할 수 있다.	교사나 친구의 도움을 받아 자신이 가진 물건이나 서비스를 파는 이유를 설명한다.
합리적인 소비의 실천 (가치·태도)	나에게 필요한 물건이나 서비스를 합리적으로 선택할 수 있다.	나에게 필요한 물건이나 서비스를 선택할 수 있다.	교사나 친구의 도움을 받아 물건이나 서비스를 선택한다.

3. 단원의 구조

단원 갈래	하위 핵심 아이디어	안내 질문	범주 및 내용 체계		
			지식·이해	과정·기능	가치·태도
경제의 주체	가계와 기업은 물건과 서비스를 거래하고 서로에게 영향을 주며 상호작용을 한다.	(사) 물건과 서비스는 무엇인가? (개) 가계와 기업의 역할은 무엇인가? (개) 가계와 기업은 어떤 상호작용을 하는가? (논) 나의 소비 생활이 어떤 영향을 주는 것은 무엇인가?	• 물건, 서비스 • 가계와 기업의 역할	• 가계와 기업의 역할과 상호작용 조사하기	• 가계와 기업의 역할에 대한 태도
경제주체의 경제활동	근로자의 권리 보호와 기업활동은 경제적 책임을 이행한다.	(사) 권리와 자유는 무엇인가? (개) 근로자의 권리 보호를 통해 무엇을 얻을 수 있는가? (개) 기업이 자유로운 경제활동은 사회에 어떤 영향을 주는가? (논) 권리와 자유에는 어떤 책임이 따라야 하는가?	• 권리, 자유 • 사회적 책임	• 근로자의 권리와 기업의 자유로운 경제활동 조사하기	• 권리와 자유의 존중
경제성장과 생활의 변화	바람직한 경제성장은 사회 안정과 국가 경제 발전을 만든다.	(개) 경제성장의 긍정적 효과는 무엇인가? (개) 경제성장에 따라 발생한 문제점과 그 해결방안은 무엇인가? (사) 바람직한 경제생활은 어떤 것인가? (개) 경제성장을 위해 가계와 기업의 역할은 무엇인가? (논) 이익을 독같이 분배되어야 하는가?	• 경제성장 • 공정	• 경제성장의 효과 탐색하기 • 경제성장에 따른 문제점 해결 방안 조사하기 • 공정한 분배 방법 조사하기	• 경제성장에 따른 영향 • 분배에 대한 태도
공정한 무역	세계 여러 나라는 경쟁하고 상호 의존하며 무역을 한다.	(사) 무역이란 무엇인가? (개) 무역을 하는 이유는 무엇인가? (개) 무역을 할 때 경쟁과 상호 의존이 발생하는 이유는 무엇인가?	• 무역 • 경쟁, 상호의존	• 무역의 발생과 무역의 조건 탐색하기	• 경쟁과 상호의존 관계

4. 단원의 탐구 단계 설계

본 단원의 수업 설계는 개념기반 탐구학습의 여섯 단계를 순차적으로 적용하고 그 중 전이하기 단계를 중점적으로 활동하도록 설계하였다. 경제생활에 대한 기본적인 내용을 살펴보기 위해 관련성이 있는 내용을 묶어 단원을 네 부분으로 나누었다. 관련된 내용으로 묶인 네 부분에서 전이하기는 마무리에 해당하는 차시에서 다루어져 일반화된 내용을 일상생활에 적용시켜 보는 내용으로 구성하였다.

차시	단원 갈래	탐구단계	학습 활동
1~4	경제의 주체	관계맺기 집중하기	• 물건과 서비스의 의미와 종류 알아보기 • 물건과 서비스의 판매 방법 알아보기
		조사하기	• 가계와 기업의 역할
		조직 및 정리하기	• 가계와 기업의 상호작용 알아보기
		일반화하기	• 가계와 기업의 역할과 상호작용의 영향

5~6		전이하기	• 물건을 선정하고 물건 팔기
			  - 왜 그 물건을 팔려고 하는가?
			  - 팔려는 물건을 어떻게 홍보할 것인가?
			  - 물건이 팔리지 않을 때에는 어떻게 할 것인가?
			• 친구가 파는 물건 사기
			  - 친구가 파는 물건을 구입 할/구입하지 않을 것인가? 그 이유는 무엇인가?
			  - 내가 물건을 선택하는 기준은 무엇인가?
			  - 선택하고 싶은 물건이 없을 경우 어떻게 할 것인가?

7~9	경제주체의 경제활동	조사하기	• 경제주체와 경제활동 - 근로자의 권리와 기업의 자유로운 경제활동 • 근로자의 권리 보호의 의미 • 기업의 자유로운 경제활동이 사회에 주는 영향
		조직 및 정리하기	• 경제생활과 사회적 책임과의 관계
10		전이하기	• 권리와 자유에 따른 사회적 책임
11~13	경제 성장과 생활의 변화	조사하기	• 경제 성장에 따른 생활의 변화 알아보기 • 경제 성장의 긍정적 효과와 문제점 • 경제 성장으로 발생한 문제 해결방안 탐색하기

		조직 및 정리하기	• 바람직한 경제 성장을 위한 가계와 기업의 역할
14		전이하기	• 경제성장의 이익 분배
15~17	공정한 무역	조사하기	• 무역의 의미와 무역을 하는 이유 • 무역의 조건과 국가 경제
		조직 및 정리하기	• 경쟁과 상호의존을 통한 무역
18~19		전이하기	• 무역 문제 해결 방안 제안하기
20	단원 마무리	성찰하기	• 경제생활과 무역 되돌아보기

5. 탐구단계별 활동 소개(전이하기)

• 전이하기는 습득한 지식이나 개념을 다른 분야에 적용하는 것을 의미한다. 즉 이전에 획득한 개념, 기술, 노하우 등을 다른 문제나 상황에 적용하고 응용하는 능력이다. 전이를 통해 새로운 상황에서의 학습을 돕고 지식의 재사용을 촉진함으로써 학습 효율성을 높일 수 있다.

출처: Marschall & French, 2018.

• 전이는 이전 학습이 완전하게 이루어졌을 때, 선행학습과 후행학습의 유사성이 있으며 두 학습 사이의 시간적 간격이 짧을 때, 학습 자료가 유사할 때, 학습자가 학습의 원리와 방법을 잘 이해하고 있을 때 잘 이루어질 수 있다.

• 따라서 교사는 각 단계에서 전이가 필요한 지식과 기능이 구축되도록 단원을 설계해야 한다. 학생들은 탐구 단계에서 여러 사례를 조사하고 배운 내용을 정리하여 전이가 가능한 개념적 이해를 명확하게 할 수 있다.

• 전이하기는 일반화 테스트 및 정당화, 새로운 사건 및 상황 이해, 예측 및 가설, 학습 적용 및 실행의 유형이 있고 각 유형에 해당하는 전략들이 있다. 학습한 내용에 대한 일반화를 확장시킬 수 있도록 학습 내용과 관련성이 높은 전이의 전략을 사용하여 이해한 내용을 실생활에 적용시켜 보는 방법을 활용한다.

단원	시장경제	차시	5~6/20
관련 개념	소비, 판매	개념적 렌즈	가계와 기업의 상호작용
학습목표	가계와 기업의 역할과 상호작용에 대해 알고 판매와 소비 활동을 할 수 있다.		

단계	학습활동	자료재/유의점윤

관계맺기
집중하기
	■ **받고 싶은 선물, 주고 싶은 선물**
	• 선물에 관한 다양한 설문 조사
	  - 부모님이 받고 싶어 하는 선물, 받은 선물
	  - 특정한 날(생일, 크리스마스, 발렌타인데이 등)에 받
	   고 싶어 하는 선물, 받은 선물
	• 통계와 조사를 통해 알게 된 점 발표하기
	  - 각자의 생각과 원하는 바가 다름을 알게 됨 등
		재 교사가 준비한
		자료, 스마트
		기기
		윤 교사가 준비한
		통계 자료 외에
		스마트 기기를
		이용하여 선물
		과 관련된 다
		른 자료를 찾
		을 수 있다.

조사하기	■ **학습목표 파악하기**
	     가계와 기업의 역할과 상호작용을 알고
	     판매와 소비활동을 할 수 있다.
	
	■ **소비하고 싶은 물건**
	• 3가지 중 1가지 물건을 선택하여 소비할 때 그 물건과
	그 이유 생각해보기
	  - 소비하고 싶은 물건 3가지와 각각의 이유 써보기
	  - 3가지 중 1가지 물건을 소비할 때 물건과 그 이유 생
	   각해보기
	
	■ **판매하고 싶은 물건**
	• 3가지 중 1가지 물건을 선택하여 판매할 때 그 물건과
	그 이유 생각해보기
	  - 판매하고 싶은 물건 3가지와 각각의 이유 써보기
	  - 3가지 중 1가지 물건을 판매할 때 물건과 그 이유 생
	   각해보기
		재 학습지
		윤 친구가 가진 물
		건이나 광고 등
		에서 본 물건
		을 선택해도 된
		다. 물건이 아
		닌 서비스 형태
		도 가능함을 주
		지시킨다.

조직 및
정리하기
	■ **소비자의 입장 되어 보기**
	• 소비자의 입장에서 사고 싶은 물건이나 서비스의 특징
	알아보기
	  - 가격, 질, 디자인, 유용성 등
	■ **판매자의 입장 되어 보기**
	• 판매자의 입장에서 팔고 싶은 물건이나 서비스의 특징
	알아보기
	  - 물품 원가, 잘 팔리는가, 어떤 장점이 있는가 등
		재 학습지
		윤 소비자와 판매
		자의 입장에서
		물건과 서비스
		에 대해 생각
		해 본다.

일반화	■ **소비자와 판매자의 입장 정리하기** • 소비자의 판매자 입장의 같은 점과 다른 점 알아보기 　- 같은 점과 다른 점이 생기는 이유 생각해보기	
전이하기	■ **적용 및 행동** • '아마존'에서 일하는 방식에 대한 사례 제시하기 　- 사례를 읽고 토론하기 ■ **새로운 사건 및 상황 이해** • 내가 가진 물건을 팝니다 　- 팔릴 만한 가치가 있는 물건이나 서비스 선택하고 제 　　안서 작성하기 　- 물건이나 서비스의 제안서 발표하기 • 당신이 가진 물건을 삽니다 　- 살만한 가치가 있는 물건이나 서비스를 선택하고 이 　　유 작성하기 　- 물건이나 서비스를 사는/사지 않는 이유 발표하기 ■ **물건과 서비스의 선택 기준 알아보기** • 내가 물건이나 서비스를 선택하는 기준 생각해보기 • 팔리는 물건이나 서비스에 대해 생각해보기	

전이하기 활동명 1: 창조해 봐

1. 전이의 유형-적용 및 행동

　적용은 이해를 제품이나 창작물과 연결시키도록 하는 한 형태이다. 글쓰기, 수행, 문제 제기 또는 실천과 활동이 포함되나 '아는 것'을 적용하는 작업에 콘텐츠를 개발할 때 필요하다.
　행동은 지식, 기능 및 이해를 새로운 맥락에 적용하는 방법이다. 한 단원에서 개발된 개념적 이해와 사고능력을 활용할 수 있도록 계획되고 의도적인 것이며 학생의 긍정적인 변화를 만들기 위해 선택된다. 주제와 단원 이해에 따라 학생이 직접 행동에 참여하지 못할 경우 간접적인 행동이나 지지를 하는 행동 전략을 선택하여 대안을 고려하도록 할 수 있다.

2. '창조해 봐' 실행 방식

1) 일반화 다시 보기

일반화 기록의 중요성을 반복해서 강조하고 연결과 기대치를 명시적으로 만들어 이 과정을 스캐폴딩할 수 있다.

2) 성공 기준을 공동으로 구성하기

학습에 적용하기 전에 성공 기준을 공동 구성하기 위한 기초로 일반화를 사용한다.

3) 성찰을 위한 일반화 사용

학생들에게 단원 일반화에 명시적으로 연결시켜 작업에 대해 성찰할 수 있도록 권유하고 학생은 자신의 과제를 스스로 평가할 수 있다.

3. '창조해 봐'의 실제

1) 다른 사람의 작업을 읽거나 보면서 맥락 속에서 개념적 이해를 통해 자신의 작업에 적용할 수 있다.

2) 실행방식 및 본 단원 예시

워킹 백워드(WORKING BACKWARD)(거꾸로 일하기)

말 그대로 일을 거꾸로 한다는 것을 의미합니다.

일반적으로 새로운 상품이나 서비스를 기획할 때 아이디어를 떠올리고 이를 구체화하기 위해 세부 설계나 디자인, 가격, 품질 등을 계획한 후 테스트용 상품을 만들어 검증을 합니다.

그러나 이 방식은 제품이나 서비스에 대한 아이디어에서 시작하지 않고 '고객'의 입장에서 먼저 생각을 합니다. 고객의 스타일, 고객이 원하고 불편해 하는 것을 먼저 정리하기 때문에 고객의 이해로부터 시작한다는 것을 의미합니다.

거꾸로 일하기의 다음 단계는 제품이나 서비스를 출시했을 때를 가정하고 시장과 고객의 반응을 살펴보는 신문기사를 작성해 보는 것입니다. 고객들이 할 수 있는 질문에 관한 답도 미리 작성해 봅니다.

이렇게 하는 이유는 제품이나 서비스에 대해 잘 모르는 고객에게 어떻게 쉽고 단순하게 이해시킬지를 사전에 생각해 보는 것으로 이 제품과 서비스가 정말 고객이 필요로 하는 것인지, 시장의 반응은 어떨지 먼저 디자인 씽킹해보는 활동이라고 볼 수 있습니다.

마지막으로 고객이 궁금해하고 더 필요하다고 여기는 부분이나 생각하지 못했거나 예상하지 못한 것들을 고객의 입장에서 다시 정리하는 것입니다.

출처: 김진영, 정우진 공저. 아마존은 거꾸로 일한다. 혜움. 2019.

전이하기 활동명 2: 어떻게 연결되는가

1. 전이의 유형-새로운 사건 및 상황 이해

새로운 사건 및 상황 이해는 단원 학습을 통해 이해한 내용을 실제 생활과 연계하여 생각하게 되는데 원래 학습한 내용과 유사하거나 동떨어진 상황을 접하게 된다. 즉 유사한 맥락에서의 전이(근전이)와 다른 맥락으로의 전이(원전이) 유형이 있으며 한 단원 내에서도 학생들이 두 가지 유형의 상황에도 이해의 전이가 이루어질 수 있도록 할 수 있다.

2. '어떻게 연결되는가' 실행 방식

1) 일반화 재검토

일반화를 재점검함으로써 학생들이 가능한 연결점을 찾도록 한다.

2) 연결 탐색

아이디어가 서로 어떻게 관련되어 있는지 토론에 참여하거나 유추, 시각적 표현을 사용할 것을 권장한다.

3) 학생 질문 장려

학생들이 새로운 사건이나 상황에 직면할 때 질문에 주의를 기울임으로써 학생의 생각과 생각의 연결에 대한 통찰력을 얻을 수 있다.

4) 협력 문화 구축

교과 간 연결을 할 수 있도록 준비할 수 있어 교과 팀 내부와 팀 간 협력 필요

3. '어떻게 연결되는가'의 실제

1) 새로운 사례 연구를 이해할 수 있는 기회를 제공하는 동시에 그 동안 개발한 일반화를 되돌아보게 한다.

2) 실행방식 및 본 단원 예시

실행방식		본 단원의 예시

새로운 사례 연구 소개	이전에 개발된 일반화와 관련된 새로운 사례 연구를 학생들에게 소개한다. 뉴스기사, 동영상, 개인적인 일화 또는 시사 사건일 수 있다.	■ 소비자의 입장 되어 보기
		• 소비자의 입장에서 사고 싶은 물건이나 서비스의 특징 알아보기
		  - 가격, 질, 디자인, 유용성 등
		
		■ 판매자의 입장 되어 보기
		• 판매자의 입장에서 팔고 싶은 물건이나 서비스의 특징 알아보기
		  - 물품 원가, 잘 팔리는가, 어떤 장점이 있는가 등

연결하기	학생에게 새로운 사례 연구를 이전 사례 연구와 비교하도록 질문을 제기하여 개념 또는 개념 이해를 사용하여 두 가지 사례 연구를 연결하도록 한다.	■ 소비자의 판매자의 입장 정리하기 • 소비자와 판매자의 입장의 같은 점과 다른 점 알아보기 - 같은 점과 다른 점이 생기는 이유 생각해보기

학생의 답변	학생은 그림, 다이어그램, 소그룹 또는 전체 학습 토론을 통해 다양한 방식으로 사고를 공유하며 답변의 형태는 문장을 작성하거나 짝과 함께 생각을 나눌 수 있다.	• 내가 가진 물건을 팝니다
		  - 팔릴 만한 가치가 있는 물건이나 서비스 선택하고 제안서 작성하기
		  - 물건이나 서비스와 제안서 발표하기
		  - 내가 가진 물건을 사시겠습니까?
		
		• 당신이 가진 물건을 삽니다
		  - 살만한 가치가 있는 물건이나 서비스 선택하고 이유 작성하기
		  - 물건을 사지 않는 이유 발표하기
		  - 당신이 가진 물건을 사겠습니다. 그 이유는~

시너지적 사고 촉진	사실적 사고 수준과 개념적 사고 수준 사이를 오가는 시 너지적 사고를 하는지 증거 를 찾는다.	■ 물건과 서비스의 선택 기준 알아보기 • 내가 물건이나 서비스를 선택하는 기 준 생각해보기 • 팔리는 물건이나 서비스에 대해 생각 해보기

3) 본 단원 예시 시나리오

내가 가진 물건을 팝니다

• 팔릴 만한 가치가 있는 물건이나 서비스 선택하고 제안서 작성하기
• 물건이나 서비스와 제안서 발표하기

▲ 저는 수면양말을 팔려고 합니다.

작년 겨울에 다섯 켤레 선물을 받았는데 그 중 세 켤레만 사용했고 신지 않은 두 켤레를 팔려고 합니다. 빨간색과 검은색이 섞여 있기 때문에 더러워져도 눈에 잘 띄지 않습니다.

또 수면양말이기 때문에 겨울철에 발을 따뜻하게 해 줍니다. 잠을 잘 때 신어도 되고 추운 겨울날 밖에 나갈 때 신어도 좋습니다.

새 양말이기는 하나 작년에 선물을 받은 것이라 시중에서 파는 가격의 1/3만 받겠습니다. 두 켤레를 같이 사면 한 켤레 가격에서 100원씩 더 싸게 드리겠습니다.

제 물건을 사시겠습니까?

▲ 저는 그림을 그리는 서비스를 팔겠습니다.

저는 그림 그리는 것을 좋아해서 초등학교 3학년 때부터 지금까지 3년 동안 미술학원에 다니면서 그림을 그렸습니다. 특히 연필로 사물화나 초상화를 잘 그립니다. 그래서 당신이 원하는 그림을 그려드릴 수 있습니다. 가격은 용지의 크기, 그림 그리기를 원하는 대상에 따라 다르며 평균적으로 5000원 정도가 됩니다. 그림을 그리는 시간과 장소, 그림을 그릴 수 있는 것인지에 대해서는 협의가 필요합니다.

저의 그림 그리기 서비스를 사시겠습니까?

당신이 가진 물건을 삽니다

• 살만한 가치가 있는 물건이나 서비스 선택하고 이유 작성하기
• 물건이나 서비스를 사는/사지 않는 이유 발표하기

▲ 저는 수면양말을 사겠습니다.

저는 수족냉증이 있어서 겨울에 발이 많이 차갑습니다. 작년에 신던 양말이 떨어져서

마침 수면양말을 사려고 했는데 시중보다 싸게 살 수 있고 두 켤레를 함께 사면 더 싸다고 하니 필요한 물건을 싸게 살 수 있어서 좋습니다. 색깔이나 디자인은 크게 생각하지 않기 때문에 색상은 저에게 중요하지는 않습니다.

▲ 저는 그림 그리기 서비스는 사지 않겠습니다.
그림 그리는 것을 좋아해서 3년 동안 미술학원을 다니면서 그림을 그렸다고 하지만 당신이 파는 재능에 대해 인정을 받은 것을 보여주지 않아 서비스를 신뢰하기 어렵습니다. 여기서 인정은 대회에서 상을 받았다거나 아니면 직접 그린 그림을 보여주지 않은 것을 말합니다.
또 내가 원하는 그림을 그려준다고 하지만 어느 정도의 수준까지 그려줄 수 있는지가 불분명합니다. 그림의 대상, 크기 등에 협의가 필요하다고 하니 시간이 없는 학생의 입장에서는 그림 그리기 서비스를 사기 어려울 것 같습니다. 요즘은 핸드폰에 사진기 기능이 있어 사진을 찍는 것이 정확하며 오래도록 남길 수 있는 장점이 있습니다.
당신의 입장이라면 그림에 대한 예시 자료를 제공하거나, 또는 그림 그리기 서비스보다는 사진을 찍어주는 서비스를 하는 것이 더 도움이 될 것 같다는 제안을 합니다.

물건과 서비스의 선택 기준 알아보기

- 내가 물건이나 서비스를 선택하는 기준 생각해보기
  - 물건을 사는 이유와 물건이 팔리지 않는 이유를 듣고 내가 가진 물건 선택의 기준 다시 생각해보기
- 팔리는 물건이나 서비스에 대해 생각해보기
  - 팔리는 물건이나 서비스를 위해 더 갖추어야 할 점 생각해보기

단원	시장경제	차시	10/20
관련 개념	권리, 자유, 책임	개념적 렌즈	경제활동
학습목표	근로자의 권리와 기업의 자유로운 경제생활에 따른 사회적 책임을 제안할 수 있다.		

단계	학습활동	자료재/유의점유

관계맺기
집중하기
	■ **속담과 이야기를 읽고 생각한 점 발표하기**
	• '우물 안 개구리'의 의미 알아보기
	  - 다양성과 넓은 시야를 갖지 못하는 사람을 비유적으로 나타내는 표현
	• '일곱 마리 눈먼 생쥐' 읽기
	  - 주어진 상황이나 정보를 올바르게 이해하지 못한다는 것을 나타냄
		재 스마트 기기

조사하기	■ **학습목표 파악하기**
	  근로자의 권리와 기업의 자유로운 경제생활에 따른 사회적 책임을 제안할 수 있다.
	■ **근로자의 권리에 대한 생각 열기**
	• 근로자에 대한 생각 나누기
	  - 타인에게 근로를 제공하고 대가로써 임금을 지급 받는 자
	• 근로자의 권리와 잘 지켜지지 않는 내용 알아보기
	  - 노동권 보장, 단결권과 단체 교섭권, 평등과 차별 금지 등
	■ **기업의 자유로운 경제생활 알아보기**
	• 기업의 자유 경쟁으로 얻을 수 있는 것
	  - 경쟁을 통한 경제 성장, 일자리 창출, 소비자에게 혜택 등
		재 학습지
		유 앞에서 배운 내용을 상기시켜 근로자와 기업의 입장에 대해 생각해 보도록 한다.

정리하기 일반화	■ **근로자와 기업의 사회적 책임** • 경제주체의 사회적 책임 확인하기	재 학습지

전이하기	■ **예측 및 가설**
	• '만약 ~ 00이라면' 근로자와 기업의 입장 되어보기
	  - 근로자의 입장에서 역할과 권리 제시하기
	  - 기업의 입장에서 자유로운 경쟁 제시하기
	  - 왜 그런 행동을 하는 것인가, 그렇게 행동했을 때 장점과 단점은 무엇인가, 권리와 자유, 책임이 잘 지켜졌는가 등
	  - 서로의 입장에 대한 의견 나눔
		재 스마트 기기
		유 각자의 입장에서 생각한 후 의견을 나누고 입장을 수정할 수 있다.

전이하기 활동명: 만약에 ~ 라면?의 가정적 질문

1. 전이의 유형 - 예측 및 가설

데이터에서 패턴을 찾고 예측을 형성하는 능력은 중요하다. 우리가 이용하는 빅데이터도 사람들의 행동 패턴을 유형화한 후 예측하여 제시하는 데 도움을 준다. 예측과 가설을 세우는 것은 학습의 결과를 알 수 없을 때 도움이 된다. 이러한 예측은 학생의 사전학습과 일반화를 설정하는 연결에 의해 형성된다.

교실에서는 자신이 세운 예상과 그에 대한 가설을 어떻게 연결하는지가 중요한데 결과를 정확하게 예측하는 능력보다는 비판적이고 분별력을 기르는 데 도움이 된다.

이 단계에서는 학생들이 실제 또는 가정적인 상황에 대한 이해를 적용하도록 유도하는 호기심을 촉발하는 질문을 사용할 수 있다.

2. '만약에 ~라면?'의 가정적 질문 실행 방식

1) 새로운 사례 연구 소개 및 이전 지식과 연결

가정적 질문을 제시하기 전에 학생들이 이전에 확립된 일반화와 연결될 수 있는 새로운 예에 대한 충분한 사실적 지식을 가지고 있는지 확인하며 충분한 배경 정보를 제공하기 위해 기타 자료를 제공한다.

2) 호기심 촉발 질문

'만약~라면 어떤 일이 생길까'와 같은 호기심 촉발 질문을 구성한다.

3) 연결하기

학생이 단원의 일반화에 접근할 수 있도록 시각화한다.

4) 생각하는 시간 제공

질문에 대한 응답을 고려하고 아이디어 토론을 할 수 있는 시간을 제공한다. 필요할 경우 답변할 때 사용할 수 있는 문장구조를 제공한다.

5) 답변 공유

학생들이 토론, 서면, 역할극 등 다양한 답변을 공유할 수 있는 시간을 제공한다. 이때 학생이 자신이 답변을 표현할 형식을 선택할 수 있다.

6) 답변의 정당화

학생이 자신의 생각을 정당화할 수 있도록 기회와 시간을 제공하여 사실적 예와 개념적 이해를 연결하는 시너지적 사고를 관찰한다.

3. '만약에 ~라면?'의 가정적 질문의 실제

1) 실제 또는 가정적인 상황에 대해 호기심을 유발할 수 있는 질문을 사용한다.

2) 실행방식 및 본 단원 예시

가정적 질문	• 만약 네가 바퀴벌레가 된다면 어떻게 할 것이니? • 밥을 먹지 않고 냄새만 맡아도 배가 부르다면 어떻게 될까?
근로자의 권리와 기업의 자유로운 경쟁과 관련된 가정적 질문	• 근로자의 입장에서 무엇을 요구할 수 있을까? • 기업의 입장에서 이 일은 기업의 이윤을 위한 일인가? • 권리와 책임을 다하기 위해서는 어떻게 행동해야 하는가?
네가 ~라면?	• 네가 ○○라면 어떻게 행동할 것인가? • 근로자와 기업의 사회적 책임을 어떻게 실천하는가?

~때문에(이유와 원인)	~라고 생각한다(가설)	의견의 수정
나의 입장에서는	소득과 이윤을 얻기 위해 이렇게 행동할 것이다.	친구의 생각을 듣고 내 의견을 이렇게 수정하겠다.

근로자의 입장	기업의 입장
• 요즘 물가가 많이 올라서 월급을 100% 올려달라고 해야겠다. 난 그만큼 일을 하니까. • 우리 회사는 너무 일을 많이 하는 것 같아. 하루에 4시간만 일하자고 건의해야겠어. 그만큼 집중해서 하면 되잖아. • 이 상품은 그다지 맛이 없구나. 다 먹었는데 이물질이 나왔다고 하고 어떻게든 환불을 받을 거야.	• 원자재 가격이 많이 올라서 제품에 들어가는 주재료를 덜 넣어야 합니다. 제품의 질은 나빠지겠지만 가격 변동만 없으면 되지요. • 00 지역이 아파트가 새로 들어서서 인구가 늘어날 것이니 우리 기업의 그 지역에서 시장을 건설하면 좋겠습니다. • 회장님 친척이 이 회사에 입사 원서를 냈으니 무조건 합격입니다.

사회적 책임

근로자와 기업은 사회적 책임을 어떻게 실천할 수 있는가

- 만약 ~라면 질문을 할 때 다양한 질문의 예를 제시하고 질문을 만들어 본 후 본 차시 주제와 관련된 질문을 만들어본다.
- 주제와 관련된 질문을 할 때 사전 학습을 활용하고 본 차시에서 요구하는 사항을 반영할 수 있도록 한다.
- 학생들이 자신이 예상한 질문과 제안을 다양한 형식을 발표할 수 있으며 서로의 의견에 대해 존중하도록 한다.
- 학생들의 만든 질문으로 토론 등을 할 수 있도록 다양한 질문의 사례를 수집한다.
- 각자 맡은 역할에 대한 의견을 제시하고 반대편 입장에 대한 의견을 들은 후 자신의 의견을 수정할 수 있다.

전이하기 활동의 실제 3

단원	시장경제	차시	14/20
관련 개념	경제 성장, 분배	개념적 렌즈	이익의 분배
학습목표	경제 성장에 따른 문제점을 알아보고 해결방안을 제안할 수 있다.		

단계	학습활동	자료囚/유의점囲
관계맺기 집중하기	■ **생각 발표하기** 　- 피부색이 달라 다른 화장실을 이용하는 사례 　- 성별에 따라 역할과 임금 수준이 다른 경우 　- 지역에 따라 우대하는 경우 ● 영상을 보고 느낀 점 발표하기 　- 인종, 성별, 지역에 따라 다르게 대우하는 것에 대한 　　생각	囚 영상 자료
조사하기	■ **학습목표 파악하기** 　　　경제 성장에 따른 문제점을 알아보고 　　　해결방안을 제안할 수 있다. ■ **경제 성장의 긍정적인 효과와 문제점** ● 경제 성장의 긍정적인 효과 　- 생활의 편리, 잘사는 사회 등 ● 경제 성장의 문제점 　- 불평등한 사회, 소득의 불균형, 환경 문제 등 ■ **해결 방안에 대한 사례 찾기** ● 그동안 사례 찾기	囚 학습지 囲 앞에서 배운 내 　용을 상기시켜 　생각해 보도록 　한다.
정리하기 일반화	■ **경제 성장에 따른 해결 방안의 효과성 확인하기** ● 경제 성장에 따른 문제점을 같이 해결하려는 노력 필요	囚 학습지
전이하기	■ **과정조직자** ● 경제 성장의 과정에서 나타나는 문제점 해결 방안 제안 해보기 　- 여러 가지 문제점 파악하기 　- 문제점의 해결 방안 파악하기 　- 해결 방안이 마련되지 않는 것은 어떻게 할 것인지 　　논의하기 　- 서로의 입장에 대한 의견 나눔	囚 스마트 기기 囲 각자의 입장에 　서 생각한 후 　의견을 나누고 　자신의 입장을 　수정할 수 있다.

전이하기 활동명: 밀기, 당기기, 잡기

1. 전이의 유형 – 비교 조직자

과정 조직자는 전이하기에서 사용하는 전략의 예는 아니지만 과정을 조직해나가면서 아이디어 간의 관계를 구축한다. 학생들이 정보를 조직할 수 있도록 도움으로써 정보를 서로 연결하는데 필요한 스케폴딩을 제공한다.

이 단계에서는 학생들이 순서, 과정 또는 시스템 내에 존재하는 선형적이고 복잡한 관계를 파악한다.

2. 밀기, 당기기, 잡기의 실행 방식

1) 사례 연구 검토

전략에 참여하기 전에 여러 사례 연구를 조사하고 각각의 주요 아이디어를 검토했는지 확인한다.

2) 밀기, 당기기, 접기 어휘 소개

- 밀기: 조치를 취하지 않거나 변화를 가져오는 긍정적인 결과
- 당기기: 행동을 취하거나 변화를 가져오는 긍정적인 결과
- 잡기: 사람이 변화를 일으키거나 다른 방식으로 행동하는 것을 막거나 방해하는 긍정적이거나 부정적인 사실

3) 동기탐색

다양한 사례 연구로부터 배운 것들을 적은 내용을 개념적 질문을 사용하여 동기를 고려하고 분류한다.

4) 일반화

학생들의 결과를 바탕으로 일반화한다.

3. 밀기, 당기기, 잡기의 실제

1) 질문과 가능한 응답을 예상해 본다.

2) 실행방식 및 본 단원 예시

질문	쓰레기 처리장을 이 지역에 지으면 어떤 일이 생길 것인가?	쓰레기 처리장을 짓게 되면 어떤 이점이 있는가?	쓰레기 처리장을 짓는 것을 방해하는 요인은 무엇인가?
가능한 응답	• 쓰레기를 운반하는 트럭 등으로 교통이 복잡해질 것이다. • 쓰레기 냄새가 많이 날 것이며 처리를 할 때 매연이 나올 것이다. • 주변 환경이 좋지 않은 영향을 주며 집 값이 떨어질 것이다.	• 쓰레기 처리를 위한 비용을 내지 않는다. • 쓰레기 처리를 할 때 나오는 열을 이용하여 난방을 하여 관리 비용을 줄일 수 있다. • 쓰레기를 처리하고 남는 비용을 분배하여 가질 수 있다.	• 지역 주민이 혐오 시설 건설을 반대한다. • 쓰레기 처리장을 짓기 위해 지역의 부지 마련 시 거주민의 이주를 위한 비용을 지불해야 한다. • 쓰레기 처리를 위한 물량이 점점 늘어날 수 있다.

• 질문에 가능한 응답을 생각해보면서 문제점과 해결 방안을 생각해 볼 수 있다.
• 문제점과 해결 방안을 생각해보고 해결 방안이 다시 문제로 되어 그에 대한 해결 방안을 찾아볼 수 있다.

전이하기 활동의 실제 4

단원	시장경제	차시	18~19/20
관련 개념	공정, 무역	개념적 렌즈	무역 문제
학습목표	다른 나라와 경제 교류를 하면서 생기는 문제점을 알아보고 해결방안을 제시할 수 있다.		

단계	학습활동	자료ᄍ/유의점ᅲ
관계맺기 집중하기	■ **사진들의 공통점 생각해보기** • 공통점은 무엇인가요? - 바나나, 커피이고 같은 표시가 있는 것이 있음 • 공정무역에 대해 알고 있는 점 발표하기 - 공정무역의 의미: 세계 무역 시장에서 개발도상국의 생산자와 다국적 글로벌 기업 간 공정한 무역이 이뤄져야 한다는 취지로 시작된 글로벌 운동 - 공정무역 상품: 커피, 초콜릿, 쌀, 과일, 차, 설탕 등의 식료품 및 의류, 수공예품, 침구류, 화훼류, 목재, 인형, 축구공 등	ᄍ 스마트 기기 ᅲ 마크의 의미를 파악한 후 공정무역의 의미와 물품 등을 찾아본다.
조사하기	■ **학습목표 파악하기** 다른 나라와 경제 교류를 하면서 생기는 문제점을 알아보고 해결방안을 제시할 수 있다. ■ **우리나라의 경제교류 알아보기** • 경제교류 통계 살펴보기 - 교류하는 나라, 수출입 물량과 액수, 많이 다루는 품목 등(통계청 자료 활용) - 경제교류와 관련된 내용을 통계를 통해 알아보고 정리하여 발표하기 ■ **경제교류를 할 때 발생하는 문제** • 가격, 품목, 서비스 문제, 관세 등의 자원 문제 • 법률적 문제 • 국가 간 문화적 차이로 인해 나타나는 문제 • 수출입으로 발생하는 국내, 국외에서 발생하는 문제 • 공정하지 않은 경제교류 방식으로 나타나는 문제 • 환경 문제 • 기타 문제	ᄍ 학습지 ᅲ 교사가 제시한 기본적인 자료 외의 자료를 스스로 찾을 수 있도록 안내한다.

조직 및 정리하기	■ **경제교류에 따른 문제 발생의 이유**
	• 한정된 자원을 더 많이, 더 좋은 조건으로 가지기 위해 발생
	■ **공정무역 알아보기**
	  - 공정무역 발생의 배경, 사례
	  - 추진 경과 등
		재 학습지

일반화	■ **무역 관련 문제 해결 방안** • 공정한 무역을 위해 국가 간 타협과 양보 필요 • 어떤 점을 타협하고 양보할 것인지 탐색하기	

전이하기	■ **시사 문제**
	• 영토 침범의 문제
	  - 사례를 읽고 문제 해결에 대해 토의하고 문제 해결 방법 제안하기(인근 국가의 꽃게잡이 어선의 영토 침범)
	■ **적용 및 행동**
	• 무역으로 발생한 환경 문제 해결
	  - 탄소 중립, 패스트패션, 미니멀리스트, 일회용품 줄이기
	• 공정무역 확대 방안
	  - 공정무역 확대의 필요성
	  - 공정무역 확대를 위해 할 수 있는 방법 제안하기
	■ **일반화 테스트 및 정당화**
	• 기업의 ESG 경영
	  - ESG 경영의 의미, 실행 상황, 실패와 성공 사례 등
		재 스마트 기기
		유 교사가 제시한 내용 외에 관련 기사를 더 찾아보도록 한다.

전이하기 활동명 1: 시사 문제

1. 전이의 유형-새로운 사건 및 상황 이해

새로운 사건 및 상황 이해는 단원 학습을 통해 이해한 내용을 실제 생활과 연계하여 생각하게 되는데 원래 학습한 내용과 유사하거나 동떨어진 상황을 접하게 된다.
뉴스나 미디어를 통한 시사 문제는 학생의 이해를 새로운 사례로 전환할 수 있는 기회를 제공한다. 시사 문제를 통해 배우고 있는 내용과 현실적인 상황과의 관련성을 파악하고 학습과 연결하는 데 도움이 된다.

2. '시사 문제'의 실행 방식

1) 정기적인 기회 제공

학생 개별 또는 학급 전체로 뉴스나 미디어 내용을 접할 수 있는 기회를 제공한다. 내용은 학생의 수준과 수업 중 다뤄졌는지 확인하며 신뢰할 수 있는 매체나 내용인지 확인이 필요하다.

2) 비판적 토론 장려

뉴스 보도에 대한 토론에 참여할 때 학생의 편견, 관점, 정확성 및 신뢰성을 평가할 수 있도록 한다.

3) 사전학습과 연결

학생들이 사전에 배웠던 내용으로 돌아가 이해를 심화시킬 수 있는 역할을 한다.

3. '시사 문제'의 실제

1) 미디어 보고서를 탐색하여 이해를 실제 사건으로 전이한다.

2) 실행방식 및 본 단원 예시

미디어 기사 중 일부 내용

꽃게잡이 어선의 영토침범은 어업 분야에서 일어나는 갈등 중 하나이다. 꽃게잡이는 주로 연안에서 이루어지는 어업 중 하나로, 꽃게를 낚기 위해 사용되는 어선들이 특정 지역의 해역에 집중되어 활동한다. 이러한 어업 활동은 자원 경쟁과 지역 간 갈등을 초래할 수 있다.

일반적으로 어업 지역은 특정 국가나 지역에 속해 있으며, 해당 지역에서 어업 활동을 허가하거나 규제하는 국제 협약이나 국내법이 존재한다. 그러나 때로는 국경이 모호하거나 국가 간 협의가 이루어지지 않은 상태에서 어업 활동이 이루어질 때, 영토 침범 문제가 발생할 수 있다.

이러한 갈등은 종종 국가 간 협상, 국제기구를 통한 중재, 또는 국제 법의 적용을 통해 해결되기도 한다. 각 국가는 자신의 어업 지역을 보호하고 지속 가능한 어업 활동을 유지하기 위해 노력하며, 국제적으로는 해양 자원 관리를 위한 다양한 노력과 협력이 이루어지고 있다.

국가 간 갈등 해결을 위해 국제적인 협력과 조정이 필요하며, 국가 간의 어업 정책 및 규제 간의 조화를 이루는 것이 중요하다.

제목: 꽃게잡이 어선의 영토 침범

• 무엇이 문제인가?

- 이 문제가 발생한 이유는 무엇인가?
- 문제를 해결할 수 있는 방안에는 어떤 것이 있는가?
- 문제 해결을 위해 제시한 방안 중 실현 가능한 것은 무엇인가?
- 해결 방안 제안 후 해야 할 일을 무엇인가?
- 해결 방안 적용이 되지 않았을 경우 해야 할 일은 무엇인가?

- 학생들은 문제에 대한 해결을 위해 기사를 분석하고 나온 의견을 가지고 토의한 후 해결점을 제안한다.
- 밑줄 친 부분은 기사에서 제안한 방법이므로 학생들에게는 제시하지 않고 학생이 의견을 제안해보도록 한다.
- 토의를 거쳐 나온 제안을 관련 기관으로 보내는 활동도 할 수 있다.

전이하기 활동명 2: 학생 주도 활동

1. 전략의 유형-적용 및 행동

적용은 이해를 제품이나 창작물과 연결시키도록 하는 한 형태이다. 글쓰기, 수행, 문제 제기 또는 실천과 활동이 포함되나 '아는 것'을 적용하는 작업에 콘텐츠를 개발할 때 필요하다.

행동은 지식, 기능 및 이해를 새로운 맥락에 적용하는 방법이다. 한 단원에서 개발된 개념적 이해와 사고능력을 활용할 수 있도록 계획되고 의도적인 것이며 학생의 긍정적인 변화를 만들기 위해 선택된다. 주제와 단원 이해에 따라 학생이 직접 행동에 참여하지 못할 경우 간접적인 행동이나 지지를 하는 행동 전략을 선택하여 대안을 고려하도록 할 수 있다.

학생 주도 활동은 학생을 변화를 일으킬 수 있는 강력한 주체성이 있는 인격으로 바라보고 세상을 바꿀 수 있는 책임감 있는 세계 시민이 되길 원한다면 행동에 대한 요구를 이해하고 권한을 부여해야 한다.

2. '학생 주도 활동'의 실행 방식

1) 학생의 목소리에 귀를 기울인다.

학생이 자신의 아이디어를 확인하는 것이 필요하며 학생들이 학습한 내용을 교실 밖에서도 적용할 수 있는 기회를 살펴보고 격려한다.

2) 질문하기

생각을 명확하게 하고 통합하는데 도움이 되는 질문을 한다. 학생의 생각을 진지하게 받아들이고 있음을 보여주며 질문하기를 통해 해결을 위해 가장 좋은 방법을 생각해 보도록 한다.

3) 관련 연락처 제공

학생들이 더 넓은 공동체와 연결되도록 도와준다.

4) 계획 수립

학생들이 행동 계획을 세우도록 지원한다. 학생들과 경험해야 할 단계에 대해 생각하고 필요한 자원이 무엇인지 알아보도록 하며 이런 과정을 질문을 통해 촉진시킨다.

5) 행동하기

행동해야 할 때 학생이 주도권을 갖도록 한다.

6) 성찰

학생들이 성공적으로 행동한 것에 대해 성찰하고 개선할 수 있는 영역을 확인하고 권장하는 것이 중요하다.

3. '학생 주도 활동'의 실제

1) 학생의 관심 주제에 대한 열린 탐구를 토대로 전이한다.

2) 실행방식 및 본 단원 예시

가. 무역으로 발생한 환경 문제 해결

'환경 우려 부르는 패스트 패션'
패스트 패션이 환경에 미치는 영향은?

옷을 생산하는 과정에는 많은 천연 자원이 사용되고 기후 변화에 영향을 미치는 상당한 양의 온실 가스 배출도 발생한다.

유엔(UN)에 따르면 패션 산업은 전 세계 탄소 배출량의 8~10%를 차지한다. 이는 항공과 해운 분야를 합친 것보다 더 많다.

발자국의 의미는?

기후위기시대에 채식하기, 일회용품 사용하지 않기, 쓰레기 줄이기를 넘어서 소비자의 입장에서 지구 환경을 위해 미니멀 리스트가 되기로 했습니다.

출처: 공익광고협의회

자료의 공통점 찾기

• 자료의 공통점은 무엇인가?

• 자료를 보고 무엇을 알게 되었는가?

• 자료의 공통점에서 찾은 내용에 대해 알릴 수 있는 방법은 무엇인가?

• 활동을 위해 어떤 지원이 필요한가?

• 문제 해결을 위해 학생들이 실천하는 것을 영상촬영을 통해 나눌 수 있다.

• 영상촬영 나눔을 확산하여 다른 사람에게 선한 영향력을 줄 수 있고 통계를 내어 확인해 볼 수 있는 방법도 고려할 수 있다.

나. 공정무역 확대

공정무역 더 알아보기

• 공정무역의 실천 상황은 어떠한가?

• 공정무역의 확대로 무엇을 얻을 수 있는가?

- 공정무역 확대를 위해 할 수 있는 방법은 무엇인가?
- 내가 공정무역에 참여하여 할 수 있는 일은 무엇인가?

- 공정무역의 실패 사례를 확인해보고 실천 사례와 대비하여 문제를 해결하기 위한 단서를 얻을 수 있다.
  - 무역 복잡성과 비용: 공정무역을 인증받기 위한 추가적인 비용과 복잡성으로 작은 규모의 생산자나 기업은 어려움을 겪음
  - 시장의 제한된 수요: 일부 지역에서는 공정무역 제품에 대한 수요가 낮음. 또한 소비자들이 느끼기에 공정무역 제품의 가격이 상대적으로 높다고 인식
  - 차별화된 브랜딩의 부족: 공정무역 제품이 차별화되지 않거나 소비자들에게 명확한 가치 제안을 전달하지 못할 경우
  - 소비자의 인식 부족: 소비자들이 공정무역에 대한 인식이 부족하거나 관심이 없을 경우

- 학생의 입장에서 공정무역에 참여하여 할 수 있는 일을 찾아 실천해 본다.

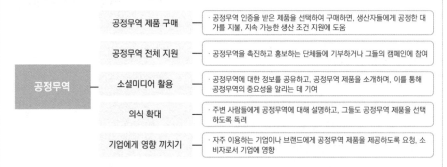

공정무역	공정무역 제품 구매	· 공정무역 인증을 받은 제품을 선택하여 구매하면, 생산자들에게 공정한 대가를 지불, 지속 가능한 생산 조건 지원에 도움
	공정무역 전체 지원	· 공정무역을 촉진하고 홍보하는 단체들에 기부하거나 그들의 캠페인에 참여
	소셜미디어 활용	· 공정무역에 대한 정보를 공유하고, 공정무역 제품을 소개하며, 이를 통해 공정무역의 중요성을 알리는 데 기여
	의식 확대	· 주변 사람들에게 공정무역에 대해 설명하고, 그들도 공정무역 제품을 선택하도록 독려
	기업에게 영향 끼치기	· 자주 이용하는 기업이나 브랜드에게 공정무역 제품을 제공하도록 요청, 소비자로서 기업에 영향

- 공정무역에 대한 활동 후 생활에서 변화된 점(인식, 행동)을 공유한다.
  1. 공정무역 제품 경험
     변화된 점: 공정무역 제품에 대한 홍보로 관심이 증가
  2. 조사 및 발표
     변화된 점: 학생들은 세계적인 무역의 문제와 공정무역의 중요성에 대해 이해를 가지게 되며, 리서치 및 발표 경험이 학습과 소통 능력을 향상
  3. 사회적 기업 방문 또는 강연
     변화된 점: 실제 사례를 통해 학생들은 공정무역의 구체적인 영향, 사회적 기업이 지속 가능한 무역을 실현하는지에 대한 통찰력 얻음
  4. 글로벌 협력 프로젝트(국제공동수업)
     변화된 점: 국제적인 관점에서의 협력은 학생들에게 문화적 이해와 국제적인 시선을 제공하며, 글로벌 시민으로서의 역할을 강조

전이하기 활동명 3: 위태로운 일반화 테스트

1. 전략의 유형-일반화 테스트 및 정당화

이전에 본 데이터 이외의 새로운 데이터에 대해 얼마나 잘 수행되는지를 평가하는 것을 의미한다. 이를 통해 학생들이 일반화를 지나치게 단순화했다는 것을 깨달을 수 있도록 도울 수 있다. 학생의 생각이 옳고 그름을 가르는 것에 있지 않고 자신의 생각을 보다 객관적으로 바라보며 다양한 상황에서도 일반적으로 잘 작동하는지 확인하는 것이 중요하다.

위태로운 일반화 테스트는 학생들에게 일반화를 정당화하고 다시 진술할 수 있도록 가르친다. 학생들에게 약한 일반화 진술의 예를 보여주고 그 일반화 진술의 동의 여부에 대해 묻는다. 학생들은 사실적인 증거로 자신의 의견을 뒷받침함으로써 시너지적 사고를 촉진하며 교사가 제시한 약한 일반화 진술을 비판해봄으로써 일반화에 수정이 필요함을 인식할 수 있게 된다.

2. '위태로운 일반화 테스트'의 실행 방식

1) 일반화 생성

4~6개의 일반화를 생성할 때 잘 만들어진 일반화와 '약한 일반화'가 적절하게 섞이도록 한다. '약한 일반화'란 부정확하거나 지나치게 단순화된 아이디어이다. '약한 일반화'를 만들기 위해서는 한정사를 사용할 수 있고 더 나아가 단순히 한정사만 바꾸는 것이 아니라 전반적으로 일반화를 다시 써 보도록 한다.

2) 한정사 소개

일반화된 내용을 제시하기 전 한정사의 의미에 대해 알아보고 한정사에 집중하게 함으로써 학생 스스로가 자신있게 진술을 변경하는 방법을 제안할 수 있다.

3) 진술문 제시

일반화를 제시하고 그 일반화에 동의 여부를 생각해보도록 한다.

4) 생각할 시간 제공

학생들이 소그룹으로 모여 생각하거나 의논할 시간을 제공한다.

5) 의견 작성 및 토론

사례 연구의 증거 등을 이용하여 자신의 의견을 작성하며, 선택한 증거 유형과 논리에 대해 학습 토론을 할 수 있다.

6) 진술문 변경

다른 학생들의 의견을 듣고 자신이 작성한 진술문을 변경할 수 있다.

3. '위태로운 일반화 테스트'의 실제

1) '약한 일반화' 내용을 제시하고 그에 대해 생각해보는 시간을 통해 전이한다.

2) 실행방식 및 본 단원 예시

1) 진술문 내의 한정사와 그 의미, 어느 때에 쓸 수 있는지 파악
   절대: 어떠한 경우에도 반드시, 대개 뒤에 부정 표현이 나온다.
2) 진술문에 동의 여부 파악
   진술문을 반박할 수 있는 일반화 사례를 찾아 동의하지 않거나, 진술문을 받아들일 수 있는 일반화 사례 찾아 동의하기
3) 동의하지 않을 경우 진술문 작성하기
4) 토의를 통해 여러 학생들의 의견을 듣고 수정, 보완하여 일반화하기
5) 진술문 재작성하기

참고문헌

Carla Marschall, Rachel French(2021), 개념기반 탐구학습의 실천. 신광미, 강현석
　　　공역. 학지사.
김진영, 정우진 공저(2019). 아마존은 거꾸로 일한다. 혜윰.

7. 성찰하기

[단원 설계 안내]

- 단원 개요: 5~6학년 과학과 개념기반 수업의 단원명은 '연소와 소화'이다. 본 단원은 2022 개정교육과정 '과학과', '(2) 물질' 영역의 핵심 아이디어인 '화학 반응을 통해 물질은 다른 물질로 변하며, 화학 반응의 규칙성은 새로운 물질의 생성 원리가 된다.'를 5~6학년군의 성취기준 및 내용요소에 맞추어 '물질이 연소되기 위해서는 필요한 조건이 있으며, 물질이 연소된 후에는 새로운 물질이 생성된다.'로 재진술하여 단원을 설계하였다.

- 개념: 본 단원 설계에서 주요 개념은 '연소'이고 개념적 렌즈는 '물질의 변화'이며, 관련 개념은 '연소와 소화의 조건', '연소 생성물'이다. 과학 실험과 탐구 학습 과정을 통해 개념을 형성하고, 이 과정에서 '물질이 연소되기 위해서는 필요한 조건이 있으며, 물질이 연소된 후에는 새로운 물질이 생성된다.'라는 핵심 아이디어를 깊이있게 이해할 수 있도록 하였다.

- 단원 갈래: 본 단원의 갈래는 '연소 현상', '연소와 소화의 조건', '연소 생성물', '연소 생성물과 생태계' 이렇게 총 네 개로 구성되어 있다. 과학 교과의 특성상 실험을 통해 각각의 개념을 탐구할 수 있도록 구성하였으며, 성찰의 과정을 통해 학생 스스로 학습 과정을 계획하고 통제할 수 있는 힘을 기를 수 있도록 설계하였다.

- 핵심 아이디어 구체화: 본 단원의 핵심 아이디어는 '물질이 연소되기 위해서는 필요한 조건이 있으며, 물질이 연소된 후에는 새로운 물질이 생성된다'이다. 핵심 아이디어를 구체화하기 위하여 각각의 갈래마다 하위 핵심 아이디어를 다음과 같이 네 가지로 설정하였다. 첫째, '연소 현상'의 하위 핵심 아이디어는 '연소는 물질이 산소와 빠르게 반응하여 빛과 열을 내는 현상이며 일상생활에 활용된다.'이다. 둘째, '연소와 소화의 조건'의 하위 핵심 아이디어는 '연소가 일어나기 위해서는 탈물질, 산소, 발화점 이상의 온도의 세 가지

조건이 필요하며, 연소의 조건 중에서 한 가지 이상의 조건을 없애면 소화된다.'이다. 셋째, '연소 생성물'의 하위 핵심 아이디어는 '연소 후에는 연소 전과 다른 물질이 생성되며 이를 과학적인 방법으로 확인할 수 있다.'이다. 넷째, '연소 생성물과 생태계'의 하위 핵심 아이디어는 '연소 생성물은 생태계에 피해를 주기도 한다.'이다.

• 안내 질문: 본 단원의 안내 질문은 사실적 질문, 개념적 질문, 논리적 질문으로 구성되어 있다. 이러한 질문들은 학생들이 깊이 있는 사고를 통해 개념 형성을 할 수 있도록 안내하며, 학생 스스로 하위 핵심 아이디어가 무엇인지 파악해 볼 수 있도록 도와줄 수 있다. 사실적 질문은 단원의 학습 내용에 관한 것으로 학생들이 지식의 기초를 마련할 수 있도록 구성하였다. 개념적 질문은 학생이 자신의 사고를 깊이 있고 전이 가능한 이해로 연결 지을 수 있도록 구성하였다. 마지막으로 논쟁적 질문은 질문을 통해 비판적 사고와 대화를 촉진할 수 있도록 하였으며, 사실적이거나 개념적인 답을 할 수는 있으나 정답이 없는 질문으로 구성하였다.

[개념기반 수업 설계 및 실행]

1. 교육과정 재구성

단원 설계 의도	이 단원은 연소의 조건 및 이와 관련된 소화의 방법을 이해하고, 연소 후 생성되는 물질로 인한 피해에 대해 창의적인 해결 방안을 제안하여 공유할 수 있는 능력을 함양하기 위해 구성하였다. 또한 사례를 수집하고 분석하는 과정을 통해 과학적으로 타당하고 효과적인 해결책을 찾아낼 수 있는 자질을 함양시키고자 하였다. 본 단원에서는 양초와 알코올이 탈 때 나타나는 공통적인 현상을 관찰하는 탐구활동을 통해 연소의 조건을 찾고, 연소의 조건과 관련지어 소화의 방법과 화재 안전 대책 방안을 제안한다. 특히 연소 후 생성되는 물질이 인간에게 피해를 준 사례를 수집 및 분석을 통해 과학적 언어를 사용하여 창의적인 해결책을 제안하고 이를 함께 공유하여 더 나은 해결책을 만들어 보는 데 중점을 두고자 하였다.	
핵심 아이디어	물질이 연소되기 위해서는 필요한 조건이 있으며, 물질이 연소된 후에는 새로운 물질이 생성된다.	
범주 및 내용 체계	**지식 · 이해**	• 연소 조건 • 연소 생성물
	과정 · 기능	• 관찰, 측정, 분류, 예상, 추리 등을 통해 자료를 수집하고 비교 · 분석하기 • 탐구 결과를 해석하여 결론 도출하기 • 자신의 생각과 주장을 과학적 언어를 사용하여 다양한 방식으로 표현하고 공유하기
	가치 · 태도	• 과학 유용성 • 과학 문제 해결에 대한 개방성 • 자연과 과학에 대한 감수성 • 안전 · 지속가능 사회에 기여 • 과학 창의성
성취기준	[6과14-02] 물질이 연소할 때 나타나는 공통적인 현상을 관찰하고, 연소의 조건을 찾을 수 있다. [6과14-03] 연소 전과 후의 물질을 비교하여 연소 과정에서 물질의 성질이 달라짐을 설명할 수 있다. [6과14-04] 연소 과정에서 생성되는 물질로 인한 생태계의 피해 사례를 수집하고 분석하여 해결책을 제안하고 공유할 수 있다.	

주요 개념 (macro concept)	연소	**개념적 렌즈**	물질의 변화
관련 개념 (micro concept)	연소와 소화의 조건, 연소 생성물		

핵심 아이디어 구체화	• 연소는 물질이 산소와 빠르게 반응하여 빛과 열을 내는 현상이며 일상생활에서 활용된다. • 연소가 일어나기 위해서는 탈물질, 산소, 발화점 이상의 온도의 세 가지 조건이 필요하며, 연소의 조건 중에서 한 가지 이상의 조건을 없애면 소화된다. • 연소 후에는 연소 전과 다른 물질이 생성되며 이를 과학적인 방법으로 확인할 수 있다. • 연소 생성물은 인간에게 피해를 주기도 한다.

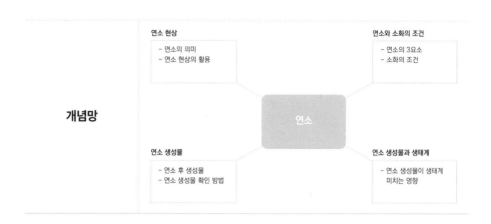

개념망	연소 현상
	– 연소의 의미
	– 연소 현상의 활용

연소와 소화의 조건
– 연소의 3요소
– 소화의 조건

연소

연소 생성물
– 연소 후 생성물
– 연소 생성물 확인 방법

연소 생성물과 생태계
– 연소 생성물이 생태계 미치는 영향

2. 평가 계획

가. 평가 과제 개발

핵심 아이디어(C)	물질이 연소되기 위해서는 필요한 조건이 있고, 물질이 연소된 후에는 새로운 물질이 생성되며 이는 생태계에 영향을 준다.
목표(G)	물질이 연소되기 위해 필요한 조건과 연소 생성물을 이해하여 화재 안전 대책을 세워 공유할 수 있다.
역할(R)	여러분은 공무원이다.
청중(A)	여러분이 목표로 하는 대상은 겨울철 화재 위험이 있는 일반 주민들이다.
상황(S)	여러분은 겨울철 화재 예방을 통해 안전한 겨울을 보낼 수 있도록 해야 한다.
수행(P)	여러분은 화재 안전 대책을 세워 이를 주민들과 공유하여야 한다.
기준(S)	화재 안전 대책에는 다음의 조건이 충족되어야 한다. • 화재 원인과 관련된 안전 대책이어야 한다. • 연소와 소화에 대한 개념을 활용하여 분명하고 정확하게 대책을 수립하여야 한다.
최종 평가 과제	자기평가 및 상호 피드백을 통해 나와 친구들이 제안한 대책의 장점과 단점을 찾아내어 최종 해결 방안을 제시하기

나. 평가 기준표

성취 수준 〈br〉 내용 요소	상	중	하
물질이 연소 및 소화되기 위해 필요한 조건과 연소생성물 (지식·이해)	• 물질이 연소되기 위해 필요한 조건과 이와 관련된 소화의 방법을 정확하게 말할 수 있다. 〈br〉• 물질이 연소된 후에 생성된 새로운 물질을 과학적인 방법을 활용하여 정확히 알아낼 수 있다.	• 물질이 연소되기 위해 필요한 조건과 이와 관련된 소화의 방법을 대체적으로 말할 수 있다. 〈br〉• 물질이 연소된 후에 생성된 새로운 물질을 과학적인 방법을 활용하여 알아낼 수 있다.	• 물질이 연소되기 위해 필요한 조건이 있음을 알고 있으나 이와 관련된 소화의 방법은 선생님과 친구들의 도움을 받아 말할 수 있다. 〈br〉• 물질이 연소된 후에 생성된 새로운 물질을 선생님과 친구들의 도움을 받아 과학적인 방법을 활용하여 알아낼 수 있다.
자료 조사 및 분석 (과정·기능)	• 산불로 인해 생성되는 물질로 인한 생태계의 피해 사례를 다양한 방법으로 수집하여 타당하게 분석할 수 있다. 〈br〉• 자료 조사 및 분석을 통해 타당한 해결 방안을 마련하여 과학적 언어를 사용하여 표현하고 공유할 수 있다.	• 산불로 인해 생성되는 물질로 인한 생태계의 피해 사례를 수집하여 분석할 수 있다. 〈br〉• 자료 조사 및 분석을 통해 해결 방안을 마련하여 표현하고 공유할 수 있다.	• 산불로 인해 생성되는 물질로 인한 생태계의 피해 사례를 수집할 수 있으나 선생님과 친구들의 도움을 받아 이를 분석할 수 있다. 〈br〉• 자료 조사 및 분석을 통해 해결 방안을 마련하여 선생님과 친구들의 도움을 받아 이를 표현 및 공유할 수 있다.
과학 창의성 (가치·태도)	• 안전하고 지속가능한 사회를 위해 과학적 원리를 바탕으로 만든 화재 안전 대책 방안과 생태계 보호 방안을 적극적으로 말할 수 있다.	• 안전하고 지속가능한 사회를 위해 과학적 원리를 바탕으로 만든 화재 안전 대책 방안과 생태계 보호 방안을 말할 수 있다.	• 안전하고 지속가능한 사회를 위해 과학적 원리를 바탕으로 만든 화재 안전 대책 방안과 생태계 보호 방안을 선생님과 친구들의 도움을 받아 말할 수 있다.

3. 단원의 구조

단원 갈래	하위 핵심 아이디어	안내 질문	범주 및 내용 체계		
			지식·이해	과정·기능	가치·태도
연소 현상	연소는 물질이 산소와 빠르게 반응하여 빛과 열을 내는 현상이며 일상생활에서 활용된다.	(사) 물질이 탈 때 나타나는 공통적인 현상을 설명할 수 있는가? (개) 물질이 탈 때 나타나는 현상을 일상생활에서 활용한 예를 찾아볼 수 있는가?	• 연소의 정의	• 자연과 일상생활에서 물질과 관련된 문제 인식하기	• 자연과 과학에 대한 감수성
연소와 소화의 조건	연소가 일어나기 위해서는 탈물질, 산소, 발화점 이상의 온도의 세 가지 조건이 필요하며, 연소의 조건 중에서 한 가지 이상의 조건을 없애면 소화된다.	(사) 연소가 일어나기 위한 세 가지 조건은 무엇인가? (개) 조리용 종이 그릇에 라면을 끓여도 그릇이 불에 붙지 않는 까닭은 무엇인가? (사) 연소란 무엇인가? (개) 연소의 조건과 관련지어 소화의 방법을 설명할 수 있는가?	• 연소의 조건 소화의 조건	• 관찰 측정·분류·예상·추리 등을 통해 자료를 수집하고 비교 분석하기	• 과학 문제 해결에 대한 개방성
연소 생성물	연소 후에는 연소 전과 다른 물질이 생성되며 이를 과학적인 방법으로 확인할 수 있다.	(사) 양초의 연소 후 생성되는 물질은 무엇인가? (사) 연소 후 생성되는 물질을 확인하는 방법을 설명할 수 있는가? (개) 연소 전과 연소 후의 물질이 다르다는 것을 설명할 수 있는가?	• 연소, 생성물	• 관찰·측정·분류·예상·추리 등을 통해 자료를 수집하고 비교 분석하기	• 과학 유용성
연소 생성물과 생태계	연소 생성물은 생태계에 피해를 주기도 한다.	(노) 다양한 연소 물질로 발생하는 생태계 피해 상황을 조사하여 생태계 피해 예방 방안을 찾아 제안해 볼 수 있는가? (개) 다양한 연소 물질에 의해 발생하는 화재 안전 대책을 만들어 공유할 수 있는가? (사) 연소 과정에서 생성되는 물질로 인한 생태계의 피해 사례를 열거해 볼 수 있는가?	• 연소 생성물과 생태계 피해 • 화재 안전 대책	• 결론을 도출하고, 자연과 일상생활과 관련된 상황에 적용·설명하기 • 자신의 생각과 과학적 주장을 과학적 언어를 사용하여 다양한 방식으로 표현하고 공유하기	• 과학 창의성 • 안전과 지속가능한 사회에 기여

4. 단원의 탐구 단계 설계

본 단원은 연소 현상, 연소와 소화의 조건, 연소 생성물, 연소 생성물과 생태계의 네 가지 갈래로 구성되어 있다. 본 단원은 2개의 탐구 사이클로 구성되어 있다. 먼저 첫 번째 탐구 사이클은 1~5차시로 구성되어 있으며, 연소 현상과 연소와 소화의 조건을 통해 연소와 소화의 개념을 알 수 있도록 하였다. 두 번째 탐구 사이클은 6~10차시로 구성되어 있으며 연소 후 생성되는 연소 생성물을 확인하고, 연소 생성물이 생태계에 미치는 피해를 알고 이에 대한 대책을 세워 제안해 봄으로써 인간의 삶과 생태계에 전 이해 볼 수 있도록 구성하였다.

본 단원에서는 실험을 통해 연소 조건과 연소 생성물에 대해 탐구해 본다는 점에서 대부분 과학자들이 실제 연구 과정을 수업으로 모형화 한 '탐구학습 모형'을 적용해 볼 수 있다.

탐구학습 모형은 '문제파악-가설설정-실험설계-실험-가설 검증-적용 및 새로운 문제 발견'의 과정으로 이루어져 있다. 본 수업 설계에서는 '성찰하기'를 중점적으로 보여주고자 하였는데, 연소의 세 가지 조건을 확인하는 실험을 하기 전 '학습저널 –예전 생각, 지금 생각 전략'을 통해 가설 설정을 해 보고 실험을 통해 가설을 검증해 나가는 과정에서 학생들의 생각이 어떻게 변화되었는지를 알 수 있도록 하였다.

다양한 연소 물질에 따른 '화재 안전 대책'을 만들어 나가는 과정에서 학생들이 달성하고자 하는 목표를 스스로 설정할 수 있도록 루브릭을 작성하고 이를 선척도를 통해 명료하게 확인해 볼 수 있도록 하였다. 또한 짝코칭 전략을 통해 단순한 아이디어 교환을 넘어, 학생들이 짝과 함께 생각하는 사람으로 성장할 수 있도록 하였다. 마지막으로 '성찰일기 전략'을 통해 자신이 세운 목표를 잘 이루었는지를 스스로 성찰해 볼 수 있도록 하였다.

본 수업 설계에서 보여주고자 하는 '성찰하기'는 학생들이 개념기반 학습의 각 단계에서 학습이 주인이 될 수 있는 중요한 과정이다. 성찰하기 단계에서 교사는 피드백을 통해 이를 더욱 강화하여 줄 수 있다.

연소 단원은 불의 이용이 인류의 발전에 큰 영향을 미쳤다는 점에서 교육과정을 재구성하여 사회, 실과 등과 융합하여 수업을 설계해 볼 수 있을 것이다. 불의 이용이 인류의 발전에는 영향을 미쳤으나 연소 생성물이 생태계에 영향을 줄 수 있다는 점에서 생태계와 함께 공존해 나갈 수 있는 방안을 이들 교과를 통해 함께 찾아보는 프로젝트 수업을 설계해 볼 수도 있을 것이다.

차시	단원 갈래	탐구단계	학습 활동
1	연소 현상	관계맺기	• 물질이 탈 때 나타나는 공통적인 현상을 일상생활과 관련지어 찾아보기 • 물질이 탈 때 나타나는 현상을 활용하여 생활을 편리하게 한 사례 찾아보기
2~3			• 물질이 탈 때 나타나는 현상을 확인하는 실험하기 • 물질이 탈 때 나타나는 공통적인 현상 설명하기
4~5	연소와 소화의 조건	집중하기 (성찰하기)	• 연소가 일어나기 위한 세 가지 조건 확인하기(학습저널, 성찰 템플릿, 체크리스트) • 연소의 조건과 관련하여 소화의 조건 확인하기
6~7	연소 생성물	집중하기	• 양초의 연소 후 생성되는 물질 확인하는 실험하기 • 연소 전과 연소 후의 물질의 다른 점 설명하기
8~9	연소 생성물과 생태계	조사하기 일반화하기 (성찰하기)	• 다양한 물질로 발생한 화재의 특징 조사하기 • 다양한 연소 물질에 의해 발생하는 화재 안전 대책 만들기(목표설정을 위한 루브릭작성, 선척도, 성찰일기)
10		전이하기	• 다양한 연소 물질로 발생하는 생태계 피해 상황 조사하기 • 화재로 발생하는 생태계 피해 예방을 제안하는 캠페인 실시하기

5. 탐구 단계별 활동 소개(성찰하기)

성찰하기는 탐구의 한 단계로 구분하기보다는 개념기반 탐구의 전과정에 모두 포함되어 있는 과정으로 보는 것이 타당하다. 학생들은 성찰하기를 통해 단원의 지식, 기능 등을 깊이 있게 이해해 나갈 수 있다. 또한 탐구과정에서 자신을 돌아보고 학습 과정을 계획하고 통제할 수 있는 힘을 기를 수 있다. 학생 자신이 학습의 주체임을 인식하고 자신의 생각과 관점, 태도 등이 변화되었는지를 스스로 살펴볼 수 있어야 한다는 점에서 성찰하기 과정에서는 메타인지적 사고가 필요하다. 교사는 학생들이 단원을

출처: Marschall & French, 2018.

학습해 나가는 동안 학생 스스로 성찰해 나갈 수 있도록 격려하여야 하고, 적절한 피드백을 제시해줄 수 있어야 하며 학습과정을 모니터링하여야 한다. 이러한 과정을 통해 학생들은 학습에 적극적으로 참여할 수 있으며 성공적인 학습자가 될 수 있다.

단원	연소와 소화	차시	4~5/10
관련 개념	연소의 3요소, 소화의 조건	개념적 렌즈	연소와 소화의 조건
학습목표	연소가 일어나기 위해서는 탈물질, 산소, 발화점 이상의 온도의 세 가지 조건이 필요하다는 것을 과학적인 방법으로 확인할 수 있다.			

단계	학습활동	자료㉛/유의점㉕
도입	■ **전시학습 상기** • 앞 시간에 우리는 실험을 통해 연소가 일어나기 위한 조건 두 가지를 알게 되었습니다. 그것이 무엇이지요? 　- 탈물질과 산소입니다. • 물질이 연소되기 위해서는 탈물질과 산소 그리고 한 가지가 더 필요합니다. 이것이 무엇인지 오늘 수업에서 탐구해 봅시다. 　동기유발(학습저널) • 조리용 종이 그릇에 라면을 끓이는 동영상 시청 후 조리용 종이 그릇에 불이 붙지 않는 이유 예상하기 • 라면은 익는데 종이 그릇에는 불이 붙지 않는 이유는 무엇일까요? • 종이 그릇에 불이 붙지 않는 이유를 예상해 보고, 공책에 예상한 답을 적어보기 　- 5분 동안 질문에 대한 답과 이유를 쓰기 　- 시간이 다 되면 답 아래에 선 긋기 • 수업을 마치기 5분 전 자신의 생각이 어떻게 바뀌었는지 적어 볼 것입니다.	㉛ 학습저널 공책 ㉕ 학습저널 쓰기는 학기초부터 안내하여 학생들이 학습과정에서 자연스럽게 학습저널을 활용할 수 있도록 한다.
전개	발화점 이상의 온도를 확인하는 실험하기(체크리스트) • 실험 과정에서 우리가 알아야 하고 할 수 있어야 하는 것, 지켜야 할 것이 무엇인지 생각해 보기 　- 지식: 실험을 통해 어떤 것을 알아야 하는가? 　- 태도: 실험 과정에서 지켜야 할 것은 무엇인가? 　- 탐구: 실험을 통해 할 수 있어야 하는 것은 무엇인가? • 교사와 함께 체크리스트를 만들고 학생 스스로 체크하면서 실험하기 ⚹ **(실험1) 알코올램프로 성냥골 가열하기** • 철판 위에 성냥골을 일정한 간격으로 올려놓고 철판의 한쪽 끝을 가열해 봅시다. 　- 알코올램프의 불꽃에서 가까운 성냥골부터 불이 붙기 시작해서, 불꽃에서 멀어지는 순서대로 불이 붙습니다. • 그 까닭은 무엇입니까? 　- 알코올램프의 불꽃에서 가장 가까운 성냥골이 불이	㉛ 실험복, 면장갑, 실험용 장갑, 보안경, 핀셋, 알코올램프, 점화기, 성냥골, 화장지, 나무조각 ㉕ 체크리스트를 통해 달성하고자 하는 지식, 태도, 탐구 등에 관해 확인해 본다.

붙기 시작하는 온도에 먼저 도달하였기 때문입니다.

⌃ (실험2) 알코올램프로 성냥골, 화장지, 나무조각 가열하기
- 철판 위에 성냥골, 화장지, 나무조각을 일정한 간격으로 둥글게 올려놓고 철판의 가운데 부분을 가열해 봅시다.
  - 성냥골, 화장지, 나무조각 순서대로 불이 붙습니다.
- 그 까닭은 무엇입니까?
  - 성냥골, 화장지, 나무조각의 연소가 시작되는 온도(발화점)가 다르기 때문입니다.

■ 발화점과 물질의 연소 조건 세 가지
- 발화점과 물질의 연소 조건 세 가지의 실험을 통해 연소가 일어나기 위해서는 탈 물질과 산소 그리고 무엇이 필요하다는 것을 알게 되었나요?
  - 발화점 이상의 온도입니다.
- 발화점이란?
  - 물질이 연소되기 시작하는 온도입니다.
  - 물질이 연소되려면 발화점에 도달할 때까지 물질을 가열하거나 주변의 온도를 높여주어야 됩니다.
  - 물질마다 발화점이 다르기 때문에 물질마다 불이 붙는데 걸리는 시간이 다릅니다.
  - 발화점이 낮을수록 불이 빨리 붙습니다.

⊠ 발화점 이상의 온도가 아닌 불이 있어야 연소된다고 대답하는 학생들이 있을 것을 예상하여 불을 붙이지 않고 물질을 연소시키는 다양한 방법들을 생각해 볼 수 있도록 한다. (예) 무인도에서 점화기나 성냥 없이 물질을 연소시킬 수 있는 도구 선택하기 (돋보기, 부싯돌 등)

정리

■ 자기평가
⌃ (체크리스트: 과정에 대한 자기평가 하기)

구분	내용	점수				
		5	4	3	2	1
태도	실험 과정에서 안전에 유의하고, 모둠원과 협력하여 실험에 참여하였는가?					
탐구	알코올 램프와 성냥골, 화장지, 나무를 이용해 물질이 탈 때 필요한 조건을 알아보는 실험을 할 수 있는가?					
지식	실험 결과를 통해 물질이 탈 때 필요한 조건을 설명할 수 있는가?					
총평						

⌃ 학습 후 바뀐 생각 정리하기(성찰 템플릿)
- 종이 그릇에 불이 붙지 않는 이유에 대해 적은 답과 학습 후 바뀐 생각 정리하기
- 종이 그릇과 같이 발화점을 이용한 발명품 찾아보기(연결·확장-도전)

⌲ 학습저널 공책
⊠ 학습저널 공책을 쓸 때는 단순히 정답을 적는 것이 아니라 내가 예상한 답과 실제 답과의 연관성을 찾아 봄으로써 깊이있는 사고를 할 수 있다.

학습저널은 학생들이 학습 과정에서 개념에 대한 아이디어를 수집해 놓은 공책이나 스크랩북이다. 학습저널을 통해 학생들은 자신이 어떠한 생각을 하고 있는지를 정리하여 말로 표현할 수 있으며, 교사는 학생들의 생각의 깊이, 향상도와 같은 성장을 확인할 수 있다.

교사는 학기초에 수업에서 다양한 아이디어를 제시하고 탐구를 통해 알아낸 지식과 생각을 기록하는 등 학습저널을 사용하는 방법에 대해 자세히 설명하고 학생들과 함께 연습해 봄으로써 학습저널이 학생들이 학습한 내용을 누적해 놓은 중요한 기록의 기능을 할 수 있도록 한다.

학습저널은 다양한 방법으로 활용이 가능하다. 대표적으로 '예전 생각, 지금 생각' 전략을 활용하여 학습저널에서 학생들의 사고의 변화를 요약하고, 매 단원이 끝난 후 성찰일기를 기록해 볼 수 있다. 또한 학습저널에 누적된 기록을 보고 최종 평가를 위한 루브릭을 스스로 작성해 보는 것도 좋은 전략이 될 수 있다.

<학습저널-사고의 변화 요약하기>

수업은 개념과 관련된 질문으로 시작한다. 학생들이 수업을 시작할 때, 5분 동안 그날의 질문에 대한 답을 쓰게 하고 시간이 다 되면 처음 답변 아래에 선을 긋는다. 수업을 마치기 5분 전에 학습 후 자신의 생각이 어떻게 바뀌었는지를 쓸 것을 학생들에게 예고하고 수업 후 학생들은 사고의 변화를 요약한다.

> **수업 시작 5분(학습저널)**
>
> (질문) 라면은 익는데 종이 그릇에는 불이 붙지 않는 이유는 무엇일까요?
> (대답) 라면은 익는데 종이 그릇에는 불이 붙지 않는 이유는 종이 그릇에 열은 전달하지만 종이 그릇은 타지 않는 특수한 코팅이 되어 있기 때문인 것 같다.

(실험1)과 (실험2)의 과정을 통해 개념에 대한 아이디어와 증거가 학습 저널에 수집되고 학생들은 자신의 지적 성장 과정을 학습저널을 통해 확인해 볼 수 있다.

> **수업 마무리 5분(학습 저널)**
>
> (질문) 라면은 익는데 종이 그릇에는 불이 붙지 않는 이유는 무엇일까요?
> (대답) 라면은 익는데 종이 그릇에는 불이 붙지 않는 이유는 열이 종이 그릇에 들어있
> 는 물을 끓이는데 사용되어 종이 그릇이 발화점에 도달하지 않기 때문이다.

<학습저널-성찰 템플릿>

사고의 변화를 요약하는 방법은 성찰 템플릿의 형식을 활용할 수도 있다. 성찰 템플릿을 처음 작성해 보는 학생들은 성찰 템플릿을 어떻게 써야 하는지를 몰라 막연할 수 있다. 학기초에 학생들과 함께 다음과 같은 예시 문장을 통해 연습해 볼 수 있도록 한다.

> **〈성찰 템플릿 작성 방법〉**
>
> 처음에는 ...라고 생각했다. 하지만...이었다./그래서 나는 ...이라고 생각한다.

학습저널 공책을 쓸 때는 단순히 정답을 적는 것뿐만 아니라 내가 예상한 답과 실제 답과의 연관성을 찾아보는 것도 사고를 깊이 있게 할 수 있는 좋은 전략이 될 수 있다.

<학습저널-'연결-확장-도전' 전략>

또한 '연결－확장－도전' 전략을 활용하여 학생들이 수업에서 얻게 되는 정보나 아이디어들을 연결짓고 확장시켜 더욱 가치있고 새로운 아이디어를 창출할 수 있도록 도와 줄 수 있다. '연결－확장－도전' 전략을 사용할 때는 우리가 이미 생각해보았거나 알고 있는 아이디어와 수업에서 다룬 정보와 아이디어가 어떻게 연결되는지 연관성을 알아보고, 학생들의 생각을 새롭게 확장시키고 새로운 의문이나 쟁점, 아이디어와 같은 도전적인 과제를 해 볼 수 있도록 한다.

본 차시에서는 성찰 템플릿에 '더 알게된 것'을 적어보게 하여 이후 수업에서 화재 안전 대책을 세울 때 새로운 아이디어에 도전해 볼 수 있도록 하였다.

(성찰 템플릿)

처음에 나는 라면이 익는데 종이 그릇이 타지 않는 이유를 열은 전달하지만 종이 그릇은 타지 않는 특수한 코팅이 종이 그릇에 처리되어 있기 때문이라고 생각했다. 하지만 라면은 익는데 종이 그릇이 타지 않는 이유는 열이 종이 그릇에 들어있는 물을 끓이는데 사용되어 종이 그릇이 발화점에 도달하지 않기 때문이었다.

아마도 종이 그릇에 들어있는 물이 모두 증발될 때까지 종이 그릇의 온도가 발화점에 도달하지 않을 것이라고 예상된다.

〈예상한 답과 실제 답과의 연관성 찾아보기〉

내가 수업을 시작할 때 예상하였던 '특수한 코팅'은 정답이 아니었지만 특수한 코팅과 같은 역할을 하는 것이 바로 '발화점'이었다.

〈더 알게 된 것〉(연결-확장-도전)

발화점을 쉽게 찾을 수 있는 기술을 개발한다면 화재를 예방하는데 도움이 될 수 있을 것이다. '인공지능을 이용한 초기 화재 감지기'가 이미 발명되었다는 것을 조사를 통해 알 수 있었다. 이것은 발화점을 정확하고 빠르게 인식하여 자체 경보 및 스마트폰 앱으로 알려주고 연동된 소화장치로 자동으로 화재를 진압할 수 있는 발명품이라고 한다. 이러한 발명품을 활용하여 화재 안전 대책을 세우는 것도 좋은 방법이 될 수 있을 것이다.

성찰하기 활동명 2 체크리스트- 실험 과정에 대한 자기평가하기

체크리스트는 학생들이 보여주기를 원하는 지식이나 기능을 목록화한 것이다. 체크리스트는 학생들이 학습과정에서 알아야 하고 할 수 있어야 하는 것, 가져야 할 태도가 무엇인지를 스스로 점검할 수 있도록 하는데 유용하다. 학생들은 스스로 혹은 짝과 함께 알아야 하고 할 수 있어야 하는 것, 지켜야 할 것이 무엇인지를 찾아 체크리스트를 만들고 교사는 피드백을 한다. 교사의 피드백을 통해 완성된 지식, 기능, 태도 등에 관한 체크리스트를 보고 실험을 제대로 하고 있는지 학생 스스로 체크하고 종합적으로 자기 평가를 해 볼 수 있다.

- 실험 과정에서 우리가 알아야 하고 할 수 있어야 하는 것, 지켜야 할 것이 무엇인지 생각해 보기
  - 지식: 실험을 통해 어떤 것을 알아야 하는가?
  - 태도: 실험 과정에서 지켜야 할 것은 무엇인가?
  - 탐구: 실험을 통해 할 수 있어야 하는 것은 무엇인가?
- 체크리스트를 만들고 학생 스스로 체크하면서 실험을 한 후, 마지막에 총평(성찰일기 등)을 통해 자기평가하기

<체크리스트>

구분	내용	점수				
		5	4	3	2	1
태도	실험 과정에서 안전에 유의하고, 모둠원과 협력하여 실험에 참여하였는가?					
탐구	알코올 램프와 성냥골, 화장지, 나무를 이용해 물질이 탈 때 필요한 조건을 알아보는 실험을 할 수 있는가?					
지식	실험 결과를 통해 물질이 탈 때 필요한 조건을 설명할 수 있는가?					
총평						

단원	연소와 소화	차시	8~9/10
관련 개념	연소 생성물	개념적 렌즈	연소 생성물과 생태계
학습목표	연소 생성물은 생태계에 피해를 줄 수 있음을 알고 화재 안전 대책을 만들 수 있다.		

단계	학습활동	자료ㆍ/유의점ㆍ

도입	■ 동기유발
	▲ 화재 뉴스 살펴보기
	• 화재를 일으킨 연소 물질은 무엇인가요?
	  - 담배꽁초, 쓰레기 소각, 음식물 조리, 불씨, 불꽃 방치
	• 사람들은 왜 숨을 쉬지 못할까요?
	  - 화재로 인해 생명을 빼앗아 갈 수 있는 독한 연기가 생성되었기 때문입니다.
	• 화재가 났을 때 소화 방법은 연소 물질에 따라 어떻게 다를지 예상해 보고, 공책에 예상한 답을 적어봅시다. (학습저널)
	  - 5분 동안 질문에 대한 답과 이유를 쓰기
	  - 시간이 다 되면 답 아래에 선 긋기
	• 수업을 마치기 5분 전 자신의 생각이 어떻게 바뀌었는지 적어 볼 것입니다.
	
	학습 문제 확인(목표설정을 위한 자기평가 선척도 작성)
	• 오늘은 다양한 물질로 발생한 화재의 특징과 연소 물질로 발생하는 생태계 피해 상황을 조사하고, 다양한 연소 물질에 의해 발생하는 화재 안전 대책을 만들어 보도록 하겠습니다.
	• 화재 안전 대책에 들어가야 할 것이 무엇인지 짝과 함께 이야기해 보고 수업을 통해 내가 달성할 목표에 대한 선척도를 작성해 봅시다.
		㈜ 학습저널 공책
		㈜ 화재발생 뉴스 영상

전개	■ 연소 물질별로 화재 사례와 소화 방법 조사하기
	▲ 다양한 연소 물질로 발생한 화재의 특징을 조사해 봅시다.
	• 일반화재: 나무, 종이, 섬유 등이 연소해 재가 남는 화재
	  - 물 뿌리기, 방염 담요 덮기, 분말 소화기 사용하기
	• 유류 및 가스로 인한 화재
	  - 분말 소화기나 이산화탄소 소화기 사용하기
	• 전기 화재
	  - 누전차단기 내리기, 이산화탄소 소화기 사용하기
		㈜ 크롬북, 학습 저널
		ㆍ 다양한 연소 물질에 따른 화재의 특징을 조사하여 화재 발생 원인, 화재 진압 방법 등을 학습 저널

• 전기 화재
   - 모래 뿌리기, 특수 소화기 사용하기
⚒ 연소 물질로 발생한 생태계 피해 상황을 조사해 봅시다.
   - 다양한 피해 사례 조사하기
	공책에 기록할 수 있도록 한다.

<div>화재 안전 대책 만들어 발표하기(짝코칭)</div>**⚒ 화재 안전 대책을 만들어 짝과 함께 만들어 발표해 봅시다.** • 짝1이 자신의 대책을 설명하고 짝2는 짝1의 대책을 들은 후, 짝1의 생각을 확장시킬 수 있는 질문을 하여 짝1을 코칭한다. • 시간이 경과한 이후 각자의 역할을 바꾸어 다시 진행한다. • 활동이 끝난 후 두 학생 모두 원래의 대책에서 발전된 방향으로 수정한다.	
정리 <div>학습 후 바뀐 생각 정리하기(학습저널, 성찰일기)</div>• 화재가 났을 때 소화 방법은 연소 물질에 따라 어떻게 다를지에 대한 사고의 변화 요약하기 • 수업을 마친 후 성찰일기 쓰기	㉠ 학습저널 공책

성찰하기 활동명 1 자기평가를 위한 목표설정 및 선척도 작성

학생들이 자기평가를 위해 목표를 설정하는 것은 처음에는 어려울 수 있기 때문에 교사는 수업에서 학생들이 어떠한 목표를 달성해야 하고 스스로 무엇을 체크해야 되는지를 함께 질문하며 탐구한다. 목표설정을 위한 체크리스트는 평가 루브릭을 학생들과 함께 작성하는 과정이 될 수도 있다. 본 수업에서는 이러한 체크리스트를 선척도의 형식으로 제시해 보고자 한다.

선척도는 학습의 단계를 통한 발달의 진행을 시각적으로 나타낸 것이다. 선으로 표현된 척도는 학생들이 자신의 위치를 확인하기에 용이하고 다음 단계에 대한 흥미를 유발하도록 도와줄 수 있다. 본 차시에서는 자신 세운 목표를 제대로 달성하고 있는지 스스로 평가해 보기 위해 시각적으로 확연히 드러나는 선척도를 활용해 보았다.

<table>
<tr><td>

〈자기 평가 목표 설정〉

나의 화재 안전 대책은
① 연소와 소화에 대한 개념을 활용한 대책이다.
② 분명하고 정확하다.
③ 구체적인 근거나 예에 의해 뒷받침된다.
④ 깊이있는 사고를 보여준다.
⑤ 창의적이다.

</td><td>

〈선척도〉

목표에 해당하는 번호에 ○표시해 봅시다.

</td></tr>
</table>

성찰하기 활동명 2 짝코칭

짝코칭은 짝과 함께 서로 성장할 수 있도록 도와줄 수 있다. 짝코칭을 통해 함께 성장할 수 있도록 하기 위해서는 학생들과 학기초부터 꾸준히 좋은 코칭 질문을 할 수 있도록 연습을 해야 한다. 질문을 잘하기 위해서는 잘 듣는 것이 매우 중요하다는 것을 알고 상대방의 말을 적으면서 듣는 것을 연습할 수 있도록 한다.

이 활동에서는 만들어 놓은 화재 안전 대책이 본 학습에서 탐구한 개념과 관련이 있고 선척도에서 마련한 목표에 부합하는지를 확인해 볼 수 있다. 본 차시의 방법은 다음과 같다.

- 짝1이 자신의 화재 안전 대책을 설명하고 짝2는 짝1의 안전 대책을 들은 후, 짝1의 생각을 확장시킬 수 있는 질문을 하여 짝1을 코칭한다.
- 시간이 경과한 이후 각자의 역할을 바꾸어 다시 진행한다.
- 활동이 끝난 후 두 학생 모두 원래의 대책에서 발전된 방향으로 수정한다.

(예시) 짝 활동 질문

1라운드	2라운드
학생 A가 자신의 화재 안전 대책에 관해 설명한다.	학생 B가 자신의 화재 안전 대책에 관해 설명한다.
학생 B는 A의 생각을 발전시키는 데 도움이 되는 질문을 한다.	학생 A는 B의 생각을 발전시키는 데 도움이 되는 질문을 한다.
• 너의 화재 안전 대책에서 연소와 소화에	• 너의 화재 안전 대책에서 연소와 소화에

대한 개념을 활용한 부분을 말해 줄 수 있겠니?
- 너의 화재 안전 대책에서 OOO부분이 어떤 의미인지 조금 더 설명해 주겠니?
- 너의 화재 안전 대책이 유용하다는 근거를 보여주는 예를 들어 주겠니?
- 가장 확신을 가지고 있는 생각은 무엇이니? 또한 가장 확신이 없는 생각은 무엇이니?
- OOO부분은 동의하지 않을 친구들이 있을 것 같은데 그것에 대해 너는 어떻게 생각하니?
- 너의 화재 안전 대책에서 다른 사람과 차별되는 창의적인 점은 무엇이니?

대한 개념을 활용한 부분을 말해 줄 수 있겠니?
- 너의 화재 안전 대책에서 OOO부분이 어떤 의미인지 조금 더 설명해 주겠니?
- 너의 화재 안전 대책이 유용하다는 근거를 보여주는 예를 들어 주겠니?
- 가장 확신을 가지고 있는 생각은 무엇이니? 또한 가장 확신이 없는 생각은 무엇이니?
- OOO부분은 동의하지 않을 친구들이 있을 것 같은데 그것에 대해 너는 어떻게 생각하니?
- 너의 화재 안전 대책에서 다른 사람과 차별되는 창의적인 점은 무엇이니?

성찰하기 활동명 3: 학습저널, 성찰 템플릿

수업 마무리(학습 저널)

(질문) 화재가 났을 때 소화 방법은 연소 물질에 따라 어떻게 다를지 예상해 보고, 공책에 예상한 답을 적어봅시다.

(대답) 연소 물질에 따라 소화 방법은 다를 것이다. 예를 들어 나무, 종이, 섬유 등이 연소해 재가 남는 화재는 물 뿌리기, 방염 담요 덮기를 사용해야 된다. 또 크레파스와 같은 물질에 화재가 났을 때는 물을 뿌리면 안 된다.

수업 중(학습 저널)

연소 물질에 의한 화재의 특징을 조사하여 화재 발생 원인, 화재 진압 방법 등을 학습 저널 공책에 기록할 수 있도록 한다.

수업 마무리(성찰 템플릿)

<성찰 템플릿: 사고의 변화 요약하기>

다양한 연소 물질에 따른 소화 방법은 다를 것이라고 생각했다. 예를 들어 나무, 종이, 섬유 등이 연소해 재가 남는 화재는 물 뿌리기, 방염 담요 덮기를 사용해야 되는 것은 알고 있었지만 다른 물질은 알 수 없었다. 기름과 가스로 인한 화재는 분말 소화기나 이산화탄소 소화기를 사용하고, 전기 화재는 누전차단기 내리기, 이산화탄소 소화기 사용하며, 전기 화재는 모래 뿌리기, 특수 소화기를 사용한다는 것을 알게 되었다. 또한 이에 따라 화재 안전 대책도 다르다는 것을 알 수 있었다.

성찰하기 활동명 3: 성찰일기

성찰일기는 자신의 활동을 성찰하고 개선할 수 있도록 도와준다. 학생들은 성찰일기를 통해 학습 과정에서 어떤 것을 좋아하고 잘했는지를 스스로 평가해 볼 수 있다. 또한 개선할 부분과 도움이 필요한 부분을 찾아내 이후의 학습 활동에서 이를 적용해 볼 수 있다.

성찰일기

오늘 내가 만든 화재 안전 대책은 연소와 소화의 개념을 활용한 유용한 대책이다.
내가 만든 화재 안전 대책은 매우 질높은 것이다. 연소 생성물이 인간과 생태계에 미치는 좋지 않은 영향을 여러 가지 관점에서 조사를 하여 만든 대책이기 때문이다. 또한 짝활동에서 나온 질문을 통해서 내가 세운 안전 대책에 동의하지 않는 친구들을 설득하기 위해 좀 더 자세한 근거를 조사하였다. 발화점을 정확하고 빠르게 인식하여 자체 경보 및 스마트폰 앱으로 알려주고 연동된 소화장치로 자동으로 화재를 진압할 수 있는 발명품을 활용하여 화재 안전 대책을 세운 것은 매우 창의적이었다고 생각한다.
활동을 심화해 볼 수 있는 기회가 있다면 '계절마다 발생하는 화재의 원인과 이에 대한 대책'으로 화재 안전 대책 방안을 좀 더 세분화해 보고 싶다.
만약 내가 이 활동을 다시 한다면, 나는 화재 안전 대책을 영상물로 만들어 SNS에 공유함으로써 사람들에게 좀 더 널리 알릴 수 있도록 개선할 것이다.
이 부분을 개선하기 위해 영상 편집을 잘하는 친구가 내가 영상을 제작하는 것을 도와주었으면 한다.

참고문헌

Julie Stern, Nathalie Lauriault, Krista Ferraro(2023). 개념기반 교육과정과 수업. 임유나, 한진호, 안서헌(역). 박영스토리.

Ron Ritchhart, Mark Church, Karin Morrison(2023). 생각이 보이는 교실. 최재경(역). 사회평론아카데미.

사항색인

인명색인

저자약력

조호제

현) 고려대학교 겸임교수
   숭실대학교 겸임교수
   2015 개정 국가 교육과정 안전한 생활 심의위원장
   2022 개정 국가 교육과정 초등학교 심의위원장
   국가교육위원회 교육과정 전문위원

학력
고려대학교 대학원 교육학과 교육과정학(박사)
한국교원대학교대학원초등체육교육학(박사)
한국교원대학교대학원 교육학과 교육과정학(석사)
한국교원대학교대학원초등체육교육학(석사)
서울교육대학교 초등교육과(학사)

저서 및 연구실적
교실로 ON 최신 교육과정 재구성의 이론과 실제(2021, 공저)
개념기반 교육과정의 이론과 실제(2021, 공저)
개념기반 교육과정과 수업 사례(2022, 공저)
2022 개정 교육과정 맞춤형 교과 및 교과 통합 서술형 평가의 실제(2023, 공저)
개념 기반 교육과정 수업 설계의 이론과 실제(2023, 공저)
교실로 ON 유형별 최신 교육과정 재구성의 실제(2023, 공저)
국가 수준 교육과정과 교과 교육과정 평가 방법 연계성에 관한 분석 논문 외 등재학술지 게재 36편
교육부 및 국책연구기관, 시·도교육청 정책연구 과제 50여편 참여
교육과정 성취기준 및 수업과 평가, 학교 교육과정 설계와 실행, IB PYP, 고교 진로탐색과정 운영
   등에 관심을 가짐.

김정윤

현) 서울남성초등학교 수석교사
   서울대학교 교육연구소 객원연구원
   숙명여자대학교 대학원 강사

학력
서울대학교 대학원 교육학과 교육과정학(박사)
미국 위스컨신대학교 교육과정(석사)
서울교육대학교 대학원 초등영어교육학(석사)
서울교육대학교 초등교육학(학사)

저서 및 연구실적
2015 개정 교과 교육과정 시안 개발 연구(교육부)
2015 개정 통합교과서 편찬 검토 위원
2022 개정 통합교과 교육과정 평가기준 개발 연구(한국교육과정평가원)
개념 기반 교육과정 및 평가의 이론과 실제(2021, 공저)
개념 기반 교육과정과 수업 사례(2022, 공저)
개념 기반 교육과정 수업 설계의 이론과 실제(2023, 공저)
AI와 연계한 맞춤형 수업 설계의 이론과 실제(2023, 공저)
개념기반 교육과정, 교육과정 개발 및 실천, IB PYP, 통합교과 교육과정 등에 관심을 가짐.

김혜숙

현) 서울탑동초등학교 교사
    경인교육대학교 강사

학력

경인교육대학교대학원 다문화교육(석사)
부산교육대학교 초등교육학(학사)

저서 및 연구 실적

개념 기반 교육과정 수업 설계의 이론과 실제(2023, 공저)
AI와 연계한 맞춤형 수업 설계의 이론과 실제(2023, 공저)
AI 시대 역량 있는 학부모 되기, 이제는 학부모다!(2023, 공저)
초등 원로교사의 다문화교육 경험에 대한 내러티브 탐구(2023)
학생정신건강지원센터(교육부) 정신건강 리터러시 개발(2023)
교육환경보호원(교육부) 생명존중 프로그램 개발(2021)
개념기반 교육과정, IB PYP, AI 교육 등에 관심을 가짐.

박은하

현) 서울봉은초등학교 교사

학력

건국대학교 대학원 교육과정학(박사)
서울교육대학교 교육전문대학원 유아교육(석사)
서울교육대학교 초등교육과(학사)

저서 및 연구실적

AI와 연계한 맞춤형 수업 설계의 이론과 실제(2023, 공저)
2022 개정 교육과정 맞춤형 교과 및 교과 통합 서술형 평가의 실제(2023, 공저)
개념 기반 교육과정 수업 설계의 이론과 실제(2023, 공저)
개념 기반 교육과정과 수업 사례(2022, 공저)
개념 기반 교육과정 및 평가의 이론과 실제(2021, 공저)
초등학교 안전한 생활 교과용 도서 심의위원(교육부)
2009 개정 체육과 검정 교과용 도서 집필
교수·학습 설계 및 평가, 교육과정 실천, 교사 교육 등에 관심을 가짐.

박일수

현) 공주교육대학교 교수

학력

한국교원대학교 교육과정 전공(교육학 박사)

한국교원대학교 교육과정 전공(교육학 석사)

인천교육대학교 초등교육과(학사)

저서 및 연구실적

2022 개정 교육과정과 하나되는 개념 기반 교육과정 수업 설계의 이론과 실제(2023, 공저)

AI와 연계한 맞춤형 수업 설계의 이론과 실제(2023, 공저)

과정 중심 평가, 이것만은 꼭 알고 가자!: 과정 중심 평가의 모든 것(2022, 공저)

(예비 및 현직 교사를 위한) 교육평가의 이해(2022)

통합교과의 이론과 실제(2020, 공저)

교육과정과 수업(2019, 공저)

백혜조

현) 서울온곡초등학교 교사

학력

고려대학교 대학원 교육학과 교육과정학(박사)

한국교원대학교 교육대학원 초등사회과교육학(석사)

경인교육대학교 초등교육과(학사)

저서 및 연구실적

2022 개정 교육과정의 초등학교 선택과목(활동)에 대한 비판적 고찰(2022)

우리나라 기초학력보장정책에 대한 비판적 고찰(2022)

국제공인 고교직업교육과정(IBCP)이 우리나라 고등학교 교육과정에 주는 함의(2019)

국가교육과정 총론 교육목표의 위계적 타당성 검토(2018)

공통필수 교육과정기의 교과 분화 기준 개발(2015)

초등학교 3학년 사회과 우리 고장의 생활(노원구·도봉구) 집필(2013~2019)

살아있는 역사수업: 초등교사를 위한 사회과 역사 수업 가이드 공저(2009)

공통필수교육과정의 내실화, 공교육의 책무성과 교육정책. 국가교육과정기준개발의 주체와 역할
 등에 관심을 가짐

이지은

현) 대구경진초등학교 교사
　　경북대학교, 대구교육대학교 강사

학력
경북대학교 대학원 교육과정 전공(박사)
대구교육대학교 교육대학원 교육과정 전공(석사)
공주교육대학교 초등교육과(학사)

저서 및 연구실적
백워드 설계의 이론과 실천 2판(2021, 공저)
최신 백워드 교육과정과 수업설계의 미래 2판(2022, 공저)
교과 학습과 백워드 설계(2022, 공역)
백워드 설계로 시작하는 창의적인 학교 교육과정 설계(2015, 공역)
교육과정 개발, 백워드 설계, 개념 기반 교육과정, 내러티브 등에 관심을 가짐.

임유나

현) 대구교육대학교 교육학과 부교수
전) 한국교육과정평가원 부연구위원
　　Teachers College, Columbia University 박사후연구원
　　서울금동초, 서울금산초 교사

학력
고려대학교 대학원 교육학 박사(교육과정학)
서울교육대학교 교육대학원 교육학 석사(초등과학교육)
서울교육대학교 초등교육과 교육학사

저서 및 연구실적
개념기반 교육과정과 수업: 개념적 이해와 전이를 위한 전략과 도구(2022)
교실로ON 유형별 최신 교육과정 재구성의 실제(2023)
2022 개정 교육과정 각론 조정 연구(2021-22)
2022 개정 교육과정에 따른 초·중학교 교육과정 편성·운영 방안(2023)
교육과정 개발과 실행에서 개념적 접근의 교육적 의의와 과제(2022)
개념적 접근에 따른 교육과정 연계·통합의 가능성과 과제(2024) 등 다수
교육부 장관 표창(국가 교육과정 유공자)
대구교육대학교 표창(사도학술상, 강의우수상)
한국교육학회 교육학 박사학위 최우수 논문상
미래형 교육과정, 교육과정 정책, 국가 교육과정 기준 연구 개발, 개념기반 교육, 역량기반 교육,
　IB 교육 등에 관심을 가짐.

임재일

현) 용인흥덕초등학교 교사
　　한국교원대학교 겸임교수
　　경인교육대학교 강사
　　교육과정디자인연구소 소장
　　국가교육위원회 모니터링 교원위원

학력
고려대학교 대학원 교육학과 교육과정학(박사)
한국교원대학교 대학원 초등교육학(석사)
경인교육대학교 과학교육과(학사)

저서 및 연구실적
교실로 ON 유형별 최신 교육과정 재구성의 실제(2023, 공저)
교실로 ON 최신 교육과정 재구성의 이론과 실제(2021, 공저)
교사 교육과정을 디자인하다(2020, 공저)
학생자치, 학생주권시대를 열다(2020, 공저)
학교, 민주시민교육을 만나다(2019, 공저)
교육정책 스포트라이트(2019, 공저)
학교자치2(2019, 공저), 학교자치1(2018, 공저)
교사학습공동체(2017, 공저) 등 다수
2015 개정 사회과 검정 교과용 도서 집필
교육부 장관 표창(2022, 국가교육과정 유공자), 교육부 장관 표창(2018, 영어교육 유공자)
Bovill & Bulley 학생 참여 교육과정 모델 방식이 2022 개정 교육과정에 주는 시사점 논의(2024)
　　외 10여 편
미래형 교육과정 연구 및 교육과정 정책에 관심이 많으며, 국가교육과정, 지역교육과정, 학교교육
　　과정, 교사교육과정 개발과 교사의 교육과정 전문성 연구 그리고 개념 기반 탐구 및 핵심 질문에
　　관심을 가짐.

최한올

현) 서울왕북초등학교 교사
전) 서울당산초등학교 교사

학력
고려대학교 대학원 교육학과 교육과정학(박사)
고려대학교 대학원 교육학과 교육과정학(석사)
전주교육대학교 초등교육과(학사)

저서 및 연구실적
교육과정 및 학생 주도성, 초등교육에 관한 분석 논문 외 등재학술지 게재 15편
교육과정 개발 및 분석, 학생 주도성의 개념과 측정, 초등 저학년 교육 연구에 관심을 가짐.

한진호

현) 시흥장현초등학교 교사
   강릉원주대, 경인교대, 단국대, 성신여대 강사
학력
고려대학교 대학원 교육학과 교육과정학(박사)
고려대학교 대학원 교육학과 교육과정학(석사)
경인교육대학교 초등교육과(학사)
저서 및 연구실적
국가 교육과정, 교육과정 지역화, IB PYP, 개념적 접근, 학생 주도성, 기초소양 등의 주제로 KCI
   등재 학술지 게재
교육과정의 개발과 이해, 교육과정 정책 등에 관심을 가짐.

개념기반 수업, 이렇게 한다!

초판발행   2024년 4월 12일
초판5쇄발행   2024년 12월 11일

지은이   조호제·김정윤·김혜숙·박은하·박일수·백혜조·
            이지은·임유나·임재일·최한올·한진호
펴낸이   노 현

편 집   배근하
기획/마케팅   김한유
표지디자인   BEN STORY
제 작   고철민·조영환

펴낸곳   ㈜ 피와이메이트
            서울특별시 금천구 가산디지털2로 53 한라시그마밸리 210호(가산동)
            등록 2014. 2. 12. 제2018-000080호
전 화   02)733-6771
f a x   02)736-4818
e－mail   pys@pybook.co.kr
homepage   www.pybook.co.kr
ISBN   979-11-6519-973-9 93370

정 가   20,000원

박영스토리는 박영사와 함께하는 브랜드입니다.